허황옥 루트

인도에서 가야까지

장편 다큐멘타리 가락국 수로왕비가 된
허황옥 루트 인도에서 가야까지

초판 『김수로왕비 허황옥』 (조선일보사, 1994.06.01)
2판 『김수로왕비의 혼인길』 (푸른숲, 1999.04.27)
3판 『허황옥 루트 – 인도에서 가야까지』 (역사의 아침, 2008.03.20)
4개정판 『허황옥 루트 – 인도에서 가야까지』 ((재)고려문화재연구원, 2018.06.30)

지은이 김병모   펴낸이 김병모   펴낸곳 (재)고려문화재연구원
주 소 12930 경기도 하남시 조정대로 150(덕풍동 762) 아이테코 644호
전 화 031) 790-3671   팩 스 031) 790-3676

편 집 방민규
디자인 태양출판사 02) 462-5311
인 쇄 태양출판사

Copyright©2018 Korea Institute of Heritage

이 책의 저작권은 (재)고려문화재연구원이 소유하고 있습니다.
이 책의 내용 및 자료를 (재)고려문화재연구원의 허가 없이 어떠한 형태로든
무단으로 복사 또는 전재하여 사용할 수 없습니다.

「이 도서의 국립중앙도서관 출판예정도서목록(CIP)은 서지정보유통지원시스템
홈페이지(http://seoji.nl.go.kr)와 국가자료공동목록시스템(http://www.nl.go.kr/
kolisnet)에서 이용하실 수 있습니다. (CIP제어번호 : CIP2018019854)」

ISBN 978-89-93927-84-9 93910

장편 다큐멘타리 가락국 수로왕비가 된

허황옥 루트
인도에서 가야까지

김병모 지음

저자서문

제4 개정판을 내며,

가락국駕洛國의 수로왕비首露王妃 허황옥許黃玉은 아유타국阿踰陀國 출신으로 서기 48년 배를 타고 가락국에 도착했다. 그 배에는 20여 명이 타고 있었으며 많은 결혼 예물도 실려 있었다. 이들의 도착과 함께 물고기를 상징으로 하는 신어사상神魚思想이 한국에 소개되었다. 뿐만 아니라 한국인의 몸속에 아주 복잡한 이방인들의 유전인자가 스며들게 되었다.

그 여인이 출생하여 성장한 곳이 과연 아유타국인지 아닌지 추적하면서 그녀의 성장지와 허씨 족의 이민 궤적을 추적하는 현장으로 독자를 초대한다.

김수로왕과 허황옥은 자녀를 여러 명 낳았고, 그들이 오늘날 600만 명이나 되는 한국 최대의 성씨인 김해 김씨와 김해 허씨, 인천 이씨의 조상이 되었다. 그런 믿음 때문에 2천 년이 지난 지금도 그 후손들은 서로 혼인하지 않는 전통이 강하다.

조선시대까지는 양반과 중인에게만 성(姓)이 있었다. 근대에 와서 인구통계 때문에 모든 사람에게 성과 이름이 주어졌다. 머슴들과 소작인까지 주인과 지주의 성을 따른 경우도 많았다. 그런데도 동성동본 혼인 금지의 전통을 유지하려는 한국 사회에서 아픔을 겪어야 했던 사람들이 많았다. 그들에게 이 글을 바친다.

이 책의 초판은 『김수로왕비 허황옥』(조선일보사, 1994년)이다. 그 후 축약판으로 『김수로왕비의 혼인길』(푸른숲, 1999년)이 출간되었다. 이후 연구가 진척되어 인도 공주 일행은 인도-미얀마-운남성을 거치는 내륙지방을 왕래하던 마방馬幇들이 다니던 길을 따라 중국으로 이동했을 가능성을 발견했다. 그 길은 직접 탐사해본 결과 우리가 지금까지 알고 있던 중국과 인도간의 통로가 실크로드, 히말라야를 통하는 차마고도車馬古道 이외에 미얀마의 오지를 통과하는 오척로五尺路(산비탈에 만들어진 넓이 1미터 남짓한 좁은 길. 한漢나라 때 1척은 22.5cm 정도로 5척은 1m-1.5m 가량)가 기원전 3세기부터 개척되어 있었다는 것이 밝혀졌다. 2007년 그곳을 답사한 기록까지 더하여 증보판 『허황옥 루트 인도에서 가야까지』가 나오게 되었다.

2018년
김병모

차례

저자서문 · 4

1부 아유타국의 공주 허황옥

수로왕릉 앞에서 · 13
쌍어의 비밀 · 15
먼 데서 온 여인 · 19
기아미수 사건 · 22
임금님의 국제결혼 · 25
머나먼 길을 떠나 · 29
굴레를 벗어던지고 · 31
붉은 돛을 달고 · 33

2부 아유타국은 어디인가

아유타국은 어디인가 · 39
왕자들의 행방 · 47
선견왕자仙見王子와 신녀神女 · 52
인도로 가는 길 · 54
꽃의 도시 페샤와르 · 59
다니 교수와의 만남 · 64
아유타로 가는 길 · 69
인도의 여인들 · 74
메소포타미아의 쌍어 · 81

3부 신령스러운 물고기

신어산神魚山 · 89
수미단의 물고기 · 95
왕후의 오라버니 장유화상 · 99
쌍어와 단어 · 103
가야, 가락의 뜻은 물고기 · 110
보주태후의 고향 · 112
남군南郡의 반란 · 120
양쯔 강揚子江의 쌍어 · 123

4부 물고기를 신으로 모시는 민족들

물고기를 숭배하는 몽골족 · 131
머나먼 보주 땅 · 137
좌절된 보주행 · 143
정복할 수 없는 땅 · 146
풀려가는 수수께끼 · 151
히말라야의 신 쿠베르 신神 · 154
걸프전쟁 · 158
독자가 보내온 편지 · 161
근친결혼 금지 · 164

5부 허황옥의 탄생지

진령을 넘어 · 167
성도에서 · 170
님의 고향 · 173
마침내 보주 땅으로 · 179
보주를 향하여 · 183
희망은 깨어지고 · 187
의인의 출현 · 191
허가압원許家鴨原 · 195
보주의 허씨 집성촌 · 200
폐허가 된 허씨 사당 · 203

6부 세계에 흩어진 쌍어문 조각들을 찾아

대영박물관 · 209
페르가몬 박물관 · 212
오아네스 신의 사제들 · 213
뉴욕에 숨어 있는 쌍어 · 223

7부 중국에 이민 온 인도인들의 후손

서운향 · 229
전설의 무대는 이동 · 238
아유타국 왕손 · 240
힌두교도의 결혼식 · 243

8부 왜국 여왕 히미코와 쌍어신앙

구마모토의 쌍어 · 253
거북의 전설 · 257
후루후모도 이나리 신사 日本 古麓稻荷神社 · 263
히미코와 가락국 · 268
두 나라의 오누이들 · 271
히미코의 신어사상 · 273
신어사상의 여행 · 276
스리랑카와 일본 · 280
페르시아의 가라 어와 고케레나 목 · 283
신어는 가락국의 국명이 되고 · 285
페르시아의 문지기 · 288

9부 보석의 길

인도–미얀마–운남의 비밀통로 · 299
마방로馬幇路를 찾아 · 302
구룡산九隆山을 넘어 · 305
보석의 고향—등충騰沖 · 311
애뇌이족의 사일여신沙壹女神 · 313
숫자 10에 감추어진 문화코드 · 314
인도 아쇼카 왕의 아들이 운남으로(운남 토착여인과 결혼) · 316
마방로 · 322
국경 마을의 인도인의 흔적 · 327
양쯔 강의 밤배 · 331
뜨거운 포옹 · 338

글을 마치며 · 347

1부
아유타국의 공주 허황옥

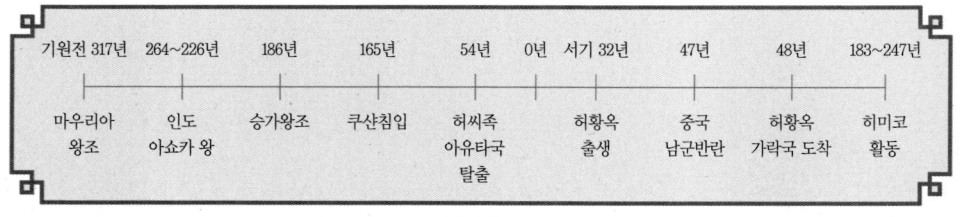

참고연표

1부
아유타국의 공주 허황옥

수로왕릉 앞에서

1961년 7월. 김해 읍은 한적한 시골이었다. 시외버스 정류장에서 내린 나는 수로왕릉까지 걸어갔다. 정문 주위에는 아이스케이크 장수들과 사이다를 파는 사람들이 손님을 부르고 있었다.

하늘에는 먹구름이 잔뜩 덮여 있었다. 입구에서 표를 산 나는 아무도 없는 왕릉 안으로 걸어 들어갔다. 돌로 만든 비석들이 여기저기 있었고, 석물 조각도 드문드문 보였다. 대문 위는 2층 누각처럼 되어 있었고, 태극太極 모양이 큼직하게 그려져 있었다. 그러나 태극은 이제 희미한 물감 흔적만 남기고 있었다. 나는 가락국의 시조인 김 수로왕릉을 구경하러 왔다. 우리 김해 김씨의 조상님이신 수로왕의 무덤이 얼마나 크고 우람찬지 보고 싶어서 부산에 온 김에 시외버스를 타고 여기까지 왔는데 날씨가 정말 더워서 몸이 땀투성이가 되어서야 김해 버스 정류장에 도착하여 여기까지 걸어왔다.

그 문을 지나 안으로 들어가니 마당이 나왔다. 그러나 마당에는 왕릉다운 모습은 없고, 여느 시골의 사당祠堂과 다름없는 작은 건물 하나가 마당 왼쪽에 있을 뿐이었다. 그 건물의 처마 밑으로 남색 화병에 꽃이 꽂혀 있는 그림이 여러 개 그려져 있을 뿐 다른 특색은 없었다.

마당 끝으로 문이 또 하나 보였다. 지붕 하나에 문 세 개가 나란히 붙어 있었는데, 문은 모두 닫혀 있었다. 가운데 문 위에 달린 검은색 나무판에는 '납릉정문 納陵正門'이라고 씌어 있었다. 아마도 수로왕릉을 납릉이라고 부르는 모양이었다.

가운데 문을 밀어보았다. 닫혀 있었다. 문 뒤쪽에 빗장이 쳐져 있는 듯했다. 혹시나 하여 오른쪽 문을 밀었더니 삐걱 소리와 함께 문이 열렸다. 열린 문을 지나 나는 안으로 들어갔다. 마당이 있었고, 마당 끝으로 큰 무덤이 하나 있었다. 마당과 산소의 봉분封墳은 한 줄의 돌 단石壇으로 구획되어 있었다.

나는 드디어 우리 김해 김씨의 시조인 수로왕의 능 앞에 선 것이다. 그 조상이 할아버지나 증조할아버지처럼 가까운 조상이 아니라 2천 년이나 되는 아주 옛날에 사셨던 가락국의 시조라니 야릇한 느낌이 들었다. 보통 제사 때 어른을 모시는 분위기보다 좀 더 정숙하고 언행도 삼가야 할 것 같았다. 나는 엎드려 절을 하고 싶었다.

왕릉에 들어올 때까지는 그저 한번 참배나 해야겠다는 생각이었으나 막상 능 앞에 서니 어떻게 참배해야 하는지 알 수 없었다. 그래서 나는 잠시 당황했다. 돌아가신 분께는 큰절을 두 번 하고 반절을 한

번 하는 법이다. 여기서도 그렇게 해야 하는지 알 수가 없어 한참을 망설였다. 또 의관을 갖추지 않는 채 절을 해도 되는지 걱정스러웠다. 우선 능 앞에 서서 고개를 숙이고 묵념하는 수밖에 없었다.

쌍어의 비밀

나는 봉분 뒤를 한 바퀴 돌아보고 대문 쪽으로 걸어 나왔다. 가운데 문은 안쪽으로 자물쇠가 잠겨 있었다. 아마 가운데 문은 보통 때는 쓰지 않는 모양이었다.

문득 문설주 위를 쳐다보니 이상한 그림이 보였다. 사람 얼굴 모양 같기도 하고 구불구불한 선을 새겨놓은 추상화 같기도 했다. 나무판에 부조浮彫로 새긴 것이었다. 그 밑으로 조그만 물고기 두 마리가 마주 보고 있었다. 마치 새끼 붕어 같았다. 물고기들은 종鐘 모양의 물체를 가운데 두고 머리를 마주하고 있었다. 가운데 물체는 인도식 탑과 비슷해 보였다.

아주 특이한 구성의 조각이었다. 그와 똑같은 구성의 그림들이 세 개의 문 윗부분마다 한 조組씩 새겨져 있는 게 보였다. 나는 호기심이 일어서 대문 밖에 나와서도 문설주 위를 쳐다보았다. 거기에도 한 쌍의 물고기들이 세 개의 대문 위 마다 조각되어 있었다. 이런 종류의 그림은 처음이었다.

왕릉 대문에 그려진 물고기 한 쌍……. 과연 무슨 의미로 왕릉 정문에 물고기를 그려 놓았을까? 나는 강한 호기심을 느꼈다. 이 괴상하게 생긴 쌍어双魚는 왜 여기다 조각해 놓았을까.

납릉 정문 위의 그림
수로왕릉은 납릉이라고도 부르는데, 정문 위 나무판에 종 모양의 물체를 가운데 두고 머리를 마주한 물고기 두 마리가 그려져 있다.

나는 입구에 있는 매표소로 달려갔다.
"말씀 좀 묻겠습니다."
"야, 무신 말씀입니꺼?"
"다름이 아니라, 저 안에 있는 대문들 있지요? 납릉 정문이라고 씌어 있는 문 말입니다."
"야, 그 문이 우쨌다는 말입니꺼?"
"그 문 위에 그려져 있는 물고기 있지 않습니까, 그 물고기가 무슨 뜻인지 아십니까?"
"글씨, 물괴기가 그려져 있는 것을 알긴 알지예. 그케도 그기 머라 카는 뜻인지 지 같은 사람이 우찌 알겠심꺼. 안에 총무님이 기신다모 아실지 모르겠지만예."

"총무님이 안에 계십니까?"

"계실란지 모르것네요. 한번 들어가보이시이소. 왕릉 옆에 있는 건물임더."

나는 다시 돌아 들어가서 총무가 있다는 관리 사무소 같은 기와집으로 갔다. 대청마루를 가운데 두고 안방과 건넌방이 있는 일자집이었다. 왼쪽에 있는 안방 쪽은 문이 열려 있었는데, 티셔츠 바람의 중년 남자가 방에 앉아서 부채질을 하고 있었다.

"실례합니다. 말씀 좀 여쭈어보려고요."

"예, 어데서 오셨습니꺼?"

"네, 서울서 온 대학생입니다. 다름이 아니라 저 왕릉 앞의 대문에 그려진 물고기에 대해서 좀 여쭈어보려고요."

"예, 그 신어들 말씀입니꺼?"

"그걸 신어라고 부릅니까?"

"예, 신어지요. 구신 신神 자, 괴기 어魚 자 아인교."

"그런데 왜 신어라고 부르지요? 무슨 신통력이라도 지니고 있는 물고기라는 말씀이십니까?"

"무신 신통력인지는 몰라도, 우리네 족장 어르신들께서 그냥 신어라고 부르데예. 지는 그 물괴기를 와 신어라꼬 투르는지는 잘 모르겠지만도."

나는 더위도 잊은 채 그 총무에게 여러 가지 궁금한 점들을 물어보았다. 그러나 그 물고기에 대하여는 별로 알아낸 것이 없었다. 그저 오래전부터 대문에 물고기가 새겨져 있었다는 것이다. 대문이 너무 낡아서 몇 년 전에 수리를 하면서 그 물고기 조각은 떼었다가 새로운 문에 그대로 다시 붙였다는 것뿐이었다.

신어상神魚像을 새로 고친 대문에 다시 붙여 놓았다는 사실로 미루어보아 그것은 매우 중요한 뜻이 있음에 틀림이 없었다. 그러나 그 이상은 알아내지 못했다.

갑자기 빗방울이 후드득후드득 떨어지기 시작했다. 소나기가 오려는 모양이었다. 나는 총무에게 인사를 하고 서둘러 밖으로 나왔다. 시간은 12시가 넘어 있었다.

원래 김수로왕의 부인은 허씨許氏인데, 두 사람 사이에서 낳은 아들들 중에 어떤 아들은 김해 김씨가 되었고, 어떤 아들은 김해 허씨가 되었다는 이야기가 전해오기 때문이다. 그러니까 김해 김씨와 김해 허씨는 같은 조상의 자손이므로 성姓이 달라도 결혼은 하지 않는 것이 관행으로 되어 있다. 또 허씨 중에 허기許寄라는 인물이 당나라에 가서 공을 세워 당 현종에게서 이씨 성李氏 姓을 사성 받았다고 한다. 그가 인천 이씨의 시조다. 그래서 인천 이씨들도 수로왕의 후손이다.

사실 김씨에도 여러 갈래가 있다. 신라 김씨의 시조인 김알지金閼知의 후손들도 있고 가야 김씨의 시조인 김수로왕의 후손들도 있다. 게다가 가야 김씨, 곧 김해 김씨도 선김先金과 후김後金으로 나뉜다. 선김은 수로왕의 직계이고 후김은 임진왜란 때 조선으로 투항한 일본 장수 사야가沙也可[한국 이름 김충선金忠善(1571~1641년)]의 후손들이다. 그러니까 김해 김씨라도 선김과 후김은 구별되어야 한다. 잘 알려져있지 않은 사실이다.

점심을 다 먹고 나니 소나기가 그치고 하늘이 맑아졌다. 나는 아까 비 때문에 못 찍은 사진을 찍으러 다시 왕릉 안으로 들어갔다. 사진을 찍어두고 싶었기 때문이다. 비석도 찍고, 물고기도 찍고, 대문도 찍었다. 왕릉 모양도 찍느라고 나의 '페트리' 카메라는 바쁘게 찰칵거렸다.

먼 데서 온 여인

수로왕릉에서 얼마 떨어지지 않은 곳에 왕비의 능이 있었다. 내친 김에 왕비의 능도 구경해두고 싶어서 나는 날씨도 덥고 피곤했지만 그곳까지 걸어갔다.

입구에는 홍살문紅箭門이 있어서 단번에 신분이 높은 사람의 무덤이 있는 곳임을 알 수 있었다. 두 개의 기둥 윗부분을 가로로 연결하는 부재部材 위에 삐죽한 살을 여러 개 박아 놓은 홍살문이 인상적이었다. 능으로 진입하는 대문은 닫혀 있었고 길 왼쪽에 있는 집을 통해서 능 안으로 들어가게 되어 있었다. 집 안으로 들어가면서 나는 인기척을 했다.

"계십니까?"

곧 삼십대로 보이는 아주머니가 나왔다. 검은 치마에 흰 적삼을 입은 촌부村婦였다.

"능 안에 들어가보아도 괜찮겠습니까?"

내 물음에 그 아주머니는 아무 말도 하지 않은 채 손으로 마당 뒤쪽에 열려 있는 문을 가리켰다. 나는 능지기의 부인쯤으로 보이는 그 여자의 손짓대로 집 뒷문을 통해서 능 안으로 들어갔다.

비스듬한 경사면 위쪽으로 무덤이 있었다. 무덤 앞에 능비陵碑가 있었고, 그 앞에 돌로 만든 상석床石이 있었다. 능의 오른쪽으로 붉은색 돌을 차곡차곡 쌓아놓은 것이 보였다. 다듬지 않은 편평한 돌들을 몇 단 쌓아놓은 것이 마치 산길을 가다 만날 수 있는 서낭당처럼 보였다.

말이 왕비의 능이지, 조선시대 여느 대감의 무덤과 크게 다르지 않앉다. 왕비의 무덤이라고 하기에는 너무 초라해 보였다. 그런데도 무덤 앞에 있는 능비에는 '가락국 수로왕비 보주태후 허씨릉 駕洛國 首露王妃 普州太后 許氏陵' 이라고 새겨져 있었다.

나는 왕비 무덤과 능비를 촬영하고 비탈길을 내려와 아까 그 관리인의 집으로 가서 냉수를 한 그릇 얻어 마셨다. 삼복더위에 마시는 냉수의 맛은 일반 청량음료의 맛과는 비길 수 없을 만큼 시원했다.

잠시 땀을 닦느라고 툇마루에 앉아 쉬고 있는데, 그 집 관리인으로 보이는 남자가 들어왔다. 얼굴이 검게 타고 깡마른 체구의 그 남자에게 내가 먼저 인사를 했다.

"왕비의 능을 구경하러 온 사람입니다. 더워서 물 한 잔 얻어 마시

허황옥 능의 비석 능비에 능비에 '가락국 수로왕비 보주태후 허씨릉 駕洛國 首露王妃 普州太后 許氏陵' 이라고 씌어 있다.

현대 김해시의 상징인 쌍어 조형물들 쌍어를 주제로 한 조형물을 김해시 곳곳에서 볼 수 있다.

고 있습니다. 한 말씀만 여쭙겠습니다. 저위의 왕비릉 오른쪽에 있는 붉은 돌들은 왜 쌓아 놓았습니까? 자연석 같아 보이던데요."

"그기 탑이라예. 파사석탑婆娑石塔이라꼬 합니더."

내 질문에 관리인이 설명했다.

"우리나라에서 만든 기 아이고예, 왕비가 천축국天竺國에서 올 때 갖고 온 탑이라 하데예."

"아아, 천축국. 그러니까 인도에서 가져온 석탑이군요. 그런데 석탑의 모양이 왜 막돌처럼 생겼지요? 그림에서 보는 인도의 석탑들은 동그랗고 아주 멋있던데요."

"우리사 인도 석탑이 우찌 생겼는지 모르지예. 여기 석탑은, 왕비가 배를 타고 바다를 건너올 때 풍랑을 만났답니더. 그래가 할 수 없이 고향으로 다시 돌아가 아버지가 주시는 석탑을 배에 실었더니 배가 무거바져서 풍랑에도 끄떡없이 바다를 건너올 수 있었다 캅니더.

그래서 그 담부터는 우리나라 어부들이 바다에 나갈 때마다 저 석탑의 돌을 떼 갖고 갔지요. 그 돌을 갖고 가모 풍랑을 안 만난다꼬 해가지고 석탑이 저 모양이 되뿌리고 말았심더. 인자는 지가 이렇게 지키고 있어서 사람들이 손을 못 대지예. 가마 놔두면 일 년도 못 가 탑이 없어지고 말깁니더."

속신俗信치고는 재미있는 내용이었다. 바다에 나가는 어부들이 석탑의 돌덩어리를 몸에 지니고 있으면 풍랑을 만나도 안전하다는 것이다. 그리고 그 석탑은 수로왕비가 인도에서 가져온 것이라고 이 지방 사람들은 굳게 믿고 있는 모양이었다.

수로왕비는 과연 인도 여자인가. 지금부터 거의 2천 년 전에 배 한 척이 인도에서 출발하여 뱃길을 따라 한반도까지 여행해왔단 말인가.

오늘날에도 한국과 인도 간은 제트 비행기로 여섯 시간은 걸려야 오갈 수 있는 먼 거리다. 그런데 그 머나먼 옛날에 어떻게 인도여인이 한국까지 왔다고 믿을 수 있겠는가.

기아미수 사건

부산발 서울행 야간열차는 대만원이었다. 하지만 나는 다행하게도 자리를 잡고 앉았다. 지정 좌석이 없던 시절의 기차라서 자리부터 잘 잡아야만 편하게 갈 수 있었다. 잘못하면 열 시간도 더 걸리는 서울까지 서서 갈 뻔 했다. 원래 두 사람씩 앉게 되어 있는 좌석인데도 모두 세 사람씩 끼어 앉아 있었다.

우리 자리에도 구포역에서 올라온 할머니 한분이 끼어 앉았고, 우리의 앞자리에도 세 사람이 앉아 있었다. 냉방이라곤 전혀 안 되는 삼등 열차지만 우리 두 젊은이는 함께 여행을 하고 있다는 즐거움 때문에 피곤한 줄 몰랐다.

유리창을 활짝 열었다. 전속으로 달리는 열차의 굉음과 바람 소리도 한 시간쯤 지나니 귀에 익숙해졌다. 홍익회 제복을 입은 사람들이 파는 김밥과 삶은 달걀을 사 먹으면서 내가 함께 여행 중인 미경이에게 말했다.

"미경아, 너는 고향이 어디냐?"

"나는 서울에서 났어요. 부모님은 평양에서 사시다가 해방 직후에 서울로 오셨고요. 선배님은 고향이 어디세요?"

"나도 서울에서 났다. 우리 부모님도 대대로 서울에서 사셨대."

"그럼 선배님은 서울 토박이, 서울깍쟁이네요."

"그런 셈이지."

"서울 어디서 났어요?"

"으음, 동대문 부인 병원에서. 지금 이화여대 병원의 전신이지."

"이화대학 병원의 옛날 이름이 동대문 부인 병원이라고요? 그러면 부인과밖에 없는 조그만 의원이었나보죠?"

"아마 그랬던 모양이야. 그때 우리 집은 낙원동이었대. 내가 태어나서 아직 병원에 있는데 우리 할머니가 손자를 보시러 인력거를 타고 오셨다지 뭐냐. 그런데 희멀겋게 잘생긴 손자일 것이라고 잔뜩 기대하고 계시던 할머니 앞에 내보인 아기는 민망스럽게도 얼굴이 새까맣고 코만 뾰족해서 아주 실망했다고 하시더라."

"어머! 남자 아이가 얼굴이 검으면 어때요. 갓 낳았을 때부터 잘생긴 사람이 어디 있담."

"말도 마라. 미경아. 그다음 이야기는 정말 점입가경이다. 글쎄, 우리 할머니는 신생아실에 누워 있던 희멀겋고 잘생긴 다른 아이가 당신 손자일 것이라고 막 우기셨대."

"어머머, 병원에서 설마 그런 잘못을 저질렀으려고."

"하지만 할머니는 할머니대로 주장을 굽히실 수 없는 그럴 만한 이유가 있으셨던 모양이야."

"그 이유가 뭔데요?"

"우리 아버지는 태어날 때부터 얼굴이 희고 잘났다는 거야. 그러니까 손자도 당연히 얼굴이 하얀 아기여야 한다는 주장이었지."

"그래서 어떻게 됐어요? 그 주장이 관철되었더라면 큰일 날 뻔했네요."

"그런 엉터리 주장이 관철될 리도 없고, 조선시대에 태어나신 우리 할머니가 병원이라는 조직을 이해하실 리도 없었지. 할머니 생각에 산모는 기진맥진하여 자기가 낳은 자식을 식별하지 못할 수도 있으니까, 그런 때일수록 경험이 많은 노인네가 정신을 똑바로 차려서 자기네 핏줄을 찾아와야 한다고 주장하신 거야."

"맙소사!"

"큰 비극이 일어날 뻔했지. 그렇게 되었다면 나는 지금 어느 성씨를 갖고 살아가고 있을지 모를 뻔했지."

"그런데 그 이야기를 누가 선배님한테 해주었어요?"

"우리 할머니지. 그것도 내가 열 살이나 되어서였어. 내가 국민학교 때 반장 선거에서 뽑히니까 집안 식구들이 모두 축하한다고 덕담을 한 마디씩 했지. 바로 그날 저녁 밥상에서 할머니가 얼굴이 검어서 별 볼일 없을 것 같던 손자가 반장班長이 되었으니 기쁘시다는 말씀을 하시던 끝에 기아미수棄兒未遂 사건의 전말이 드러난 셈이야."

사실 나는 할머니의 이야기에 큰 충격을 받았었다. 나는 그때까지 내 얼굴이 검다는 사실을 모르고 있었다. 그 나이에는 아직 거울을 잘 들여다보지 않을 때이기도 했다. 그러나 동대문 부인 병원의 신생아실에서 있었던 그 일은 내가 사춘기에 들어서자 망령처럼 따라다니며 나를 괴롭혔다.

'나는 왜 얼굴이 검을까? 혹시 나만 우리 형제들과 다른 유전인자를 지니고 있는 것은 아닐까? 본디 나는 남의 집에 태어난 아기인데, 얼굴이 검어서 그 집에서 나를 버리고 희고 잘생긴 우리 집 아기를 대신 가져간 것 아닐까?'

이렇듯 별별 상상을 다했다. 얼굴에 여드름이 나던 사춘기부터 나는 거울을 볼 때마다 이미 돌아가신 우리 할머니의 엉터리 같은 유전론이 머리에 떠올랐다.

'콩 심은 데 콩 나고 팥 심은 데 팥 나는 법이야. 애비의 얼굴이 희면 자식들도 얼굴이 흰 법이다.'

임금님의 국제결혼

나는 검은색 피부에 대한 열등감에 벗어나지 못한 채 고등학교에 진학했다. 그리고 고등학교 역사 선생님에게서 비로소 그 충격과 열등감의 원인을 알아낼 수 있는 단서를 듣게 되었다.

그것은 바로 조상 탓이라는 것이었다. 하루는 역사 선생님이 우리가 떠들고 장난을 치니까 우리의 주의를 환기시키기 위하여 "지금부터 옛날에 있었던 임금님의 국제결혼에 대해 이야기해주겠다" 하고 서두를 꺼내셨다. 한창 감수성이 예민한 고등학생들로서 사랑이나 결혼에 대한 이야기는 재미있는 것임에 틀림없었다. 우리는 저 노인 선생님이 무슨 이야기를 하시려나 하고 귀를 기울였다.

"너희들 중에 김해 김가 있어? 있으면 손들어봐."

우리는 우물쭈물 눈치를 보다가 몇 명이 손을 들었다. 나도 손을 들지 않을 수 없었다. 비록 동대문 부인 병원에서의 기아미수 사건은 있었지만, 나는 분명히 김해 김씨가 틀림없을 것이라고 굳게 믿고 있었기 때문이다. 선생님은 계속해서 말씀하셨다.

"우리나라 성씨姓氏 중에는 김씨가 제일 많은데, 그중에서도 김해 김씨가 제일 많다. 몇 백만 명이나 된다. 그런데 그 김해 김씨의 조상이 누구인 줄 아나?"

"네, 김수로왕입니다."

우리들은 합창하듯이 대답했다.

"그래, 맞다. 옛날 가락국의 김수로왕이다. 처음에는 가락국駕洛國이었다가, 가라국伽羅國, 가야국加耶國으로 이름이 변했다. 그런데 김수로왕이 누구와 결혼했는지도 알고 있나?"

이 질문에는 아무도 답변할 사람이 없는 듯했다.

잠시 후 누군가가 대답했다.

"인도의 공주입니다."

수로왕의 부인이 인도의 공주라는 것이다. 인도라면 저 멀리 떨어진 남쪽 나라 땅이 아닌가. 우리가 선생님의 이야기에 관심을 쏟자 신이 난 역사 선생님은 이야기를 계속하셨다.

"그래, 맞다. 인도 공주가 틀림없어. 그런데 그 공주의 이름이 뭔지 아나?"

"저어, 성은 허씨許氏입니다."

누군가가 대답했다.

"그래, 맞았다. 허황옥許黃玉이다. 그러니까 한국 사람 조상 중의 하나인 김수로왕이 멀리 인도 출신의 여자를 왕비로 삼은 것이다. 그 인도 여자는 배를 타고 가락국에 도착하여 수로왕과 결혼해서 아들을 여러 명 낳았지. 그리고 그중 두 아들에게는 자기의 성인 허씨 성을 물려주었다. 김해 김씨와 김해 허씨는 같은 조상의 자손인 게야. 그러니까 너희들 나중에 대학 가서 연애를 해도 같은 조상의 자손끼리는 아예 연애도 시작하지 마라 이 말이다. 우리나라에서는 동성동본의 결혼을 법으로 금지하고 있거든 팔촌인가 십촌이 넘으면 괜찮은 모양이더만, 관습적으로 동성동본은 결혼을 피한다는 사실을 명심해두는 게 좋다."

그 이야기는 우리들에게도 별로 새로운 게 아니었다. 같은 조상의 자손끼리는 결혼하지 않는 게 우리 관습인 줄은 고등학생인 우리들도 잘 알고 있는 내용이다.

그러나 허황옥이라는 여인의 고향이 인도라는 말은 나에게는 중요한 사실이었다. 인도 사람은 얼굴이 검은 사람들 아닌가. 내 얼굴이 검게 된 이유가 우리 어머니 때문이 아니라, 어쩌면 아주 옛날부터 김해 김씨들의 몸속에 숨겨져 있던 인도 여인의 유전인자가 튀어나온 게 아닌가 하는 생각이 떠올랐다. 곧 내가 얼굴이 검은 것은 전적으로 조상 탓인 것이다.

자정이 훨씬 지나고 나서 우리가 탄 기차는 대전역에 도착했다. 우리는 이야기를 잠시 멈추고 기차에서 내려 가락국수 가게로 갔다. 몇 시간 동안 기차를 탔더니 벌써 속이 출출했기 때문이다.

대전역의 즉석 국수 맛은 아주 그만이었다. 멸치 국물에 만 국수에다 굵은 고춧가루를 뿌려서 홀홀 마시자 뱃속이 뜨듯해지면서 기분이 한결 좋아졌다.

"선배님과 할머니의 관계는 어땠어요?"

미경이는 아직도 할머니와 나의 미묘한 심리 관계가 어떻게 발전해갔는지 궁금한 모양이었다.

"좀 기다려라. 국물 좀 더 마시고……."

기차에 다시 올라타고 나서 서울역에 도착할 때까지 김수로왕의 후손들인 우리는 우리 할머니 이야기와 인도 공주 이야기로 시간 가는 줄 몰랐다.

나는 우리 할머니가 돌아가실 때까지 할머니에 대해 내내 섭섭한 마음을 가지고 있었다. 할머니는 내가 변성기가 지나서야 비로소 내 목소리가 아버지의 목소리와 똑같다고 하셨다. 말하자면 할머니는 그제야 나를 김씨네 친자親子로 인정하신 것이다.

내 몸속에 인도인의 피가 흐를지도 모른다는 역사적 근거를 알게 된 뒤부터는, 나는 얼굴색이 남보다 검다는 게 크게 부끄럽지 않게 되었다. 오히려 그 반대의 기분이 들기 시작했다.

곧 나의 조상 할아버지는 왕이셨고, 할머니도 당당한 인도의 공주님이셨다는 전설 같은 이야기는 나를 아주 으쓱하게 만들기에 충분했다. 두 나라 왕족의 결합으로 출생한 후손들이 이 땅에 오래도록 살아왔고, 그 결과 내가 태어나게 된 것이다. 그러니까 나도 왕족의 혈통이다. 얼굴이 검은 것도 그 이유 때문이다.

'얼굴이 검은 사람은 얼굴이 흰 사람보다 인도 출신 할머니의 유전인자를 더 많이 지니고 있는 사람이다. 말하자면 인도인 순종純種에 더 가까운 사람일 것이다.'

나는 이렇게 생각하기로 작정했다. 그래서 더욱 얼굴을 검게 태우기로 작심하고 해변에서나 야외에 나가서도 일부로 모자를 쓰지 않고 다니는 버릇이 생겼다.

'허황옥은 어떻게 생긴 여인일까?'

나는 허황옥 왕비에 대하여 궁금해졌다. 내가 얼굴이 검게 된 원인을 제공한 주인공이 바로 그 여인이기 때문이다. 그래서 대학에 들어가고 나서부터 나의 허황옥에 대한 연구가 본격적으로 시작되었다.

머나먼 길을 떠나

하지만 어디서부터 시작해야 할지 알 수가 없었다. 먼저 대학원에 다니는 선배들에게 허황옥과 김수로왕의 결혼 이야기가 기록되어 있는 책을 알아냈다. 고려시대 일연一然이 지은 『삼국유사三國遺事』였다. 원본은 전해지지 않고 조선시대인 1512년 중종 초 재간된 것이 도쿄대학과 교토대학에서 영인되어 우리에게 전해진 것이다.

『삼국유사』(1285년)는 삼국시대 정사正史인 『삼국사기』(1145년)보다 조금 나중에 편찬된 것이다. 하지만 『삼국사기』에 빠진 부분을 모아서 책을 완성했다. 그래서 전설·풍속·기담奇譚이 많이 수록되어 있다. 한 마디로 우리나라 고대사 연구에 귀중한 자료를 많이 제공하는 책이다. 그 책 속에 「가락국기駕洛國記」라는 부분이 있다.

「가락국기」는 고려시대인 서기 1076년 금관주金官州, 곧 오늘날 김해 땅의 행정관인 지주사知州事가 편수한 책이다. 그 책 내용의 일부를 후에 일연이 『삼국유사』에 기록한 것이다. 따라서 지금은 이름을 알 수 없는 금관 지주사의 저술 내용만이 일연 때문에 살아남은 것이다. 이 내용이야말로 가락국 역사를 자세하게 설명해주는 귀중한 사료이다.

나는 도서관에서 계명구락부에서 발행한 1927년(소화昭和 2년) 판 『삼국유사』를 찾아냈다. 하지만 이 책은 나를 주눅 들게 했다. 어떻게 그 어려운 한문을 다 읽고 이해한단 말인가. 나의 한문 실력은 어렸을 때 천자문을 외우다 만 것, 고등학교 때 틈틈이 배운 한자 숙어, 그리고 대학 3학년 때 강독한 『국조오례의國朝五禮儀』와 『삼국지三國志』 「동이전東夷傳」이 전부였다. 『삼국유사』에서 「가락국기」를 찾기는 했지만 첫 페이지에서부터 손을 들지 않을 수 없었다.

개벽 이후에
이 땅에는 나라 이름이 없었다.
따라서 군신의 칭호도 없었다.
開闢之後 此地未有邦國之號 亦無君臣之稱

그 다음부터는 뜻을 알 수 없는 내용들만 계속되었다. 하지만 한 자 한 자 아는 데까지 더듬어 나가보았다. 옥편의 연표만으로도 내용을 이해할 수 있는 부분이 있었다.
후한 광무제 건무 18년(서기 42년)에 수로首露라는 사람이 처음으로 등장했다. 나라 이름을 대가락 또는 가야국이라고 했다는 기록도 보였다. 그다음 한참 지나서 건무建武 24년(서기 48년) 술신戌申 7월 27일에 무슨 사건이 일어난 듯한 기사가 보이더니,
"저는 아유타국 공주입니다, 성은 허씨, 이름은 황옥입니다.[妾是阿踰陁國公主也 姓許名黃玉], 나이는 16세입니다.[年 二八矣]"라는 내용과 함께 허황옥이라는 여자가 등장했다.
이팔二八이라는 나이는 당시 숫자 계산법인 팔진법八進法 때문이었을 것이다. 서기 48년에 16세라면 서기 32년생이다. 그런데 인도공주라고 알려진 허황옥이 자기를 아유타국 공주라고 말하는 점이 아무래도 잘 이해가 되지 않았다.
'아유타가 인도의 옛날 이름인가, 아니면 인도를 중국 사람들이 불교식으로 천축국이라고 불렀듯이 인도를 부르는 또 다른 명칭이 아유타인가?'

상상의 날개를 펼쳐보았지만 나의 한문 실력이 너무도 형편없음을 통감할 수밖에 없었다. 나의 문헌 탐구는 그만 앞길이 막히고 말았다. 그러나 포기할 수는 없었다. 며칠을 걸려서 「가락국기」를 노트에 베꼈다. 글자 그대로 그림 그리듯 베껴나갔다. 모르는 글자가 너무 많아서였다.

굴레를 벗어던지고

이 정도에서 나의 「가락국기」 연구는 중단되었고 나는 대학을 마치면서 군에 입대했다. 제대한 후 직장에 다니기 시작한 지도 또 3년이 지나가고 있었다. 거대한 조직의 일원이 되어 일을 배우느라고 세월이 빨리 흘러갔다. 학교에서 배운 전공은 잡다한 일 중 일부분일 뿐 대부분의 행정사무는 상식으로 익혀나가야 하는 보통사람들의 생활이 반복되고 있었다.

내 나이 서른을 넘어가고 있을 때 나는 결단을 내려야 했다. 직장 일도 지루해지기 시작했다. 나는 공부를 더 하고 싶었다. 국내에는 고고학을 전공할 대학원이 없었다. 그러니 나는 힘이 들더라도 외국대학으로 갈 수밖에 없었다. 직장에 휴직원을 제출했다. 그리고 유럽행 비행기에 몸을 실었다. 가는 비행기 표만 사고 돌아올 표는 없었다. 대학원을 마칠 때까지 돌아오지 않겠다는 배수진을 친 셈이다.

1971년, 영국의 날씨는 늘 음산했다. 영국에 온 지도 어느덧 몇 달이 흘러 크리스마스를 맞이하게 되었다. 모든 것이 낯설어 거기에 적응하느라고 나는 상당히 긴장된 나날을 보내고 있었다. 피곤했지만 누구나 외국 사람이라면 경험하는 일이다. 어차피 겪어야 할 일이라면 즐거운 마음으로 견디자 이렇게 마음먹고 시간을 보냈다.

여러 해가 흘러갔다. 유학 기간 동안에 나는 고대 중국과 서양의 문화교류 관계를 연구하느라 로마 역사와 중앙아시아 역사에 관한 사료와 물증을 찾는 데 많은 시간을 보냈다. 아주 바쁠 때는 잊어버리고 잊던 허황옥의 모습은 조금만 시간이 나면 내 생각 속에 다시 떠오르곤 했다. 하지만 박사과정을 이수하는 중에는 시간을 낼 수가 없었다. 아유타국 연구에는 손을 대지 못한 채 지냈다. 일시 귀국했을 때 구입한 『삼국유사』 국역본은 내게 아주 큰 도움을 주었다. 뿌옇던 내 눈이 환하게 밝아지는 기쁨을 느꼈다. 삼중당 판이었다.

수로왕은 서기 42년 알에서 태어난 인물로 기술되어 있다. 그는 출생 6년 후인 48년에 결혼을 하게 된다. 전설적인 인물이니까 태어난 지 6년 만에 결혼했다고 해도 그냥 믿기로 했다. 수로왕이 다스리던 가락국의 아홉 촌장[九干]이 왕에게 결혼하도록 진언한다.

"대왕께서 강림하신 이래로 아직 좋은 배필을 만나지 못하고 있습니다. 신들에게 있는 처녀 가운데 절묘한 자를 뽑아 배필로 삼도록 하십시오."

그런데 왕은 신하들이 추천하는 처녀를 왕비로 삼지 않는다.

"내가 이곳에 내려온 것은 천명이오. 나를 짝하여 왕후가 있게 됨도 또한 하늘의 명일 것이오. 그대들은 염려 마오."

붉은 돛을 달고

그해 7월 27일 문득 가락국 앞 서남쪽 해상에서 붉은 돛[緋帆]을 달고 붉은 깃발을 휘날리며 북쪽을 향해 오는 배가 있었다. 배가 육지에 도착하자 젊은 처녀 한 사람이 내렸다. 이 여자가 나중에 수로왕비가 되는 아유타국에서 온 공주다. 또 신하가 두 사람[媵臣] 있었다. 이름은 신보申輔와 조광趙匡이라 했다. 그들의 부인인 모정慕貞과 모량慕良도 있었다. 이들 일행은 뱃사공들까지 아울러 20여 명이었다. 수로왕은 아마 이 여인이 도착할 것이라고 예견한 모양이었다. 왕은 미리 신하들과 함께 산기슭으로 가서 장막帳幕을 치고 여인 일행을 기다렸다.

상륙한 여인의 일행은 가지고 온 결혼 예물을 공개한다. 예물은 금수능라錦繡綾羅(비단 옷감), 의상필단衣裳疋緞(의복류), 금은주옥金銀珠玉, 경구복완기瓊玖服玩器(보석류와 장신구), 중국 한나라의 고급 물건들인 한사잡물漢肆雜物 등 헤아릴 수 없었다고 전한다.

여인은 수로왕이 기다리는 언덕 위로 올라와 갑자기 입고 있던 비단 바지[綾袴]를 벗어 신령에게 예물로 드렸다. 그리고 수로왕 앞으로 나아갔다. 처녀가 입고 있던 바지를 벗어 신령에게 고사告祀를 지내는건 한국 민속에서는 찾아볼 수 없는 매우 흥미로운 벽사辟邪행위다.*

---

* 여자가 바지를 입는 민족은 지구상에 많다. 중국의 한족漢族 여인들도 바지를 입는데, 처녀와 유부녀의 구분이 없다. 그런데 인도에서는 처녀들만 바지kameei 위에 원피스salwal를 입다가, 초경初經이 지나 성숙한 여인이 되면 자타이sattai라는 저고리에 파바다이pavadai라는 긴 치마로 바꾸어 입는 것이 전통이다. 그러니까 허황옥이 입고 있던 바지를 벗는 행위는 미혼녀의 생활을 청산하고 결혼하려는 인도식 통과의례로 해석된다.

왕은 여인과 그 일행을 맞아들인 다음 두 사람의 상견례를 치른다. 그리고 여인은 자기를 왕에게 소개한다.

"저는 아유타국의 공주로 성은 허許씨, 이름은 황옥黃玉입니다. 나이는 열여섯 살입니다."

공주는 본국에서 아버지의 명을 받아 수로왕에게 오게 된 경위를 설명했다. 왕이 그 설명을 듣고 말했다.

"나는 나면서부터 신성하여 공주가 멀리서 올 것을 미리 알고 있었소. 그래서 신하들이 왕비를 들이도록 청했으나 함부로 따르지 않았소. 이제 현숙한 그대가 스스로 왔으니 이 몸은 행복하오."

이것은 그들의 결혼식이었다. 두 사람이 자기소개와 의견을 나눔으로써 결혼식은 끝난 것이다.

이틀 밤과 하루 낮이 지나고 나서야 그들은 신혼의 단꿈에서 깨어나 왕의 본궁으로 돌아왔다. 공주를 태우고 온 배와 선원들은 본국으로 돌아갔다. 수로왕의 선물로 선원들에게 쌀 10석과 베 30필 씩을 배에 실어 보냈다. 신보 부부와 조광 부부는 가락국에 남았다.

수로왕과 아유타국 공주의 결혼 이야기에서 나는 중대한 정보를 얻었다. 그 여인의 고향이 '아유타국'이라는 것은 확실한 모양이었다. 그러나 그 밖에 몇 가지 이해가 가지 않는 점도 있었다. 수로왕이 탄생한 지 불과 6년 만에, 곧 여섯 살에 결혼했는데, 신부는 열여섯 살이라니 10년 연상의 여인과 결혼한 것이다. 하지만 이것도 옛날이야기니까 그냥 접어두기로 했다.

허황옥이 시집와 보니 가락국의 여러 가지 문화 수준이 국제 수준에 못 미쳤던 모양이다. 그녀의 의견대로 수로왕과 허황옥은 전면 직제개편職制改編에 들어간다. 모든 각료들의 명칭도 바꾸어버린다. 뿐만 아니라 모든 제도를 중국의 주周와 한漢을 따라 바꾼다.

그 여인의 고향이 아유타국이라면서 시집온 나라인 가락국의 제도를 아유타국에서 본받지 않고 왜 중국 제도를 따왔을까? 과거에 「가락국기」를 읽었을 많은 선배와 학자들도 이 대목에서 나처럼 어리둥절했을 것이다. 혹시 아유타국은 중국에 있던 작은 나라의 이름일까? 아니면 허황옥이 태어났거나 성장한 곳이 중국 땅이었나? 그렇지 않고서는 아유타국 출신이 주周나 한漢의 제도를 어떻게 잘 알고 있었는지 설명할 방법이 없다. 이 문제는 아주 중요한 부분이지만 당시 나의 연구 수준으로는 더 이상 추론해나갈 수가 없었다. 1960년대까지 나온 『삼국유사』 국역본에는 이 문제에 대한 해석이 없었을 뿐만 아니라 그 후에 나온 어떤 『삼국유사』 해설에도 아무런 언급이 없다. 이 문제는 영구미제 사건이 될 뻔했다.

어쨌든 선진 문화 속에서 태어나 자란 허황옥의 눈에는 가락국의 문화 수준이 상스럽고 시골뜨기 같아 남편인 수로왕에게 진언하여 선진국의 문물을 받아들여야겠다는 의지가 관철된 것으로 보인다.

고고학 연구 성과에 의하면 가락국은 그때 겨우 낙랑의 문화를 받아들여 화천貨泉과 오수전五銖錢 등의 화폐 경제 방식을 알게 된 터였다. 다행히도 가락국에는 질이 좋은 철을 생산할 수 있는 철광석과 기술자들이 있어서 주변의 대방군帶方郡과 왜倭가 다투어 수입해갔다.

수로왕과 허황옥의 결혼기념일은 가락국 사람들에게 국경일이 되었다. 그들이 결혼한 날인 7월 27일에는 매년 백성들과 관리, 군인들이 모여 동서로 패를 갈라 말타기와 배[船]젓기 경기를 했다.

배젓기는 허황옥이 배를 타고 도착한 것을 재현하는 것이고, 말 달리기는 허황옥의 도착을 말 탄 사람이 왕에게 급히 전한 것을 기념하기 위한 것이라고 한다.(「가락국기」)

　말 타기와 배젓기는 각기 문화의 내용이 다른 것이다. 경마競馬 풍습은 유목민들의 문화이고, 경주競舟 풍습은 양쯔 강 이남부터 동남아시아 지역에 퍼져 있는 농경인들의 놀이다. 뱃머리에 용머리를 조각한 배(용선龍船)를 여럿이 젓는 경기는 남아시아의 풍속이다.

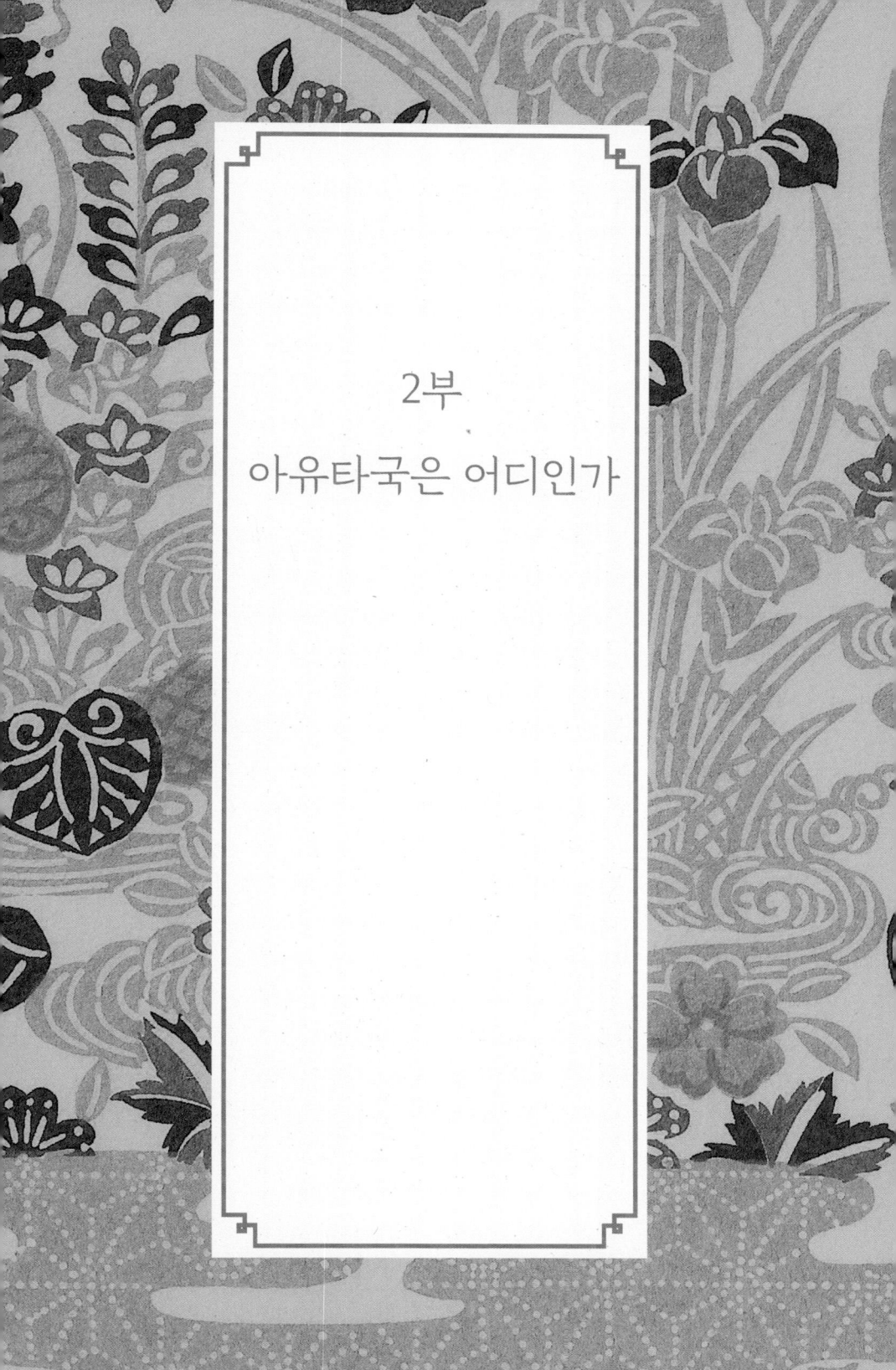

2부
아유타국은 어디인가

아유타국(아요디아)의 위치

2부
아유타국은 어디인가

아유타국은 어디인가

    오랜 유학생활 끝에 박사학위를 받아 귀국하니 운 좋게도 서울에 있는 대학의 조교수로 일하게 되었다.

    처음 몇 달 동안은 새로운 생활에 적응하느라 정신이 없었다. 나의 연구 분야는 2천여 전에 동아시아에서 금속문화가 각 지역에서 대중화했을 때의 인구 이동과 문화전파 양상이었다. 북아시아는 구소련과 중국이 차지한 채 철의 장막과 죽의 장막으로 문을 굳게 닫고 있어서 본격적인 현지답사는 불가능했고 동남아시아는 연구여행이 가능했다. 그래서 나는 인도에서부터 인도네시아를 거쳐 대만·한국에 걸친 지역에서 공통적으로 나타나는 고인돌 유적을 찾아다니며 분포지도를 그리고 있었다.

그러던 중 발리 섬에서 100여 개의 돌하르방을 발견하게 되었다. 고인돌과 돌하르방은 비록 시대는 다른 문화양상이지만 동남아시아와 한반도의 주민들이 해류를 통하여 유사한 풍속을 공유하고 있는 새로운 현상이 파악된 것이다.

한국인과 일본인들은 북아시아 주민들과의 문화공유 현상은 인정하면서도 남아시아와 문화적 유사성이 있다는 주장에 대하여는 알레르기성 반응을 보이는 정서가 있다. 그런데 고인돌 문화는 원래 서유럽의 풍속이 주민의 이동으로 인도까지 퍼져 있던 것인데 그 문화가 더욱 더 동쪽으로 전파되어 대만과 한반도를 지나 일본의 규슈까지 나타난다는 것이 나의 현지답사 결과로 밝혀졌다. 문화의 전파는 인구의 이동을 의미하고 인구 이동의 원인으로는 정치사회적인 것과 자연 물리적 현상이 있다. 남아시아의 문화가 한반도 쪽으로 퍼지게 된 원인은 자연현상 때문이다. 곧 필리핀에서 제주도 쪽으로 북상하는 빠른 해류인 쿠로시오[黑潮]의 역할 때문이다.

이 해류의 방향으로 남아시아의 벼농사 기술자들이 이민하여 한반도에 벼농사 문화와 고인돌을 전해주었고, 폴리네시아의 돌하르방 풍속도 제주도에 전달되었다. 이런 내용의 연구서가 영문판으로 출판되자, 고대 인도어인 드라비다어와 고대 한어漢語의 관계를 비교 연구하던 미국 언어학자 크리핀저M. Clipinger가 내게 엄청난 정보를 알려주었다. 한국어에는 400여 개의 고대 인도어가 있는데 그중 중요한 것만 보면 벼[禾], 쌀[米], 풀[草], 알[粒], 씨[種], 가래(농기구), 메뚜기(곤충) 등 농업문화의 '키워드'들이 모두 드라비다어 계통의 어휘라는 것이다.

이런 문화현상을 옛날에도 어느 일본 학자가 발표한 적이 있다. 일본어에 드라비다어가 많이 섞여 있다는 내용인데 대륙침략에 혈안이 된 일본군부 지도자들이 일본의 그 학자를 매도하여 연구 자체를 접어버린 적이 있다. 일본인들 중에는 일본인과 일본 문화가 모두 북방 기마민족 계통이라고 생각하는 사람이 많다. 그 이외의 유전자나 문화요소는 일부러 무시하고 살아가려는 경향이 있다. 여기서 길게 설명할 수는 없지만 일본 열도의 원주민은 신석기 문화를 남긴 죠몽인〔繩紋人〕이다. 남태평양 계통의 인종이라고 생각되는 사람들이다. 그 후 아시아 대륙에서 한반도를 거쳐 일본에 상륙한 야요이인[彌生人]들이 죠몽인을 정복한 것이 일본인의 구성과정이다.

일본강점기에 교육을 받은 한국인의 정서도 별반 다르지 않아서 한국문화와 한국인의 기원이 기마민족적인 알타이 문화와의 친연성을 연구하면 그냥 넘어가지만 한국 문화와 남아시아의 관련성을 누가 발표하면 곧바로 반대하는 목소리가 난다. 특히 한국사학계와 언어학계가 그런 경향이 심하다.

그래서 한국과 남아시아의 문화유사성 연구는 시작 자체가 어렵다. 아마도 증거도 없는 한국인의 순혈주의 신봉 현상이라고 생각된다. 대부분의 한국인이 믿는 우리의 유전적인 조상은 북방 기마민족이다. 그 외의 어떠한 인자라도 한국인과 한국 문화 속에 있다고 누가 말하면 근거도 없이 뭇매를 때리는 현상이 강하다. 한국인 중에는 남방 문화는 어쩐지 미개해 보인다는 옳지 못한 배타주의 내지는 우월의식을 갖고 있는 사람이 많다. 옛날에도 미국 선교사 H. 헐버트가 한국에 와서 살아보니 한국 지명에 의외로 드라비다어가 많다고 발표한 적이 있다. 드라비다어는 현대 인도어인 힌두어가 형성되기 이전부터 토착인들이 사용하던 언어인데 수십 가지 갈래가 있다. 그런데도 그 연구는 계속하는 사람이 없어 묻혀버리고 말았다.*

아마도 이런 정서 때문에 남방 민족으로 보이는 아유타국 공주가 가락국에 도착하여 한국인 중 최대 인구인 김해 김씨의 형성에 결정적인 유전인자를 전한다는 내용이 정서적으로 환영받지 못하고 과학적으로 연구되지 못한 상태로 2천 년이 지나게 된 것이다.

나는 남아시아 연구에 4년쯤 시간을 보냈다. 『Megalithic Cultures in Asia 아시아 거석문화 연구』(1983년)의 영문판까지 내고 나서 쉬고 있었다.

조금 정신적으로 여유가 생기니 문득 옛날 연인처럼 허황옥이 생각났다. 그만큼 세월이 흘러갔으면 잊힐 만도 한데 말이다. 그러나 적어도 허황옥 여인의 고향이 인도냐 아유타국이냐는 것만큼은 내 머릿속에서 떠나지 않았다. 나는 브리태니커 판 세계지도에서 아유타국에서 나라 '국國' 자를 떼어버린 아유타를 찾아보기로 했다. 아유타, 아유다, 아요타, 아요다, 어유타, 어유다, 어요타 등 아유타를 로마자화할 때 표기될 수 있는 모든 지명을 찾아나갔다. 몇 시간을 찾았지만 허탕이었다.

실망스러웠다. 도대체 왜 아유타나 아유타 비슷한 지명이 이렇게 큰 지도책에도 올라 있지 않은지 알 수 없었다. 너무 작은 땅 이름이라 그런가, 아니면 옛날에 존재했지만 지금은 없어졌기 때문일까? 이유는 여러 가지일 수 있겠지만 나는 기대가 어그러져 허탈했다. 그렇지만 모든 일이 다 그렇게 쉽다면 나 말고도 누군가가 벌써 아유타국은 어디 있는 곳이라고 밝혀놓았을 것이다.

* H. Hulbert, 『Passing of Korea』 뉴욕 1906 참조.

그러던 어느 날, 인도 지명을 찾으려면 인도 사람에게 물어보는 편이 낫겠다는 생각이 들었다. 혹시 한국에 인도 영사관이나 대사관이 개설되어 있을지도 모르는 일이었다. 나는 외무부에 전화를 걸어보았다. 그랬더니 뜻밖에도 서울에 인도 총영사관이 개설된 지 몇 년 되었다고 했다. 나는 기뻐서 곧바로 인도 영사관에 전화를 걸었다. 전화를 받은 사람은 한국 여자였다. 그 여자가 내 이야기를 듣고 직접 통화해보라고 바꾸어준 사람은 인도인 영사였다.

"여보세요."

"알로우."

전형적인 인도식 영어가 들려왔다.

"저는 인도에 있는 한 지명을 찾고 있는 사람입니다."

"누구신데요?"

"고고학 공부하는 김金이라는 사람입니다."

"찾으시는 땅 이름이 무엇입니까?"

"한국말로는 아유타라고 합니다. 원래는 한자로 표기되어 있습니다."

"아유따라고요?"

"아유따인지 아유타인지 아니면 아유다인지 그 비슷한 이름의 땅이 인도에 있습니까?"

"정확히는 모르겠지만 아요디아라는 땅은 있습니다."

"아요디아? 인도 어디쯤 있는 땅입니까?"

"우타르 프라데쉬주의 수도인 러크나우 시 근처에 있는 옛날 도시 이름입니다. 그런데 그런 이름의 도시를 왜 찾으십니까?"

"글쎄, 전화로 설명하기는 좀 긴 이야기입니다. 그곳 출신 여인이

2천 년전쯤에 한국에 와서 왕비가 되었다는 기록이 있습니다."

나의 한국식 영어와 저쪽의 인도식 영어가 전화선을 타고 바쁘게 오고갔다. 그러나 아유타라는 이름과 비슷한 아요디아라는 도시가 있다는 사실만 알게 되었지, 그 이상은 알아내기가 어려웠다. 또 인도 영사도 바쁠 것 같아 만나기로 약속을 하고 일단 전화를 끊었다.

며칠 후 나는 인도 영사관을 찾아갔다. 혹시 자세한 인도 지도를 볼 수 있을까 해서였다. 다행히 영사가 사무실에 있다고 했다. 한국인 여직원의 안내로 영사 사무실에 들어갔다.

"안녕하십니까? 제가 영사입니다."

조금 마른 체구에 얼굴이 검고 치아가 유난히 하얗게 빛나는 사람이었다.

"반갑습니다. 지난번에 전화한 고고학자 김金입니다."

우리는 반갑게 인사를 나누고 명함을 교환했다.

인도 차를 마시면서 내가 찾아온 이유를 말하자 영사가 지도 한 장을 가져왔다. 인도 전도全圖였다. 영사가 손가락으로 짚은 곳에 아요디아Ayodhia라는 지명이 보였다. 갠지스 강의 중류에 걸쳐 있는 땅이었다.

"여기 있는 아요디아라는 도시는 옛날에도 아요디아라고 불렸습니까?"

"글쎄요, 아주 오래된 도시예요. 저는 역사학을 전공하지 않았기에 잘 모르겠습니다만 아요디아는 힌두교의 중흥 시조인 '라마'의 탄생지입니다. 그래서 힌두교 사원이 많이 있죠. 힌두교도들은 아요디아에 한 번 순례를 가보는 것이 큰 희망입니다. 저는 아직 한번도 가보지 못했습니다만."

"아요디아에 힌두교 사원이 많다고요? 그럼 불교 사원은 없습니까?"

나는 갑자기 불안해져서 물었다. 아유타국이 아요디아라면 아유타국 출신 공주가 가락국에 시집온 사실이 곧 한국과 인도가 불교로 관계를 맺는 첫 번째 사건이 되어야 연구할 맛이 날 텐데, 아요디아가 힌두교 유적지라니 약간 문제가 생기는 듯했다.

인도는 신라의 불승 혜초가 불교 유적을 답사하러 간 천축국이니까, 인도라면 무조건 불교만 생각했지 힌두교라는 또 하나의 사상체계가 깊이 뿌리를 박고 있는 나라라는 현실을 깜빡 잊고 있었던 것이다.

아유타는 아요디아인가, 아요디아는 불교와는 관계없는 땅인가, 아요디아에 가면 허황옥이 「가락국기」에 등장하는 서기 48년경 무슨 역사적 사건이 일어난 기록을 찾을 수 있을까 등 영사와 긴 대화를 나누었지만 뾰족한 방안은 없었다.

이날도 아유타와 비슷한 이름의 도시가 인도에 있다는 사실만 확인한 셈이다. 그러니까 나의 원초적 의문이던 허황옥 여인의 고향이 아유타냐 인도냐는 일단 아유타가 인도의 한 부분일 가능성으로 좁혀지는 듯한 느낌이 들었다.

아요디아. 집에 돌아와서 영사와 대화를 나누며 메모한 수첩을 꺼내들고 다시 한 번 들여다보았다. 그리고 서가에서 세계사 지도를 꺼냈다. 일본의 길천홍문관吉川弘文館에서 1973년에 출판된 아주 얇은 지도책이었다. 거기에는 아요디아라는 지명과 인도의 역사가 시대적으로 바뀜에 따라 세력 판도와 그때의 나라 이름, 도시 이름이 적혀 있었다. 깨알처럼 작은 글씨로 찍혀 있는 지명들을 하나하나 확인해 갔다.

세계 4대 문명 발상지 중 하나인 인더스 강 유역의 인더스 문명 지역은 카스피 해 북안北岸이 고향인 아리아족이 남하하면서 주민이 바뀌게 된다. 그때가 기원전 15세기였다. 기원전 10세기쯤 동쪽인 갠지스 강 유역도 아리아족의 거주 지역으로 바뀌고 원주민인 드라비다족은 데칸 고원을 넘어 남하하고 만다.

아리아족들은 기원전 7세기쯤에 히말라야 산맥의 남쪽을 모두 장악하고 여러 개의 도시 국가를 일으켰다. 서쪽으로는 인더스 강 상류의 간다라Gandhara, 갠지스 강 쪽으로는 상류의 구루Kuru, 마찌Matsya, 중류의 코살Kosala과 마가다Magadha, 동쪽 끝 하류 지점의 앙가Anga 등 고대 국가들이 반짝이는 별들처럼 생겼다.

내가 관심을 가지고 있던 아요디아는 코살국 쯤에 해당된다는 것을 알게 되었다. 이런 도시들은 모두 이미 완성된 힌두교 국가들이었다. 불교의 창시자 싯다르타의 생존기간(기원전 약 540~480년) 동안에 코살국의 중심 도시로 아요디아가 등장한다. 지중해 출신 알렉산더 왕이 인도에 도착한 직후인 기원전 3세기 때 불교의 열렬한 포교자인 마우리아 왕조의 아쇼카 왕이 등장하여 아요디아를 포함한 갠지스 강변의 고대 도시들이 모두 불교국이 된다.

아요디아 지방은 기원전 2세기에 서북쪽에서 일어난 쿠샨 왕조에 의해서 지도의 색깔이 바뀌고 만다. 그때 주변 상황을 보면 지구의 서쪽에서는 로마와 파르티아가 대결하고 있었고, 중국은 조선 땅에 한사군을 설치해놓고 있었다. 그리고 토착세력인 고구려가 일어나고 있었다. 삼한은 왜와 마주하고 있었다.

사실 나는 그때 중국 한대漢代의 서역 교통로 개척에 따라 중국에 들어온 로마식 건축 기술에 대하여 논문을 준비하고 있었다. 그래서 허황옥이 아유타국에서 태어난 서기 32년쯤의 세계문화사는 이래저래 나의 관심에서 벗어날 수가 없었다.

나는 아유타를 찾느라 역사지도를 들여다보면서 새로운 사실을 알게 되었다. 중국 북쪽에 있던 흉노匈奴족의 이동이 서역의 여러 나라를 강타하고, 아프가니스탄과 파키스탄 지방의 쿠샨 왕조 설립이 중국의 청해靑海, 감숙성甘肅省의 월지[月氏] 세력이 서쪽으로 이동해 가서 그곳 토착세력과 결합하는 현상과 깊은 관계가 있다는 것도 비로소 알게 된 것이다.

그런데 아유타국 출신인 허황옥은 가락국에 오기 전에는 어디서 소녀 시절을 보냈는지 알 길이 없었다. 그것이 내가 찾아내야 할 핵심 문제였다.

'아유타가 아요디아라면 허황옥 소녀는 얼굴이 가무잡잡한 아리안계 인도인의 모습일 텐데……'

이러는 동안 또 여러 해가 흘러갔다.

왕자들의 행방

"안녕하셨어요, 선생님. 저 이헌재李憲載입니다."

제자 이군이 어느 날 전화를 걸어왔다.

"그래, 잘 있네. 자네도 아무 일 없었고?"

"네, 다름이 아니라 지난번 선생님이 말씀하신 칠불암에 갔다가 수로왕의 일곱 아들에 관한 자료를 찾았습니다."

"그래? 어디서?"

"칠불암의 현판기懸板記를 옮겨 적어놓은 책에서 찾았습니다. 서울에 올라가는 대로 선생님께 보여드리겠습니다."

이군은 대학원 때 가락국 수로왕릉에 그려진 쌍어문에 관한 세미나에서 비로소 허황옥에 대하여 관심이 생겼다고 한다. 그래서 석사 논문도 가야에 대하여 썼고, 직장도 옛 가야 땅에 있는 창원문화재연구소에서 근무하고 있다.

이군에게 경남 하동에 있는 쌍계사의 칠불암이 수로왕의 아들 중 일곱 왕자가 성불한 곳이라고 말해주면서, 거기에 가면 혹시 일곱 왕자의 이름을 알 수 있을지도 모른다고 이야기한 적이 있다. 이군은 그것을 잊지 않고 기억하고 있다가 시간을 내어 찾아가본 모양이었다. 며칠 후 이군이 내 연구실에 가져온 자료는 매우 중요한 것이었다.

글의 제목은 「칠불암유사七佛庵遺事」인데, 작은 글씨로 '칠불암 현판기에서 나옴'이라는 뜻의 한자가 적혀 있었다. 지금 글이 실려 있는 책은 김종수가 지은 『김해 김씨 선원대동보金海 金氏 璿源大同譜』다. 현판기를 한자로 옮긴 뒤에 다시 한글로 번역문을 달았다.

김해 가락국 수로왕이 잠룡潛龍으로 계실 때 서역西域, 월지국[月氏國] 보옥선사寶玉禪師가 큰 인연이 동쪽에 있음을 보고, 그 매씨妹氏를 데리고 바다를 건너와서 (수로) 왕과 배필을 이루니 아들 열 명을 두셨다. 한 분은 태자 거등왕(居登王)으로 책봉하고, 두 분은 허후許后의 성을 따르게 하고, 남은 일곱 명은 보옥선사를 따라 가야산에 들어가 도를 배우다가 방장산方丈山으로 들어가서 운상원雲上院을 짓고 다년간 좌선했다.

선사가 (일곱 왕자들이) 공부가 심숙沈熟함을 보시고 중추월야仲秋月夜를 당하여 일곱 사람을 데리고 달구경을 하게 되었다. 한 분이 시를 읊기를, '벽천

碧天에 삼경三更 달은 낭랑하게 심담心膽을 비춰주네'했다. 또 한 사람은 '달은 중추를 맞아 제대로 차고 바람은 8월에야 더욱 시원하다' 했다. 또 한 사람은 땅 위에 동그라미 하나[一圓像]를 그렸다가 발로 지웠고, 네 사람은 머리만 숙이고 돌아가는지라 선사는 지팡이로 땅을 힘껏 치고 흩어지니 일곱 사람은 함께 손뼉을 치고 크게 웃었다. 이후로 (일곱 사람은) 깊은 뜻[玄旨]을 크게 깨우쳐 모두 성각成覺이 되었다.

첫 째의 이름은 혜진慧眞이요, 둘째는 각초覺初, 셋째는 지감智鑑, 넷째는 등연等演, 다섯째는 두무杜武, 여섯째는 정홍淨洪, 일곱째는 계장戒莊이라 하니 때는 가락 기원 62년 계묘癸卯(103년)라. 칠불암을 창건하니 쌍계사 북쪽 20리 되는 곳이다. (……)

이 내용을 살펴보면 일곱 왕자의 이름이 불교식임을 알 수 있다. 다만 수로왕의 맏아들로서 가락국의 제2대 왕이 된 거등居登은 가락국 고유의 이름인 듯하다. 일곱 왕자의 불교식 이름 말고 원래 이름은 알 수가 없다. 이군은 일곱 왕자의 법명法名이 따로 있다고 적어왔다.

①금왕광불(金王光佛) ②금왕동불(金王銅佛) ③금왕상불(金王相佛)

④금왕행불(金王行佛) ⑤금왕향불(金王香佛) ⑥금왕성불(金王成佛)

⑦금왕공불(金王空佛)

이 법명들은 칠불사 재건 추진회에서 써놓은 칠불사 개황概況이라는 인쇄물에 적혀 있다고 했다. 「칠불암유사」에 있는 일곱 왕자의 이름이나 칠불사 개황에 있는 일곱 왕자의 법명이 모두 불교식 내용인 것만은 틀림없어 보였다.

보옥선사라는 사람과 누이동생은 서역의 월지국에서 왔다고 한다. 『삼국유사』「가락국기」에는 허황옥의 출신지가 아유타국이라고 했는데,「칠불암유사」에는 허황옥과 오빠가 월지국에서 왔다고 했으니 뭔가 혼란스런 문제가 있는 모양이었다. 월지국은 중국 서쪽에 있던 유목 민족의 나라로 오늘날 청해성·감숙성 일대에 자리 잡고 있었다. 그러다가 흉노족의 소멸과 함께 서쪽으로 옮겨가서 박트리아 지방에 있던 이란계 민족과 합친 세력이다.

이처럼 아유타국과 월지국은 분명히 별개 나라다. 그런데도 허황옥은 아유타국 출신이고, 오빠인 보옥선사는 월지국 출신이라니 아무래도 이상해 보였다. 박트리아는 중국 감숙성에 있던 월지月氏 세력이 한나라의 압박을 서역으로 옮겨가서 다른 부족들과 연합해서 대월지 일명 박트리아 왕조를 이룩하였다. 그 박트리아 즉 대월지가 인도를 침략하여 마우리아 왕조가 무너진 역사가 있다. 그러니까 아요디아 출신이 가락국에 와서 아유타국 출신이라고 할 수도 있고 월지국 출신이라고 할 수도 있겠다라는 생각이 든다.

김해 은하사에 있는 취운당 중수기에는 허황옥의 오빠는 천축국 출신이라고 했는데 무언가 역사기간 동안에 전승착오傳承錯誤가 있었던 것 같았다. 아마도 세계 지리에 대한 지식이 전혀 없던 옛날 사람들이 서역 지방에 있던 어떤 나라라는 뜻으로 월지국과 천축국이 혼용되었던 모양이다.

아들 일곱 명이 지리산에서 성도했다는 소식을 들은 왕비는 출가한 아들들이 매우 보고 싶었으리라.

"왕이시여, 아들 일곱이 오라버니를 따라 우리의 슬하를 떠난 지 여러 해가 되었습니다. 그들의 학식이 깊어지고 오라버니의 가르침이 철저하여 천지의 진리를 깨달았다고 합니다. 신앙의 깊은 철리를 공부하고 있는 아이들을 속세의 인간이 만나려는 것은 미련한 짓인 줄 아오나, 핏줄로 맺은 정 때문에 이 어미는 아들들이 있는 곳을 꼭 한번 찾아보고 싶습니다. 태양같이 밝고 바다같이 넓은 왕의 은혜를 베푸셔서 허락해주시기 바랍니다."

아마 왕비는 이런 식으로 왕에게 간청했을 것이다. 결국 왕비의 피맺힌 소원은 이루어졌다. 이루어졌을 뿐만 아니라 왕도 직접 왕비와 함께 아들들을 만나러 갔다. 이 사건을 「칠불암유사」는 다음과 같이 기록했다.

왕께서 일곱 아들이 성도했다는 소식을 들으시고 친히 행차하여 보니 모두가 그전의 모습과 같으므로 의아했다. 알고 보니 일곱 왕자가 연못에 칠금신 七金身으로 현신한 것이었다.

일곱 왕자는 오랜만에 찾아온 부모님과 직접 만난 것이 아니었다. 왕과 왕비가 본 아들들의 모습은 금빛 옷을 입고 서 있던 아들들의 모습이 연못에 비친 허상일 뿐이었다고 한다.

칠불암으로 들어가다 보면 이렇게 애틋한 전설을 간직한 연못이 있다. 그날도 둥그스름한 연못 속에 담긴 깨끗한 물이 가을 햇빛을 받아 거울처럼 빛나고 있었다. 물 위에는 뜬 낙엽의 그림자도 따라 움직였다. 그림자는 바닥 모양에 따라 낙엽 모양이었다가 산 모양도 되고 사람 모양도 되었다.

왜 그랬을까.

부모와 자식들이 서로 오래간만에 만났는데도 왜 부둥켜안고 반가워하지 않았을까. 불교에서는 일단 출가한 남자는 어머니가 찾아와도

대면하기를 거절한단 말인가. 가야시대의 신앙에는 출가함으로써 부자간의 연을 완전히 단절해야 하는 법도가 있단 말인가. 그럴지도 모를 일이다. 아니면 후대 사람들이 칠불암의 창건에 대하여 이야기를 극적으로 꾸미느라고 만들어낸 애사哀史인지도 모른다.

선원禪院에서 수도하는 승려들에게 득도를 위해서는 부모 형제들과 혈육의 정을 끊고 수도에만 전념해야 한다는 의미로 가락국의 일곱 왕자 이야기를 만들어냈을 가능성도 있다.

선견왕자仙見王子와 신녀神女

수로왕과 왕비 사이에서 태어난 아들 열 명 중 이름이 밝혀진 사람은 아홉 명이다. 제2대 왕이 된 거등과 칠불암에서 중이 된 일곱 왕자는 앞에서 살펴본 대로다. 다른 한 왕자는 거칠군居漆君으로 가락왕성의 외곽에 있던 진례성進禮城의 주인으로 봉해졌다. 마지막 왕자의 이름은 무엇일까.

편년「가락국기」를 살펴보면 다음과 같다.

거등왕이 즉위하던 서기 199년(동한東漢 헌제獻帝 건안建安 4년)에 선견仙見이라는 왕자가 신녀神女와 더불어 구름을 타고 떠났다. 왕이 강변 바위섬에 올라가 선견왕자를 부르는 그림을 새겼다. 그래서 속전俗傳하기를 왕초선대王招仙臺라고 부른다.

王子諱仙見與神女乘雲離去 王欲登江石岩招仙銘影故王招仙臺

이 기록에서 선견이라는 이름의 왕자가 분명히 등장한다. 또 신녀라는 이름의 여자도 있다. 따라서 아들 열 명의 이름은 밝혀진 셈이다. 또 공주도 두 명 있다고 하는데, 한 공주는 「가락국기」에 전하는 대로 석탈해昔脫解의 며느리가 된 사람이다. 석탈해는 다파나국多婆那國(또는 완하국玩夏菊) 사람으로 일찍이 가락국에 와서 김수로왕과 재주를 겨루다 패하여 신라로 간 사람이다.

신라에 간 석탈해는 다시 꾀를 내어 신라 제2대 왕인 남해왕南海王의 사위가 되었다가 신라 제4대 왕으로 올라선 사람이다. 이 석탈해의 아들은 구추仇鄒의 부인이 지진내례 부인只珍內禮夫人 김씨로 『삼국사기』에 기록되어 있다. 그렇다면 편년 「가락국기」와 『삼국사기』의 내용은 얼추 들어맞는 셈이다.

그러면 또 한 왕녀는 누구일까. 이름을 알 수 없는 나머지 한 왕녀는 선견 왕자와 함께 가락국을 떠난 신녀일 것으로 보는 견해가 많다.

누구라도 좋다. 왕과 왕비가 다산한 부부이며, 그 사이에서 왕자 열 명과 공주 두 명이 태어났다는 사실만으로도 우리의 지식은 충분히 채워졌다.

두 사람이 구름을 타고 떠났다고 했는데 어디로 갔을까. 두 남녀가 구름을 타고 조국인 가락국을 떠났다는 내용은 현실성이 없다. 따라서 안개 낀 바닷길을 떠났다고 보아야 할 것 같다. 가락국, 곧 김해金海를 떠난 배는 어디로 흘러갔을까. 파도를 따라 어느 해안에 닿았을까. 이 점이 우리가 알고 싶은 것이다.

뗏목 탐험가 윤명철 박사에 의하면 무동력 선박이다 뗏목의 항해는 해류의 방향보다 계절풍의 방향이 중요하다고 한다. 그러니까 바람이 어느 쪽으로 부는 계절이냐에 따라 뗏목의 진행 방향이 결정 된다는 것이다.

그 옛날 가락국을 떠난 두 남녀가 돛단배를 타고 바람에 불려 도착한 곳이 일본의 규슈는 아닐까. 그렇게 생각하게 하는 역사적 인물이 그 무렵 일본에서 나타났기 때문이다. 그 이야기는 나중에 살펴볼 것이다.

한편 허황옥과 함께 가락국에 온 신보와 조광도 각각 자녀들을 낳았다. 신보의 딸은 가락국 제2대 왕 거등의 왕비가 되었고, 조광의 손녀는 제3대 왕 마품麻品의 왕비가 되었다. 그러니까 아유타국 출신들이 모두 가락국 왕가의 외척이 된 셈이다. 토착세력 왕들과 이민 세력 외척이 결합하여 가락국은 국제적인 문화를 발전시켜나갔다. 아유타국 출신들의 체질적 유전인자가 가락국 왕들과 섞여서 대단한 영향력을 발휘했을 것 같다.

아, 그렇게 생각하다보니 김해 김씨 중에 나 말고도 얼굴색이 검어서 고민하는 사람들이 많을 것 같다는 생각이 든다. 체질적 유전인자가 2천년 만에 사라진다는 연구는 아마 없을 것이다. 아메리카 인디안이나, 에스키모 사람들의 고향이 아시아였다고 한다. 그들이 미주대륙으로 이주 해 간지 몇 만 년 또는 몇 천 년 흘렀는데도 그들의 모습에는 아직도 아시아 인종의 특성이 영역한 것을 생각해보면 알 수 있다.

인도로 가는 길

아유타국은 인도의 아요디아가 틀림없는 것 같았다. 아동 문학가인 이종기 씨가 팬클럽 대회에 참석하느라 인도에 들렀다가 아요디아에 다녀왔다. 그 내용은 「가락국 탐사駕洛國探査」라는 기행문으로 발표되었다.

아요디아 시의 수많은 건물에는 쌍어문이 새겨져 있다. 그 모양은 김해의 수로왕릉에 있는 쌍어문과 아주 흡사한다.

두 마리 물고기가 가운데에 꽃 같은 물건을 놓고 마주 보는 그림이 그 책에 실려 있었다. 한마디로 대단한 정보였다. 그것은 아유타가 아요디아라는 이야기와 같은 것이었다. 그렇지 않고서야 아유타국 출신이 시집와서 살았던 김해의 가락국에서 발견되는 쌍어문이 아유타와 이름이 비슷한 아요디아에서 발견될 리는 없기 때문이다.

이종기 씨는 상당히 심도 있게 허황옥과 쌍어문을 다루었다. 게다가 소설적인 상상력을 동원하여 혹시 수로왕도 인도 문화와 관련이 있지 않을까 하는 여운을 남겼다.

나는 이제 주저할 필요가 없었다. 내가 직접 아요디아를 답사할 일만 남은 것이다. 일단 인도에 가기만 하면 아유타국, 곧 아요디아가 있던 코살 국의 역사적 사건에 관한 자료를 구할 수 있을 것 같았다. 계획은 모두 끝나고 이제 출전만 남은 셈이었다.

그런데 나는 그 출전 계획만 세워놓았지 선뜻 행동으로 옮길 수가 없었다. 단순히 개인적인 연구를 목적으로 머나먼 인도까지 여행할 경비를 구할 방법이 없었기 때문이다. 1980년대는 한국의 가난한 대학 교수가 여비를 자유롭게 써가며 외국에 가서 연구 자료를 구할 수 있던 시절이 아니었다. 이런 경제적인 제약 때문에 꿈에도 그리던 허황옥 여인의 고향을 찾아보지 못한 채 시간이 흘러갔다.

그러던 중 KBS 텔레비전의 김광식 프로듀서가 전화를 걸어왔다. 그때가 1985년 봄이었다. 인사도 드릴 겸 의논할 일이 있으니 퇴근 길에 연구실로 들르겠다고 했다. 김광식 씨는 몇 해 전부터 나를 자기 프로그램에 진행자로 선정한 일로 해서 잘 아는 처지였다.

"그동안 별일 없으셨습니꺼? 뭐 새로운 연구라도 진행하시는 게 있나 하고 찾아왔습니다."

미학을 전공한 이 경상도 사나이는 서울 생활이 20년이 넘었는데도 진한 사투리로 찾아온 이유를 설명했다.

"다름이 아이고, 아시겠지만 요번에 파키스탄의 '하크' 대통령이 한국에 오게 됐심더. 그래서 파키스탄 대통령의 한국 방문을 계기로 우리나라 국민에게 파키스탄이란 나라가 도대체 어떤 나라인지 소개도 할 겸 해서 파키스탄의 자연과 문화에 관한 프로그램을 하나 만들려고요."

"그거 좋은 생각이오. 흔히 파키스탄을 인도의 한 주쌔 정도로 인식하기 쉬운데 사실 인도와는 인종도 종교도 다른데다가 인더스 강을 모두 차지하고 있지요. 그러니까 인더스 문화가 현재 파키스탄 영토 내에 고스란히 남아 있는 셈이죠. 잘 궁리해서 기획을 하면 상당히 충실한 교육 프로그램이 될 수 있을 거요."

"그래서 의논 드리러 왔는데, 혹시 선배님께서 우리와 함께 파키스탄과 인도까지 동행하실 수 있겠심니꺼?"

"그 프로그램을 언제 방영하려고 하는데?"

"첫 회를 4월 초파일날 하자니 시간이 쪼매 빡빡합니더."

"지금이 벌써 3월 말인데, 언제 찍어서 언제 편집한단 말이오. 그때까지 완성하려면 적어도 다음 달 중에는 촬영을 마쳐야 할 텐데 일이 그렇게 빨리 진척될까?"

나는 다큐멘터리 제작에 여러 번 참여해본 경험을 통해 이번 스케줄의 무리한 점을 지적하지 않을 수 없었다. 많지 않은 텔레비전 출연 경험으로 보아도 스튜디오에서 녹화하는 프로그램은 몇 시간이면 편집을 완료할 수 있지만, 야외에서 촬영해 온 필름을 편집하는데는 시간이 많이 걸린다. 더구나 다큐멘터리는 내용을 보충하는 설명자막도 삽입해야 하고, 분위기에 걸맞는 배경 음악도 새로 작곡하거나 기존의 음악을 찾아서 영상에 맞추어야 한다. 이처럼 다큐멘터리 프로그램은 제작에 많은 시간이 소요되는 법이다.

"죄송합니다만, 우리들이 파키스탄으로 출장 가는 것은 이미 결재가 나 있고 선배님을 모시고 가겠노라고 허락은 받아놔씸더."

"이거 청혼도 하지 않고 혼인 날짜 받아놓은 격이구먼. 그런데 학기 중이라 출장 가기가 아주 곤란한데, 학교에서 허락을 해줄까? 학기 중에는 외국에 가서 논문을 발표할 경우에 한해서 일주일간 출장이 가능하거든. 텔레비전 프로그램 출연을 위해서라면 출장 허가가 나지 않을 텐데……."

"선배님, 학회 참석은 출장이 되고 텔레비전 프로그램 출연차 가는 것은 출장이 안 된다는 게 무슨 이바구입니꺼? 텔레비전 프로그램의 중요성이 학회만도 몬 하단 말씸입니꺼?"

"글쎄, 그건 방송국의 입장이고 학생을 위해서 휴강은 될 수 있는 대로 피해야 하니까 그런 거요."

어려움도 있었지만 나는 다행히도 출장을 갈 수 있게 되었다. 우리는 출발하기 전에 몇 번 만났다. 동행할 촬영 팀·녹음 팀들과도 얼굴을 익혔다. 특히 방문지를 결정하는 단계에서 나의 희망대로 인도의 아요디아를 추가하는 데 성공했다. 이래서 대망의 아요디아를 찾아볼 기회가 온 것이다.

인도. 인구 8억의 작은 대륙, 힌두교와 불교의 발흥지요, 세계 문명 발상지 중의 하나, 수십 가지의 방언이 통합되지 않아서 영국의 통치에서 벗어난 이후에는 영어를 공용어로 사용하는 나라…… . 이정도가 일반인이 인도에 대하여 갖고 있는 지식이다. 인도 사회는 철저한 계급 사회로 브라만, 크샤트리아, 바이샤, 수드라의 네 계층으로 나누어져 있다. 계층이 다르면 함께 살지도 않고 결혼하기도 꺼린다.

수학사에서 처음으로 제로의 개념을 발견한 민족이 인도인이라는 것과 핵무기를 자체 개발하여 보유하고 있는 것도 잘 알려진 사실이다.

그러나 현대의 인도인은 과거에 찬란한 문화를 쌓아온 조상들과는 달리 빈곤에 허덕이고 있다. 그 원인은 근대 서구의 열강, 특히 영국의 식민지 정책 때문이지도 모른다.

인도는 간디를 구심점으로 하여 독립운동을 한 결과 영국의 통치에서 벗어나기는 했지만 북쪽의 이슬람교도 지역인 힌두스탄과 펀자브 지방 등을 파키스탄에 내주어 인더스 강을 빼앗기고 말았다. 뿐만 아니라 갠지스 강 하류의 비옥한 쌀 생산지인 벵골 지방도 이슬람 세력인 방글라데시에 속하게 되어 인도는 이리 찢기고 저리 찢겨 있는 셈이다.

그럼에도 나에게 인도는 신비와 명상의 땅이었다. 그 이유는 말할 것도 없이 허황옥 여인이 남편 될 수로왕에게 자기 고향이라고 소개한 아유타국이 바로 이 나라에 있을지도 모르기 때문이다.

꽃의 도시 페샤와르

우리는 파키스탄의 카라치·모헨조다로·이슬라마바드·탁실라·페샤와르·스와트 등 인더스 강 하류에서 상류 쪽으로 거슬러 올라가 힌두쿠시 산맥까지 조사하기로 일정을 잡았다. 그다음 인도로 내려가 뉴델리 일대의 박물관과 불교 유적을 보고 나서, 마지막으로 아요디아를 찾아가기로 했다. 촬영 팀은 나보다 먼저 파키스탄에 도착하여 일을 하고 있었고, 나는 그들보다 일주일 늦게 떠났다. 나는 이번에야말로 인도와 파키스탄에서 쌓어문 자료를 찾아내야겠다는 각오를 다지면서 서울을 떠났다.

밤새워 날아간 비행기는 새벽 5시 쯤 파키스탄의 카라치에 도착하였다. 숙소인 타지 호텔에서 일행들을 모두 만나고, 찬물로 샤워를 하니 정신이 좀 나는 듯했다. 젖은 머리를 말릴 새도 없이 우리는 서둘러 공항으로 갔다. 아침 7시에 떠나는 모헨조다로 행 비행기에 몸을 싣고 나니 피곤이 엄습했다. 전날 아침에 김포를 떠나 여섯 시간이나 걸려서 방콕에 도착, 그곳에서 두 시간을 기다려 비행기를 바꿔 타고 카라치까지 세 시간이나 걸려서 왔다.

사막 한복판에 남아 있는 고대 도시 유적인 모헨조다로는 섭씨 50도의 더위에 죽은 듯이 엎드려 있었다. 인더스 문명의 찬란한 유적을 연구하기 위해 현장에 박물관이 지어졌고, 구경 오는 사람들을 위하여 '게스트 하우스'가 만들어져 있었다. 모두 긴팔 옷을 입고 모자를 푹 눌러쓰고 내리쬐는 사막의 태양을 차단하려 했으나, 땅에서 올라오는 지열만은 차단할 도리가 없었다.

참으로 어려운 상황에서 우리는 이틀 동안 촬영을 했다. 현장 박물관에는 그곳에서 발견된 수천 점의 유물이 전시되어 있었다. 나는 혹시 여기 있는 토기나 그림 문자 중에 물고기가 그려져 있나 하여 자세하게 살펴보았다.

채색 토기 표면에 그려진 수없이 많은 종류의 그림들을 하나하나 자세히 들여다보았다. 수백 개의 그림 문자를 보았지만 야속하게도 내가 찾는 물고기 한 쌍은 끝내 보이지 않았다. 실망감으로 허탈해져서 가뜩이나 뜨거운 기온이 온몸을 더욱더 파고들었다. 나중에 알게 된 사실인데 인더스 문자에 물고기가 있기는 했으나 쌍어는 아니었다.

텔레비전 시청자를 위한 촬영은 완료했지만, 쌍어를 찾고 싶은 나의 희망은 산산이 부서지고 말았다. 인도에 쌍어문이 있다면 인도 문화의 모태인 모헨조다로 유적에서도 마땅히 쌍어문이 발견되어야 했다. 그래야만 쌍어문을 사용한 고대의 신앙이 인도에서 시작되어 인도 여인 허황옥에 의해서 한국의 가락국까지 전파되었다는 논리를 펴 나갈 것이 아닌가. 그런데 이곳에 쌍어문이 없다니 정말 해괴한 일이 아닐 수 없었다.

허망했다. 입맛도 싹 가셨다. 그토록 오랫동안 별러온 인더스 문명의 본고장에서 내가 찾는 증거가 없다니, 10년 공부가 한꺼번에 와르르 무너지는 느낌이었다.

그 이튿날 나는 병에 걸리고 말았다. 주의를 많이 기울였건만 이질에 걸리고 만 것이다. 불결한 물은 한 방울도 마시지 않았고 음식도 꼭 익힌 것만 먹었다. 심지어는 양치질도 코카콜라로 했는데 알 수 없는 노릇이었다. 집에서 가져온 정로환을 한 움큼씩 삼키고 꼬박 하루를 버티고 나서야 간신히 기동을 할 수가 있었다.

악몽 같은 모헨조다로에서의 일을 끝내고 우리는 15인승 중형 버스를 전세 내어 페샤와르로 향했다. 페샤와르는 파키스탄 북단에 위치한 고대 도시로 '꽃의 도시'라는 뜻이다. 그 옛날 알렉산더 왕의 동방 원정 종착지인 탁실라와 함께 간다라 지방의 중심 도시다. 간다라 지방은 불상 조각의 발상지로 불교 미술의 성지인데, 바로 북쪽에 가로막혀 있는 힌두쿠시 산맥을 경계로 아프가니스탄과 분리되어 있다.

구소련의 침공을 피한 아프간 난민들이 수만 명이나 넘어와서 난민촌을 이루고 있는 곳을 스케치한 후 박물관으로 가는 도중이었다.

자동차가 막 시장을 지나갈 때였다.

노점상들의 손수레 때문에 차가 나가지 못하여 잠시 멈추었는데, 우리 차 옆으로 작은 픽업 차 한 대가 지나갔다. 그런데 그 픽업 차의 짐칸을 덮은 포장 한쪽에 낯익은 그림이 그려져 있었다. 가운데 있는

픽업 차의 짐칸을 덮은 포장에 그려진 쌍어 간다라 지방을 오가는 소형차들에서 꽃이나 탑 등을 가운데 두고 물고기 두 마리가 마주 보는 그림을 쉽게 볼 수 있다.

탑 같은 물체를 향하여 양쪽에서 달려드는 듯 한 물고기 그림이었다. 나는 놀라서 소리쳤다. 바로 내가 찾고 있는 쌍어문이었다.

"스톱! 스톱!"

차에서 뛰어내려 픽업 차를 세웠다. 픽업 차 운전사는 영문도 모른 채 엉겁결에 차를 세웠다. 차 뒤칸에는 여러 사람이 타고 있었다. 나는 재빨리 포장에 그려진 쌍어문을 카메라에 담았다. 찰칵 찰칵…….

픽업 차의 운전사는 내가 차를 세운 채 사진만 찍고 있다 '웬 미친 외국인도 다 있네'라는 표정을 짓더니 떠나려 했다. 나는 주머니에서 루피 화를 잡히는 대로 집어 운전사에게 주고 나서 손짓으로 잠깐만 더 서 있으라는 시늉을 했다. 운전사는 웃으며 차에서 내렸다.

나는 여유를 갖고 픽업 차의 반대쪽으로 가보았다. 그랬더니 거기에도 똑같은 모양으로 만든 쌍어가 붙어 있는게 아닌가! 나는 계속 카메라를 눌러댔다. 픽업 차 운전사가 나를 따라오며 뭐라고 하는데 알아들을 수가 없었다. 우리의 안내를 맡은 파키스탄 방송국 직원 파샤 씨가 차에서 내려 나를 향해 나무라듯 말했다.

"김 교수, 뭘 하십니까? 그 그림이 뭐가 그리 중요하다고 시장 한복판에 차를 세우고 일을 보십니까. 뒤의 차들이 막혀 가질 못하고 있지 않습니까?"

그러고 보니 우리 앞뒤로 자동차·마차·손수레 들이 잔뜩 밀려 있었다. 쌍어문을 발견한 바람에 나는 그만 흥분하여 시장 한복판에서 길을 막고 있었다는 사실을 몰랐던 것이다. 미안하지만 어쩔 수 없었다. 나 때문에 서 있던 차들을 향해서 모자를 벗어 미안하다고 인사를 하고 나서 차에 올랐다. 간다라 지방에 쌍어가 있다니, 선사시대 유적인 모헨조다로에도 없었는데 정말 묘한 일이었다.

아무튼 이건 새로운 발견이므로 나는 무척 기뻤다. 간다라에 살고 있는 사람들에게는 쌍어문은 과거에 있다가 죽은 문화가 아니라 현대까지 계속되는 살아 있는 문화라는 사실을 발견한 것이 너무 기뻤다.

우리 차는 잠시 후 시장 한 모퉁이에서 멈췄다. 카메라맨들이 시장으로 들어가 시장 풍경과 사람들의 모습을 카메라에 담고 있었다. 나는 이 가게 저 가게를 기웃거리며 장신구도 만져보고, 오렌지 즙을 내서 파는 데서 즉석 주스를 사 먹는 사람들의 모습을 카메라에 담기도 했다.

촬영 도중 삼륜 택시인 '렉챠' 한 대가 지나가는데 운전사 머리 위를 덮은 덮개 정면에 쌍어문이 위아래 이중으로 달려 있는 것이 보였다. 이번에는 헝겊 위에 비닐로 만들어 붙인 그림이 아니라 함석을 오려서 만든 은빛 쌍어들이었다. 나는 촬영 도중이라는 것도 잊어버리고 반가워서 손을 들어 렉챠를 세운 다음 연습중인 '우르드어' 로 물었다.

"게트나 페사(얼마요?)"

"띠인 루피(3루피)."

렉챠의 기본요금이 3루피라고 말하는 것 같아서 나는 무조건 3루피를 렉챠 운전사에게 집어주고 렉챠 정면 덮개 위에 달린 쌍어문들을 카메라에 담았다.

쌍어문은 간다라 지방을 오가는 소형차에 수없이 그려져 있었다. 그림마다 모양이 조금씩 다르고 빛깔도 모두 달랐지만, 기본 모양새는 우리나라 수로왕릉에 있는 쌍어문과 똑같은 것이었다. 꽃이나 탑 등을 가운데 두고 물고기 두 마리가 마주 보는 구성이 기본이었다. 다만 우리의 것은 물고기가 수평으로 마주 대하고 있는 데 비해서 간다라의 쌍어문은 물고기가 상체를 45도쯤 들고 있는 것이 다른 점이었다.

간다라에 온 지 사흘째 되던 날, 내가 쌍어문을 달고 다니는 차만 보면 하도 사진을 찍어대니까 우리 운전사가 짜증을 냈다. 그러고는 나의 팔을 잡아끌더니 미니버스인 우리 차의 지붕 위에 달고 다니던 짐받이를 손으로 가리켰다. 자세히 들여다보니 거기도 금속판에 양각陽角된 쌍어문이 있었다. 우리 차의 쌍어문은 아주 작게 그려져 있었지만 칠보 세공처럼 색유리를 녹여서 표현한 고급 쌍어문이었다. 그것도 좌우 두 개씩 네 개가 달려 있었다. 업은 아이 삼 년 찾는다더니 그 말이 꼭 들어맞는 격이었다.

인더스 문명 시절인 기원전 2500년경부터 기원전 1600년경까지는 쌍어가 인간을 보호한다는 사상이 없었다고 생각해도 될 것인가? 만약 그렇다며 현대까지 사용되고 있는 쌍어문은 언제부터 간다라 주민들 사이에 퍼졌을까. 파키스탄에서 쌍어문이 일상생활에 깊이 파고들어 있는 현상은 인더스 문명 시대 이후 어느 때쯤부터일까.

훌륭한 사실을 발견했어도 그만큼의 의문이 늘어나서 내 머리는 더욱 혼란스러워졌다.

다니 교수와의 만남

며칠 후 촬영 팀은 이슬라마바드 대학 명예교수인 A. H. 다니 교수와 인터뷰를 했다. 다니 교수는 당시 칠십대의 노학자로 간다라 미술에 관한 한 세계적인 대가였다. 나는 국제 심포지엄에서 발표한 그분의 여러 논문들을 통해 존함은 익히 알고 있는 터였다. 다니 교수는 노환이 심해 자택에서 요양 중이었는데 잠시 회복되었다며 우리의 인터뷰 요청에 응해주었다.

인터뷰 내용은 간다라 미술이 발생하게 된 원인을 제공한 알렉산더 왕의 간다라 도착 과정과 불상의 발생지에 관한 주장, 곧 파키스탄의 간다라 설과, 인도의 마투라 설을 현지 연구자의 입을 통해서 아주 부드럽고 쉽게 진행되어 예상보다 시간이 오래 걸리지 않았다.

촬영을 마치고 나서 다니 교수 부인이 차와 과자를 내왔다. 나는 다과를 들며 개인적인 질문을 했다.

"간다라 지방에는 쌍어문이 그려진 자동차가 많은데 그런 사실을 알고 계셨습니까?"

"그럼요, 물고기 그림을 많이들 그려 붙이고 다니죠."

"다니 교수님, 그러면 그 물고기에 무슨 의미가 있어 그처럼 많은 자동차에 그려 붙이고 다닙니까?"

"글쎄요, 사람을 싣고 다니는 자동차에 그려진 물고기이니까 사람의 생명을 보호한다는 의미가 아닐까요? 나는 그런 상징이나 부호에 관한 전공자가 아니어서 잘 모르겠습니다만, 간다라 지방 사람들이 물고기 그림을 아주 좋아한다는 사실은 나도 잘 알고 있습니다. 혹시 한국에도 그런 그림이 있습니까?"

아무리 상징 전공이 아니라도 자기네 나라 사람들이 민속처럼 그리고 다니는 쌍어문의 의미를 대학교수가 설명할 수 없다는 게 이해가 되지 않았다.

"네, 한국 남쪽에 서기 1세기경에 생겨난 가락국의 수로왕 무덤 앞에 그런 그림이 여러 조組 새겨져 있습니다. 그런데 한국 역사책에는 그 왕의 부인이 인도의 아요디아에서 왔다고 기록되어 있지요. 그리고 아요디아에는 쌍어문이 아주 많다고 듣고 왔습니다."

"정확한 연구 결과는 아닙니다만, 간다라 지방에서만 유독 그런 무늬가 유행하고 있어요. 다른 곳에서는 그런 그림을 본 적이 없는 것 같습니다. 아마도 간다라 지방에 살고 있는 사람들 중 어떤 종족 집단이나 신앙 집단이 선호하는 무늬 같습니다. 아시다시피 간다라는 옛날 마케도니아의 알렉산더 왕이 이곳에 원정 온 뒤부터는 국제적인 문화특성들이 많이 섞였으니까, 그 쌍어문도 그런 각도에서 추적하셔야 할 것 같습니다. 이건 학술적인 근거가 있어서 하는 이야기가 아니라 어디까지나 나 개인적인 추측입니다만······."

다니 교수는 학자답게 책임질 말은 안 하려고 했다.

"그러면 파키스탄이나 인도의 학자들 중에서 쌍어문에 관계되는 상징 연구자나 고대 아요디아 지방에 관한 역사를 연구하는 분을 소개해주시면 고맙겠습니다. 이번 기회에 한 번 찾아뵙고 가르침을 받으면 좋겠는데요."

"델리 대학에 있는 샬마 교수가 고대사 연구의 대가이고, 캘커타 대학의 무커지 교수가 쿠샨 Kushan 시대를 연구한 분이죠. 다니가 소개했다고 말씀하시면 박대하지는 않을 것입니다."

다니 교수와의 대화는 여기서 끝났다. 인사를 마치고 호텔로 돌아오는 길에 김 감독이 나에게 말했다.

"선배님은 쌍어문에 완전 중독되신 것 같심더. 그 문제를 풀면 우리나라 역사책이라도 새로 쓰게 된답니꺼?"

"새로 쓰게 될지도 모르지. 요는 이 쌍어문의 유래를 추적하는 목적이 한국인과 한국 문화가 형성되는 과정에 작용한 굵은 뿌리 하나를 찾아내는 것과 같은 것이오. 그래서 이렇게 오랫동안 시간을 허비하며 알아보는 거지."

"그렇게 중요한 문제라몬 이렇게 여기저기 시간 허비하지 마시고 서울에 돌아가셔서 유명한 점쟁이한테 그 그림을 내보이고 물어보는 게 빠르겠심더. 제가 한 사람 소개해드릴까요?"

"아이구, 농담하지 마시오. 이건 심각한 문제예요. 언젠가는 이 쌍어문을 만들어낸 범인을 찾아서 김 감독 앞에 무릎 꿇려 대령을 시킬 테니까 두고 보시오."

떵떵거리며 말은 했지만 내심 걱정이었다. 간다라 지방 연구에 관한 한 세계 최고의 대가인 다니 교수도 자기네 고향에서 현재 그려지고, 많은 사람들에게 사랑받는 쌍어문에 대하여 전혀 모른다니, 도대체 모를 일이었다. 그걸 아는 사람이 이다지도 없단 말인가.

나중에 알게 된 사실인데 다니교수는 원래 파키스탄이 고향이 아니라고 한다. 인도와 파키스탄이 분리할 때 이슬람 종교를 찾아서 파키스탄을 선택한 사람이었다.

그러니 파키스탄의 기층문화에 대해서는 심층적인 지식이 부족했을 때였다.

그날 저녁 우리는 주 파키스탄 한국 대사관에서 저녁 초대를 받았다. 마침 그 자리에는 파키스탄의 신문사 외신부 기자들과 편집국장들 그리고 파키스탄 문화를 세계에 소개하는 프리랜서 기고가도 있었다.

식사 후 나는 이들 파키스탄 최고의 지성인들에게 쌍어문의 의미에 관하여 공개적으로 질문했다. 그러나 모두 고른다는 표정이었다. 아마추어적인 해석만 구구했지 자신 있는 답변은 들을 수가 없었.

호텔에 돌아와서 곰곰이 생각해보니 괜히 헛수고를 하는 것만 같았다.

'파키스탄 사람들은 이슬람교도니까 이슬람 문화 이외의 것을 모를 수도 있다. 그렇다면 쌍어문은 이슬람 문화와는 무관한 것일 수도 있다.'

나는 이런 생각에 접근하게 되었다. 또 모헨조다로 유적에 쌍어문이 없는 것을 확대 해석한다면 인더스 문명 기간인 기원전 2500년경부터 기원전 1600년경까지는 쌍어문이 인도 대륙에 없었을 가능성도 있다. 그리고 현재 간다라의 주민들에게는 쌍어문이 사랑받고 있건만 이슬람교도인 이 나라 지식인들 수십 명 중 쌍어문에 대해 아는 사람이 아무도 없다니 참으로 이상했다.

몇 년 후 회의 때문에 캘커타에 가서 어렵게 수소문하여 무커지 교수를 만나 쌍어의 의미에 대하여 물어보았지만 그는 아무것도 설명해 주지 못했다.

그렇다면 간다라의 쌍어문은 파키스탄의 토착문화도 아니고 이슬람과 관련 있는 상징도 아닌 것 같았다. 쌍어문은 인도와 파키스탄에서는 연구자가 없다는 것을 알게 된 것이다. 분명히 신어사상과 그것의 아이콘인 쌍어문은 고급문화가 아니라 기층문화인 듯하고 그래서 인도, 파키스탄, 방글라데시의 고학력자들이 신어사상 같은 민간신앙에 대하여 중요하게 생각하지 않는 듯했다.

아, 나는 이 문제를 어떻게 해결해야 하나.

아유타로 가는 길

델리에서 국립박물관에 전시된 유물의 촬영을 끝내고 초기 불교 유적을 대강 스케치한 다음 인도 고대사 연구의 권위자인 샬마 교수를 찾아갔다. 샬마 교수는 아요디아 공주가 우리나라 가락국으로 시집왔다는 내 이야기를 듣고 나더니 말문을 열었다.

"글쎄요, 그 이야기는 나도 몇 번 들었습니다. 한국에서 유학한 인도 학자들도 그런 말을 해줬고, 주한 인도 대사관에서 근무했던 인도인들도 똑같은 이야기를 하더군요."

"샬마 교수님, 그러면 인도의 고대 기록에 인도 여인이 동쪽에 있는 나라로 시집을 갔다는 내용이 없습니까?"

"아니오, 그런 기록은 전혀 없습니다. 마우리아 왕조의 아쇼카 왕이 불교를 세상에 퍼뜨리려고 노력한 기원전 3세기 때 인도의 승려들이 당시 아쇼카 왕의 영향력 아래 있던 중앙아시아와 중국 서남쪽까지 포교布敎 여행을 갔을 가능성은 있습니다. 그렇지만 인도 여자가 극동까지 결혼을 하러 갔다는 역사적 자료는 아직 보지 못했습니다."

나와 샬마 교수의 대화는 이것으로 끝났다. 더 이상 나올 이야기가 없는 것 같아서였다. 아요디아나 아요디아가 속해 있던 코살 국에 대하여 자세하게 알아보는 편이 나을 성 싶었다. 다음 날 나는 뉴델리에 있는 책방에 들러 『코살의 역사』라는 책을 사서 가방에 넣고 아요디아를 향해 떠났다. 그 책에도 아요디아나 코살 출신의 공주가 동쪽 나라로 이주했다는 기사는 찾을 수가 없었다.

불교의 창시자인 싯다르타가 기원전 6세기에 히말라야 산록에 있던 카필라 성에서 태어났을 때, 코살은 이미 카필라와는 비교가 안 될

만큼 큰 세력을 떨치고 있었다. 코살국의 중심 도시가 아요디아다.

힌두교의 영웅담인 「라마야나라마 이야기」에 의하면 인간의 조상이 된 '마누Manu'는 아들을 열 명 두었는데, 그중 맏아들인 '익스바쿠Ikshavku'가 마누에게서 받은 영지가 바로 아요디아라는 것이다. 라마는 마누의 61대 손으로, 이때부터 본격적인 국토 팽창 사업이 벌어졌다고 한다. 이 라마가 탄생한 지역이 바로 아요디아라는 것이다.

새벽에 뉴델리를 떠난 비행기는 동쪽으로 날아가 45분 만에 러크나우에 도착했다. 러크나우는 인도의 북주北州인 유피UP(Uttar Pradesh) 주의 수도로 갠지스 강의 한 지류에 자리 잡고 있는 교육 도시다. 아요디아로 가려면 여기서 자동차로 이동해야 한다.

호텔에 짐을 풀고 점심때까지 눈을 붙였다. 요기를 하려고 밖으로 나갔더니 섭씨 40도가 넘는 뜨거운 공기가 아스팔트에서 솟아오르는 것 같았다. 그렇게 뜨거운 날씨에도 길에는 릭샤(파키스탄의 렉챠), 릭샤에 모터를 단 오토 릭샤, 삼륜차인 템포 등이 어지럽게 엉겨서 지나다니고 있었다.

중국집을 찾아서 점심을 먹었는데, 중국 음식도 인도인의 입맛에 맞춘 것이어서 몹시 맵고 짰다. 점심을 먹으며 오후에 쓸 택시 두 대를 예약했다. 호텔에 도착해 보니 택시 두 대가 우리를 기다리고 있었다. 택시는 1950년대식 영국제 오스틴이었다. 과연 이런 차가 굴러다닐 수 있을지 의심스러울 지경이었다. 옛날 흑백 영화에나 나올듯한 모양을 하고 있었는데, 에어컨도 없는 데다 자동차 빛깔마저 시꺼먼 색이어서 그 안에서 10분만 앉아 있어도 질식할 것 같은 형편이었다. 인도의 기후에 익숙한 사람이 아니고는 참아내기 힘든 조건이었다.

"이런 자동차로는 도저히 안 되겠네."

내가 나서서 다른 차로 바꾸어보려고 했다. 그러나 다른 자동차는 러크나우에서는 빌릴 수가 없다고 했다. 게다가 우리 일행은 다섯 명에서 한 명이 늘어나 있었다. 인도 문화사를 전공하는 대학 강사인 나갈 씨가 뉴델리에서부터 우리와 동행하고 있었기 때문이다. 작은 자동차 뒷좌석에 어른 세 명이 끼어 앉기도 힘든데 뜨겁다 못해 펄펄 끓는 날씨에는 그만 기가 막혔다.

"이런 차로 150킬로미터를 왕복할 수 있을까."

내가 중얼거리니까 김 감독이 되받았다.

"그래도 나치들이 유대인을 싣고 가던 죽음의 기차보다는 넓지 않은교. 마, 여기는 인도니까 며칠만 참읍시다."

"참지 않으면 별 도리 있겠소? 자, 떠납시다."

사실 나는 아무리 차가 좁고 덥다 해도 불평할 자격이 없었다. 누가 아요디아까지 가자고 우겼는가. 바로 나 아닌가. 그러나 아요디아까지 가는 길이 그토록 힘들 줄은 미처 몰랐다.

고행하는 마음으로 덜컹거리는 차에 앉아서 눈을 감았다. 차창을 통해서 뜨거운 바람이 들어오는 것을 느끼면서 겨울에 올 걸 잘못 왔다고 후회했지만 이젠 엎질러진 물이요, 이미 쏘아버린 화살이었다.

'좋다, 가보자. 몇 시간이나 걸리려고. 지도상으로 보면 얼마 안 떨어졌던데.'

나는 이렇게 자신을 위로했다.

차는 더위에 물렁해진 아스팔트길을 가다가 서고, 가다가 또 서곤 했다. 차가 자주 서는 이유는 길을 가로막는 소들 때문이었다. 힌두교를 믿는 인도인들은 소를 신성한 동물로 여기기 때문에 쇠고기를 먹지 않는 것은 물론이고, 소를 학대하지도 않는다. 따라서 인도에서는 시내든 교외든 간에 할 일 없는 소들이 먹을 것을 찾아서 길가를 어슬렁거리는 모습을 쉽게 볼 수 있다.

우리 차들은 쉬지 않고 계속 달렸는데도 아요디아에 도착한 것은 해질녘이었다. 다섯 시간 이상 달려온 셈이다. 아요디아에는 강이 있었다. 제법 넓은 강이었다. 강 이름은 '사라유'라고 했다. 천천히 흐르는 강물이 붉은 석양빛을 반사하여 마치 도시 전체가 붉은색 배경 속에서 신비스러운 모습으로 우리를 맞이하는 듯했다. 다리 위에서 내려다보이는 강변에는 원두막 같은 집들이 줄지어 서 있었고, 아랫도리만 가린 늙은이들 수십 명이 목욕을 하고 있었다.

잠시 후 강변으로 내려가 보았다. 강물은 흙탕물처럼 더러운데도 사람들은 아랑곳하지 않고 그 물에서 멱을 감고 있었다. 심지어 어떤 사람은 그 물로 양치질까지 하고 있었다. 강변에 있는 원두막에는 자는지 죽었는지 알 수 없는 모습의 노인들이 죽 누워 있었다. 원두막 한옆에는 나무토막들을 수북하게 쌓아놓는 곳도 있었다.

나갈 씨가 우리들에게 설명해주었다.

"이 간이 건물들은 호텔이라고 부르는 순례자들의 숙소입니다. 힌두교도들은 일생에 단 한 번이라도 성지를 순례하는 것이 큰 기쁨이며, 구도자로서 자기완성의 단계라고 생각합니다. 특히 아요디아는 라마의 탄생지이기 때문에 힌두교에서는 매우 중요한 성지의 하나로 되어 있습니다."

"저 사람들이 목욕하는 것은 죄를 씻는 일종의 의식이겠죠? 그런데 저 장작들은 왜 쌓아놓았습니까? 밤이 되어 추워지면 모닥불을 피우나보죠?"

내가 물었더니 나갈 씨는 어이없다는 표정으로 대답했다.

"여기는 사막처럼 나무가 거의 없는 곳입니다. 그러니 장작이 얼마나 귀하겠습니까? 비싼 돈을 내고 사놓은 것들인데 밤에 모닥불로 낭비할 수는 없죠. 저 장작들은 주인이 이 강변에서 명상을 하다가 죽음을 맞이하면 그 시체를 화장할 때 사용할 땔감입니다."

그 말을 듣고 나는 부끄러워서 얼굴을 붉혔다. 인도의 신아오가 풍속에 대하여 너무나 무지했던 것이다.

"실례했습니다. 잘 몰라서 그만 장작들을 캠프파이어용 정도로 생각했습니다."

그렇다. 인도인의 철학으로는 현생現生은 내세來世를 위한 준비기간이다. 살아 있을 때 고행을 하면 할수록 좋은 신분으로 환생한다고 믿는 것이며, 생전에 선행을 많이 쌓으면 쌓을수록 다음 세상에서 축복이 크다는 믿음이 있는 것이다. 그런 인도인의 현생의 마지막 종교의식을 기다리는 곳이 여기 강변의 호텔들이다. 내세로 들어가기 전에 몸을 깨끗하게 하는 의식이 바로 목욕이며, 현생에서 지니고 있던 육신을 버리고 새로운 육신을 갖기 전에 행하는 마지막 절차가 화장의식火葬儀式인 것이다. 한마디로 힌두교도들의 신앙생활의 절정을 경험하는 장소에 우리는 와 있었던 것이다.

그로부터 몇 년 후 나는 네팔의 한 강변에서 화장의식을 직접 본 적이 있다. 흰 천으로 싼 시체를 강변에 쌓아놓은 장작더미 위에 올려놓고 누런 사제복을 입은 제관祭官이 오랫동안 주문을 외운 다음 어둠을 기다려 장작에 불을 지피는 것이다. 그때는 이미 인도의 아요디아에서 힌두교도들의 생활과 내세를 준비하는 과정을 본 후여서 네팔의 화장 장면을 순전히 인류학적인 자세로 지켜볼 수 있었다. 하지만 아요디아의 강변에 앉아 있는 노인들이 곧 다가올 내세를 기다리는 사람이란 걸 처음 알게 되었을 때, 나는 아주 묘한 기분에 잠길 수밖에 없었다. 이런 분위기에서 허황옥이 성장했을까.

인도의 여인들

황혼이 깔리기 시작할 무렵 사라유 강을 건너 시내로 들어갔다. 자동차가 다니기 힘들 정도로 좁은 길이 많았다. 그래서 차를 멈추고 걸어가면서 도시 구석구석을 살펴보았다. 인구 10만 정도의 작은 도시에 건물이란 건물은 모두 힌두교 사원이었다. 사원의 수는 1천 개가 넘었을 때가 있었다고 나갈 씨가 설명했다. 지금도 100여 개가 남아 있었다.

그 많은 사원들의 정문에는 빠짐없이 쌍어문이 조각되어 있거나 아니면 그림으로 그려져 있었다. 쌍어는 계단의 양쪽 난간에도 그려져 있었다. 중앙에 꽃을 보호하고 있는 것, 코끼리 형상인 가네쉬 신을 보호하고 있는 것 등 내용은 조금씩 달랐다. 뿐만 아니라 물고기의 종류도 서로 달랐다. 어떤 것은 잉어처럼 보였고, 어떤 것은 메기처럼 수염이 난 물고기도 있었다.

'여기가 김해인가 아요디아인가? 여기가 가락국인가 아유타국인가?'

보이는 것마다 모두 사진을 찍었으나 날이 어두워져서 좋은 사진이 나오기를 기대하기는 힘들었다.

허황옥 여인이 자기의 고향이라고 말한 아유타국이 바로 이곳 같다는 생각이 굳어졌다. 그렇지 않고서야 가락국에 있는 쌍어문과 똑같은 모양의 쌍어문이 집집마다 대문에 붙어 있지는 않을 것 같았다. 쌍어문은 아요디아와 김해의 관계를 꽉 붙들어매는 고고학적 증거처럼 보였다.

사진을 수백 장 찍다 보니 완전히 어둠이 깔렸다. 주섬주섬 짐을 챙겨 들고 자동차를 세워둔 곳으로 와 보니 동네 어린아이들이 잔뜩 모여서 우리가 타고 온 자동차를 에워싸고 있었다. 사내아이들도 있고 여자 아이들도 있었다. 우리 일행에게 라마의 초상이라든지 팔찌·귀걸이·반지 같은 기념품을 팔려고 모여든 것이었다.

나는 아이들의 얼굴을 유심히 살펴보았다. 남자 아이들 중에는 양미간에 붉고 하얀색으로 이상한 부호 같은 것을 그린 아이들이 많았다. 그 그림은 브라만(사제) 계급이라는 표시였다. 여자 아이들도 양미간에 콩알보다 조금 큰 점을 색색 가지로 찍어놓는 아이들이 많았다. 남녀 모두 이목구비가 뚜렷한 아리아족 모습이었다. 키만 조금 더 크고 피부가 검지 않다면 영락없는 서양 사람의 모습이었다.

브라만은 아리아인들이 기원전 16세기쯤에 서쪽의 힌두쿠시 산맥을 넘어 들어와 토착민인 드라비다족이 세운 인더스 문명을 이어받아 새로운 사회 질서를 구축하면서 생겨난 계급이다. 정복자들은 자연히 상층 계급인 브라만과 크샤트리아(무사)가 되고, 토착민이 바이샤(생산 계급)와 수드라(노예)로 전락해버린 것이다. 따라서 지금 인도의 브라만들은 비록 작은 키에 검은 피부를 갖고 있지만 조상들은 모두 백인이었을 것이다.

아요디아 소녀들의 얼굴을 관찰하면서, 지금부터 2천 년 전에 이곳 출신 16세의 소녀가 한국 땅으로 시집왔다면 아마도 내 앞에서 기념품 상자를 들고 있는 여자 아이들의 모습과 비슷하지 않았을까 하고 생각해보았다. 바로 이런 인도인들의 체질적 유전인자가 허황옥 여인을 통해서 한국인의 몸속에 들어와 있는 것일까. 그렇다면 한국인들 중에도 생김새가 인도인들처럼 서양인과 비슷한 모양의 얼굴이 있어야 할 것 같았다. 그렇게 생각해서 그런지 한국인들 중에는 동양의 어느 민족보다도 콧날이 선 사람들이 많은 듯하며, 피부색도 일본인들이나 북 중국인들보다 검은 사람이 많은 것 같다.

나는 귀엽게 생긴 소녀를 불러서 그 아이가 들고 있는 바구니에서 반지 하나를 샀다. 소녀의 한쪽 콧구멍에 꿰어 있는 고리를 가리키며 물었다.

"이거 낀 지 몇 년 되었니?"

나갈 씨가 통역을 했다.

"5년, 아니 6년은 됐어요."

인도 소녀가 대답했다.

허황옥 여인도 코에 저런 고리를 장식하고 가락국으로 시집왔을지도 모른다고 생각했다. 아유타국 공주가 한국에 가지고 온 선물 중에 지금도 내용을 알 수 없는 복완기服玩器 중에 저런 고리들도 있었을지 모를 일이다.

우리는 그 당시 아요디아에서 마땅한 숙소를 잡을 수 없었다. 먼 길이지만 일단 러크나우의 호텔까지 돌아갈 수밖에 없었다. 다음 날 날씨를 보아서 다시 오기로 계획을 잡았다. 자정이 다 되어서야 우리는 겨우 러크나우에 도착했다.

기진맥진한 상태로 잠시 눈을 붙이고 난 후 우리는 새벽 4시부터 서둘렀다. 러크나우를 출발하면서 점심도 챙기고 음료수도 준비하여 아요디아에 도착하니 아침 8시 반이었다. 아침 햇살을 받은 사라유 강과 아요디아의 사원들은 참으로 아름다웠다. 강에는 여전히 많은 사람들이 목욕을 하고 있었다. 어제는 섬뜩해 보이던 인생 최후의 목욕의식이 오늘은 마치 일상생활처럼 보였다. 인도에 온 지 며칠 되지 않았는데, 나도 벌써 인도화되고 있는 듯한 착각에 빠졌다. 설사 인도화까지는 안 되더라도 아요디아화는 되어도 좋겠다는 생각이 들었다. 그리고 이왕이면 아요디아에서 오래 살면서 이들의 정신문화도 경험해보고 싶었다. 그들 마음속에 들어가 환생도 생각해보고 이승에서 해야 할 일, 해서는 안 되는 일들을 알고 싶었다. 그래야만 이들이 그렇게 좋아하고 이들 생활에서 빼놓을 수 없는 쌍어문의 의미와 유래를 알 수 있게 될 것만 같았다.

그날 온종일 우리는 더위도 잊은 채 아요디아의 수많은 사원들을 구경했다. 전국에서 온 순례자들로 사원마다 인파가 넘쳤다.

라마의 탄생지를 찾아갔다. 바브라 이슬람 사원이라고 했다. 총을 멘 군인이 버티고 서서 못 들어가게 했다. 이유를 물으니 힌두교도와 이슬람교도가 이 사원을 두고 피 흘리는 싸움을 해서 아예 사람들의 출입을 통제한다는 것이다. 이 사원은 라마가 탄생한 곳으로 힌두교도들이 기념 사원을 세우고, 힌두교 최고의 성지로 경배하며 수백 년을 살아왔다고 한다. 그런데 16세기에 불어 닥친 이슬람교의 무굴 제국이 아요디아를 정복한 후 라마의 사원을 없애고 그 자리에 이슬람 사원을 세웠다고 한다.

이렇게 이슬람 세력이 뿌리를 내린 지 400년이 지나고 나서, 이슬람 세력은 방글라데시와 파키스탄으로 집결하여 각각 독립 국가가 되었다. 그런데 아요디아의 무굴식 사원에는 아직도 이슬람교도들이 죽음을 무릅쓰고 남아 있다고 한다. 그러니 힌두교도들이 라마의 탄생지를 찾아왔다가 그 자리에 이슬람 사원과 이슬람교도들이 있는 것을 보면 분기탱천憤氣撑天하여 욕설을 퍼붓다가 결국은 피 흘리는 난투극이 벌어진다는 것이다.

우리는 무장한 군인들에게 우리가 찾아온 이유를 한참 설명하고 나서야 겨우 그 안으로 들어갈 수 있었다. 검은 벽돌로 지은 건물은 지붕이 둥글둥글한 전형적인 이슬람 건축인데 내부는 상태가 엉망이었다. 컴컴한 방에 촛불이 몇 개 켜져 있고, 남루한 차림의 노인 몇 사람이 쭈그리고 앉아 건물을 지키고 있었다. 무장한 군인 두 사람이 우리를 따라다니는 가운데 대문 밖에서는 힌두교도들이 안에 있는 이슬람교도들을 향해 삿대질을 하며 욕설을 퍼붓고 있었다.

영화 〈간디〉에서 힌두교도와 이슬람교도가 서로 몽둥이와 돌팔매질을 하며 싸우는 장면이 나온다. 나는 아요디아에서 이미 종교 간의 극심한 대립을 지켜보았기 때문에 영화를 관람하면서 별로 놀라지 않았다.

이스라엘 사람들과 팔레스타인 사람들도 예루살렘 땅을 놓고 서로 자기 땅이라고 주장하고 있지 않은가. 양쪽의 주장이 모두 일리가 있다. 한때 그들은 분명히 그 땅의 주인이었기 때문이다. 다만 서로 시간 차이가 있을 뿐이다.

라마가 생전에 극진히 사랑한 왕비 '시타'를 모시는 카낙 바바나 Kanak Bhavana 사원에 들어갔다. 시타의 침소는 대형 건물 안에 있으며, 방 한쪽 벽에는 쌍어문이 커다랗게 그려져 있었다. 침대 앞에는 몇 사람이 악기를 연주하며 노래를 하고 있었다. 바닥에 놓고 연주하는 하모니움, 북 등의 악기가 만들어내는 소리는 단순하면서도 무척 이국적으로 느껴졌다.

연주자들이 병창竝唱을 하는데 우리나라의 농요農謠처럼 한 사람이 소리를 메기면 다른 사람들이 후렴을 제창하는 것이다. 노래의 내용은 라마와 시타의 사랑과 선정善政에 관한 것이라고 했다. '시타람 시타람' 하는 후렴 부분이 오래도록 내 기억에 남았다.

사원 안뜰에 많은 사람이 모여 있어서 다가가 보았더니 맹인 한 사람이 북을 두드리면서 뭐라고 중얼거리고 있었다. 혹시 조선시대에서 유행하던 떠돌이 이야기꾼(전기수傳奇叟) 같은 것이 아닐까 하여 우선 사진을 찍고 나서 나갈 씨에게 물어보았다. 나갈 씨는 이렇게 대답했다.

"저 사람은 「라마야나」 암송자입니다. 인도에는 글을 읽을 줄 모르는 사람이 많습니다. 그래서 라마의 이야기를 말로 들려주는 직업이 있습니다. 대게 맹인들이 한두 시간 라마야나를 구연口演하고 돈을 받습니다. 구연에는 일정한 액수가 정해져 있는 게 아니라 듣는 사람들이 알아서 내면 됩니다. 아요디아는 관광객이 많은 곳이라 구연가는 사원에서 기다리고 있다가 사람들이 모이면 이야기를 시작합니다. 다른 지방에서는 잔치 같은 행사가 있을 때 구연가를 초청하여 동네 사람들을 모아놓고 이야기로 사람들을 즐겁게 해주는 풍습이 있습니다."

"이야기의 내용이 「라마야나」뿐입니까?"

내가 다시 물었다.

"왜요, 여러 가지 내용이 있죠. 그렇지만 「라마야나가 가장 인기가 있습니다. 유명한 암송자들은 「라마야나」를 처음부터 끝까지 암송할 수 있는데, 여기에 걸리는 시간은 약 스물일곱 시간입니다."

그날 아요디아에서 내가 보고 만난 사람들에 대한 기억은 내게는 너무나도 소중한 것이다. 그토록 여러 해 동안 와보고 싶어 한 아요디아가 아닌가. 그래서 나는 그곳에서 되도록 많은 사진을 찍고 많은 현지인들과 대화를 시도했다. 그래야만 아요디아 출신 허황옥 여인의 모습과 그 여인이 어떤 생각을 하며 살았는지 내 머릿속에 그려낼 수 있을 것 같아서였다. 해가 저물자 나는 떨어지지 않는 발걸음으로 아요디아를 뒤로했다. 「라마야나」를 암송하던 맹인에게 사례하는 것도 잊지 않았다. 떠나는 나의 귀에 인도 노랫소리가 아련하게 들려왔다.

"시타람 시타람······."

아요디아 답사를 마치고 러크나우에 돌아온 우리는 늦은 저녁을 푸짐하게 먹었다. 그날 저녁때부터 우리는 인도의 토속음식만 먹기로 약속했다. 잘게 잘라 꼬챙이에 꿰어 불에 구운 양고기, 밀가루 반죽을 뜨거운 철판에 익힌 '차파티'를 우리는 인도인들처럼 손으로 뜯어 먹었다. 또 우리는 그날부터 쇠고기에는 손도 대지 않기로 했다.

우리가 찍고 있는 다큐멘터리의 성공과 내가 연구하고 있는 허황옥 추적이 모두 성공하려면 적어도 아요디아를 다녀온 날부터는 근신을 해야 할 것 같아서였다. 인도 음식은 국물 종류가 없어서 음식물이 거의 건조했다. 물만 마시면서 먹기에는 조금 빡빡해서 사치스럽지만 포도주를 한잔 했다. 포도주 한잔 마셨다고 부정 타지는 않을 거라고 애써 스스로를 위로하면서 말이다.

인도에서 돌아오는 길에 나는 방콕에 들렀다. 거기서 우연히 방콕 북쪽에 있는 한 도시의 이름이 '아유타야'라는 것을 알게 되어 혹시나 하고 찾아가보았다. 그랬더니 13세기 때 생겨난 도시 국가의 이름이었다. 이름만 들으면 인도의 아요디아와 관계가 있을 법했지만, 허황옥의 생존 기간(1~2세기)과는 너무 시대 차이가 있어서 일단 연구

대상에서 제외할 수 밖에 없었다.

　우리가 인도에서 찍어 온 필름에 '간다라' 라는 제목을 붙여 텔레비전 다큐멘터리로 6회에 걸쳐 방영했다. 화면에 비춰진 나 자신의 모습은 무척 피곤해 보이고 얼굴의 살도 빠져 있어 마치 인도인이 한국말을 하는듯한 모습이었다. 누구든지 인도에서 한동안 살고 나면 모두 인도 사람처럼 변하는 모양이다.

　약 한 달에 걸친 여행은 나로 하여금 서늘한 바람이 부는 가을까지 여독과 싸우게 했다.

메소포타미아의 쌍어

　캐나다 토론토에 '세계 최대의 책방World Largest Bookstore'이라는 서점이 있다. 거기서 『메소포타미아의 고미술Ancient Art of Mesopotamia』이라는 책을 샀다. 그 책에는 두 사람이 큰 물고기 모양의 갑옷을 입고 가운데 있는 키작은 나무 한그루를 향하여 마주 서 있는 그림이 있었다. 그림을 자세히 들여다보니 물고기의 주둥이를 위로하고 꼬리를 땅에 끌리게 한 이상스러운 모양의 옷을 입은 사람 둘이서 한 사람은 손에 물통을 들고 서 있고, 또 한 사람은 두 사람 사이에 있는 나무 모양의 물체에 물을 주는 듯한 모습이었다.

　이 그림은 원래 아주 작은 원통형 도장에 환조음각丸彫陰刻으로 새겨져 있었다. 따라서 그 도장을 진흙 같은 반죽에 누르면 바로 그림이 양각되어 선명하게 나타나게 되어 있었다. 이 도장은 당시 메소포타미아 사람들이 양피지에 문서를 써서 끈으로 묶은 뒤 다른 사람이

끌러 보지 못하게 진흙으로 봉인할 때 쓴 것이다.

만들어진 시기는 아시리아 때로 추측되는데, 아시리아* 사람들이 물고기 모양, 특히 물고기 두 마리가 마주 대하고 있는 쌍어문을 중요 문서의 봉인에 찍었다는 것은 무엇을 의미할까? 혹시 파키스탄과 인도의 쌍어문 사이에 어떤 문화적 연관성이 있는 것은 아닐까? 만약 그렇다면 아시리아 문화와 김해의 가락국 땅에서 발견되는 쌍어문이 어떤 관련이 있을 것이다. 물고기 두 마리가 마주 보는 상징이 발견되는 장소가 한국에서 인도 대륙까지 연결되더니 이제는 메소포타미아로까지 확대된 것이다.

메소포타미아는 유프라테스 강과 티그리스 강을 끼고 발달한 고대 문명의 발상지로 이집트의 나일 강 문화, 오늘날 파키스탄의 인더스 문화, 중국의 황하 문화와 함께 신석기시대의 정착 농경문화에서부터 청동기시대의 도시 국가 시대에 이르기까지 매우 발달된 경제, 종교, 토목, 기술, 법률 등을 가지고 있던 지역이다.

메소포타미아에서 발견된 쌍어문을 연구하려면 이 지역 주민들인 수메르인·아시리아인·바빌로니아인에 대하여 언급된 고전을 찾아 보아야 했다. 그 책이 무엇일까 고심하면서 지내던 어느 날이었다.

고등학교 동창회 테니스 경기가 있던 날 목사 한 분을 만났다. 하영호 목사는 나보다 몇 년 아래의 후배이고 봄·가을로 열리는 테니스 대회 마다 꼭 참석하는 사람이다. 하얀 테니스복을 입은 하 목사와 나는 시합 도중 쉬는 틈에 이 이야기 저 이야기 하다가 갑자기 바빌로니아 생각이 나서 물었다.

---

* 아시리아 문화 현재 이라크 땅, ASSUR 지역 쌤족문화 B.C.1300 – B.C.612 바빌로니아 동맹국에게 패망.

"여보게 하 목사, 혹시 구약성서를 연구하는 사람 한 분 소개해줄 수 있겠소?"

"아니, 선배님이 교회에 나가기로 결정하셨나보죠. 이거 굉장한 뉴스감이군요. '고고학자가 교회에 나가다' 이렇게 되면 아주 재미있을 것 같습니다."

하 목사는 지레 짐작으로 내가 구약시대의 고고학을 연구하기 위하여 교회에 나가려는 것으로 단정하는 모양이었다.

"아니, 그게 아니고 구약에 나오는 바빌로니아 땅과 그곳에서 살았던 사람들의 이야기를 좀 듣고 싶어서 그러는 거요. 특히 아시리아시대의 어떤 신앙 집단이나 신전에 관한 기록이 있나 알아보려는 거요."

"신문에 고인돌에 관한 글을 쓰는 것을 읽었는데, 바빌로니아 땅에도 고인돌이 있습니까?"

"참 기억력도 좋으시네. 케케묵은 기사를 아직도 잊지 않고 있나? 고인돌 이야기가 아니고 물고기 이야기요. 지금 이라크 땅에서 물고기 두 마리가 한 쌍이 되어 서로 마주 보는 그림이 발견되었는데, 그 물고기는 진짜 물고기가 아니라 사람이 물고기 껍질 같은 가운을 뒤집어쓰고 있는 모양이오. 무슨 종교집단의 사제복 같은데, 바빌로니아 사람들의 신앙에서 물고기 모양의 상징이 무슨 의미가 있나 알아보려는 거요."

"물고기요? 물고기 한 쌍이라고요? 알았습니다. 성서 사전이 있으니까 우선 찾아보겠습니다."

그날 나는 테니스는 중반전에 탈락하고 말았지만 하 목사의 선선한 대답을 듣자 기분이 썩 좋았다.

그 후 강의와 답사여행 때문에 메소포타미아의 물고기는 잊고 있었다. 시간이 한참 지난 어느 날 문득 생각이 나서 하 목사에게 전화를 걸었다.

"아이구, 선배님. 죄송합니다. 바쁜 일들이 자꾸 생겨서 아직 못 찾아봤는데요. 시간이 나는 대로 꼭 알아보겠습니다."

이러고 나서 달포가 지나서야 하 목사에게서 편지가 한 통 배달되었다. 뜯어보니 간단한 문안 인사와 함께 어떤 책의 일부를 복사한 것이 동봉되어 있었다. 영문이었다. 돋보기를 끼고 깨알같이 작은 활자들을 읽어나갔다.

피쉬 게이트Fish Gate(어문魚門) : 바빌로니아의 한 집단이 오아네스Oaness 신을 모시고 신전 대문에 물고기 한 쌍을 조각한 것. 물[水]이 신이라고 생각됨

-『구약성서』 스바냐 1:10, 역대기 하 33:12, 느헤미야 3:3, 12:39

쌍어문은 바빌로니아의 수신水神을 모시는 존재라는 설명이었다. 바빌로니아 사람들의 신앙에 신어사상이 있었고 그 물고기는 한 쌍이라는 내용이다. 신앙이라면 불교의 석가상이나 그리스의 제우스 신앙처럼 사람의 모습을 한 것이 대부분이다. 그런데 이것은 인물상人物像이 아니고 동물 모양이다. 아마 어느 신을 모시는 보호자의 역할을 하는 모양이다. 매우 중요한 정보였다.

동물이 신앙에서 하는 역할은 무엇일까? 힌두교의 영웅 라마가 악신惡神에게 납치된 부인 시타를 구해 올 때 라마를 도와주는 원숭이 하누만 같은 것일 수도 있고, 고구려의 국조國祖 주몽이 부여에서 탈

출할 때 앞길을 가로막고 있던 강을 건널 수 있도록 다리를 놓아준 물고기와 자라 같은 동물들일 수도 있다.(어별교魚鱉橋)

궁금증은 더욱 늘어날 뿐 속 시원한 해답은 없었다. 흥미는 고조되었지만 쌍어의 의미를 구명하려는 작업은 점점 어려워지고 있었다. 한국 고대사에서 세계 고대사로 연구범위가 확장되고 있으니 혼자 힘으로는 감당하기가 어려워졌다. 이제는 외국의 학자들과 공동 연구를 시도해야 할 것 같은 느낌이 들었다. 그런데 어느 나라 학자가 좋을까. 아니면 국제 심포지움이라도 개최해야 하나. 갈 길은 점점 멀어지고 있었다.

3부
신령스러운 물고기

3부
신령스러운 물고기

신어산神魚山

초겨울의 스산한 바람이 부는 어느 날이었다. 동래 범어사에 들러 절을 한번 돌아보고 나서 김해로 향했다.

"허 박사, 오랜만이오. 김해에 왔으니 저녁 때 시간 있으면 좀 만납시다."

내가 허명철 박사에게 전화를 했다.

"아, 언제 오셨소? 미리 전화라도 하고 오실 일이제."

허 박사는 김해시에 있는 금강 병원의 원장이다. 내가 허 박사와 알게 된 것은 가야 역사 연구 때문이었다. 나는 고고학자의 입장에서 가야를 연구하고, 허 박사는 김해 사람이자 김해 허씨로서 가야 역사를 연구하다 자연스럽게 만나게 된 터였다.

허 박사는 가야문화연구소를 설립해 잡지까지 발행하고 있었다. 허 박사는 의사 노릇을 하는 틈틈이 동호인들과 가야 유적을 답사하고 열심히 글도 써내는 아마추어 역사가인데, 가야 문제에 관한 한 그는 가히 백과사전 같은 인물이다. 무슨 절, 무슨 유적이다 어디 있다는 것은 말할 것도 없고, 가야와 관계된 전설과 지명 등도 온통 환히 꿰뚫고 있었다. 나는 김해에 갈 때마다 그에게 물어볼 것이 많아서 그에게 연락을 한다.

그날 저녁 우리는 시내의 한 식당에서 만났다. 그 자리에서 그는 나에게 충격적인 이야기를 했다. 옛날 가락국에 허황옥이라는 인도 여자가 시집왔다면, 그 여인은 불교 나라에서 왔으니까 틀림없이 불교를 가져왔을 것이라는 말이었다. 그렇다면 우리나라에 불교가 들어온 것은 고구려 소수림왕小獸林王 때인 서기 372년이 아니라 허황옥이 가락국에 온 서기 48년이어야 한다는 것이다. 그렇다면 우리나라에 처음 들어온 불교는 동남아시아에서 유행하는 남방불교南方佛敎라는 결론에 이른다는 이야기였다.

불교는 인도에서 시작되어 중앙아시아와 중국을 거쳐 한국과 일본에 퍼진 대승불교大乘佛敎(북방불교)가 있고, 태국, 라오스, 캄보디아, 베트남에 퍼져 있는 소승불교小乘佛敎(남방불교)가 있다. 하지만 과연 허황옥이 한국 땅에 온 1세기 때 이미 대승불교와 소승불교로 분리·발전되었는지는 좀 더 연구해야 한다.

어찌 되었든 허 박사는 남방 불교의 한국 도입 장소는 김해 지방이므로 여기에다 대형 관음상을 세우려는 계획을 추진 중이라고 했다. 이미 관음상은 그려놓았고, 그것을 조각할 원석까지도 마련되었다고 했다. 하지만 일반 운송 수단으로는 옮길 수도 없을 만큼 큰 것이라고 했다. 내가 허황옥에 미쳐 있듯이 허 박사는 가야 불교에 미쳐 있는 사람이었다.

"그런데 허 박사, 어제 범어사를 살펴보고 왔는데 거기 있는 물고기는 쌍어가 아닙니다. 절 이름은 분명히 고기 '어魚' 자가 있어서 쌍어가 있을 것으로 기대했는데……."

"한 마리씩 있는 물고기는 다른가요?"

"그럼요, 두 마리가 마주 보고 있어야만 신앙의 상징이 되지 않겠어요?"

『범어사 창건사적創建事蹟』에 범어사의 유래가 적혀 있다.

신라 흥덕왕이 왜구의 침범을 걱정했는데, 꿈에 한 신선이 나타나서 왕에게 말하기를 금정산金井山 위에 있는 돌에는 금빛 물이 고여 있고 금빛 물고기[金魚]가 하늘에서 내려와 그 물 속에서 논다. 그러나 물고기는 기둥 위에 한 마리씩 새겨져 있을 뿐 쌍어가 아니니 답답할 노릇이었다.

"허허, 허탕 치시고 홧김에 수로왕 할아부지 산소에 술이나 한잔 부으면 신통한 대답이라도 들려줄 것 같아서 오셨다는 말씀이네."

"음, 꼭 그렇다기보다는 날씨가 갑자기 추워지니까 내일 첫 비행기로 서울에 가려면 부산보다 비행장이 가까운 여기서 자는 게 좋지. 부산 시내에서 여기까지 오려면 길이 막혀 얼마나 걸릴지 알 수가 없잖소. 또 여기서 자야 허 박사도 만날 수 있고 해서……."

"그라모 내일 아침에 김해 뒷산에 한번 가보실랍니까?"

"와요?"

나도 김해 말씨로 물었다.

"요 뒤로 가시몬 나지막한 산이 하나 있심더. 그 산 이름이 신어산 神魚山입니다. 귀신 '신' 자 물고기 '어' 자입니다. 산 이름이 신령스러운 물고기라는 뜻이니까 혹시 김 박사가 찾으시려는 물고기가 그 산에 있을지 모르지예."

"산 이름이 신어산이라고요? 아, 그거 재미있는데. 그런데 물고기가 물에 살지 어떻게 산에 산단 말이요. 참 이상하네. 내가 한번 가봐야 할 것 같네. 허 참, 내가 김해를 그렇게 들락거렸는데 뒷산 이름을 아직 몰랐다니……."

"그러게 말이요. 그러니까 가야 연구를 잘 하실라모 가야 땅에 자주 와야 되는 게 아닙니꺼? 그 산에 절이 하나 있지예. 큰 절은 아니지만."

"그 절 이름이 뭐요?"

"은하사銀河寺라꼬, 은 '은' 자 하고 물 '하' 자, 은하사입니다."

"은하사라 이 말이지. 은하수銀河水라는 말과 같은 뜻이네."

허 박사의 설명은 계속되었다. 김해시에는 북쪽 계곡을 따라 들어가면 길이 좁아져서 산길이 되는데 지프차 정도는 다닐 수 있는 길이 있다고 했다.

다음 날 오전에는 수로왕릉에 가서 참봉 영감에게 인사도 하고 왕릉 수리 작업도 보느라고 시간을 소비했다. 그래서 신어산을 향해 떠난 것은 점심을 먹고 난 3시쯤이었다. 초겨울 날씨는 눈이라도 내릴 듯 구름이 산을 덮고 있었다. 눈이라도 온다면 내려오기 쉽지 않을 것 같았다.

산길은 가랑잎으로 수북하게 덮여 있어서 간혹 구덩이인 줄 모르고 지나가다 바퀴가 빠져 기우뚱거리곤 했다. 날씨는 점점 컴컴해져서 으스스한 분위기가 되었다. 산길에는 인기척이 없어서 지프차 소리가 괴물의 신음 소리같이 울렸다. 이런 산 속에 절이 있을 것 같지 않았다. 음산한 기분이 들어 되돌아가고 싶은 생각이 간절했다.

그러나 드디어 절에 도착했다. 겨울철 산사답게 조용한 것이 마치 아무도 살지 않는 것처럼 대웅전 문도 닫혀 있었고 승방에도 인기척이 없었다. 나는 승방 쪽에 대고 물었다.

"스님, 계십니까?"

안에서는 아무 대답이 없었다.

"아무도 안 계십니까?"

내가 다시 소리쳐 물었지만 내 목소리만 허공에 맴돌았다. 나는 하는 수 없이 건물들이나 둘러보기로 작정했다. 건물은 조선시대 식으로 세운 것이었다. 그 밖에는 아무런 특징이 없었다. 신어산의 유래나 내 의문을 풀어줄 만한 단서는 찾을 길이 없었다. 미리 연락을 해놓지 않고 찾아온 것이 실수였다. 아무도 없는 빈 절에서 닫힌 대웅전만 쳐다보고 도로 내려갈 수밖에 없는 처지가 되고 말았다.

날은 곧 어두워질 것 같다. 산중에서는 날이 일찍 저무는 법이다. 어째 오늘은 틀린 것 같았다. 지금 누가 돌아온다고 해도 이야기할 시간이 모자랄 것이 분명했다. 설사 주지스님이 온다고 해도 신어산의 유래를 설명해 줄지는 의문이었다. 나는 가방에서 카메라를 꺼내 대웅전 건물의 사진을 한 장 찍고 수첩에 '신어산 은하사'라고 메모하고 날짜도 적었다. 아무래도 하산해야 할 것 같았다.

드디어 눈발이 날리기 시작했다. 눈발은 점점 커져서 금세 쌓일 것 같았다. 연구도 좋고 조사하는 것도 중요하지만, 눈 덮인 산길에서 자동차가 미끄러지기라도 하면 큰일이 아닐 수 없었다. 나는 서둘러 하산해야 했다.

"돌아갑시다. 어두워지기 전에."

차에 카메라 가방을 집어넣으며 운전기사에게 말했다.

그때 우리 등 뒤에서 웬 남자의 목소리가 들려왔다.

"어떻게 오신 분들입니까?"

어둑어둑해지는 저녁, 우리는 아무도 없는 절에서 마치 물건이나 훔치려 했던 사람들처럼 깜짝 놀랐다. 거의 한 시간이나 절 안에서 서성거렸는데도 아무 기척이 없더니 떠나려고 하니 사람이 나타난 것이다. 우리 앞에 나타난 승려복을 입은 사나이는 바싹 마른 얼굴에 털모자를 쓰고 있었다. 형형한 눈빛이었다.

"아, 예. 절을 구경하러 온 사람입니다. 안에 아무도 안 계시는 것 같아 대강 둘러보고 내려가려던 참입니다. 혹시 주지스님이십니까?"

"예, 제가 이곳 주지입니다."

"아, 그러십니까. 실례했습니다. 안에 계신 줄 모르고 허락도 없이 사진을 찍어서……."

"괜찮습니다. 사실 저도 산에 올라갔다가 지금 내려오는 길입니다. 바쁘시지 않으면 잠시 들어오시죠. 날씨가 차가우니 차라도 한잔 하고 내려가시지요."

그러면서 안으로 들어오라는 손짓을 했다. 나는 망설였다. 시간은 늦었고, 게다가 눈까지 내리고 있었다. 그러나 모처럼 어렵게 찾아온 신어산에서 아무런 소득도 없이 그냥 내려가자니 무척 아쉬웠다. 주지가 나타났으니 몇 가지 물어보고도 싶었다. 하산 하느냐, 안으로 다시 들어가느냐를 놓고 나는 몇 초 동안 망설였다.

주지와 대화를 나누어보면 무슨 소득이 있을 것도 같았다. 그러나 한편으로는 공연히 시간만 낭비하여 돌아갈 길이 위험할 것 같아 불안하기도 했다. 하기야 언제 또 이곳에 오게 될지 모르는 것이고, 지금 내려간다고 해도 도중에 어두워질 테니까 밤길을 가는 위험은 어차피 감수해야 할 형편이었다.

나는 안으로 들어갔다. 어제도 범어사에 갔지만 아무것도 알아내지 못하고 비싼 택시 요금만 허비한 채 하루를 완전히 공쳤다. 오늘은 무슨 정보라도 하나 찾아내야지, 오늘마저 허비하고 이곳을 떠난다면 너무 억울하다는 생각이 들었다.

수미단의 물고기

승방으로 들어가 앉은 다음 명함을 내밀고 신분을 밝혔다. 주지가 쓰고 있던 모자를 벗고 내 명함을 보느라고 전깃불을 켰다. 주지의 머리가 불빛 속에서 반짝 빛났다. 김대성이라는 주지는 사십대쯤으로 보였고 얼굴 윤곽이 뚜렷했다.

"고고학 교수이시군요. 여기 은하사에는 교수님이 연구하실 만한 문화재는 없습니다. 건물도 오래된 것이 아니고……."

주지의 말씨로 보아 학식이 있어 보였다. 이 주지에게 내가 찾아다니는 문제를 처음부터 자세하게 설명하고 싶어졌다. 내가 문제의 시발부터 자세히 이야기하면 무언가 도움이 될 만한 정보를 알아낼 수 있으리라는 직감이 들어서였다.

나는 수로왕릉 쌍어문 이야기부터, 인도 아요디아에서 똑같은 쌍어문을 확인한 것, 그리고 파키스탄의 자동차에 그려 붙이고 다니는 쌍어문들까지 세세하게 설명해나갔다.

이야기 도중 방 안에서 엽차를 만들어 마셨다. 추웠던 몸이 좀 녹는 듯했다. 내 이야기가 좀 길어졌지만 주지는 조용히 들어주었다. 주지는 내 이야기를 다 듣고 나더니 말했다.

"아주 어려운 문제를 붙들고 씨름하고 계시는군요. 그 일 때문에 신어산에 오셨다면 아주 잘 오셨습니다. 여기 대웅전을 보시면 교수님이 찾는 조각이 있습니다. 그걸 먼저 보시죠."

주지는 나를 데리고 대웅전으로 들어갔다. 밖은 이미 캄캄하게 어두워져 있었다. 주지는 잠겨 있는 대웅전을 열고 전깃불을 켰다. 스무 평쯤 되어 보이는 대웅전 안에는 부처님을 모신 수미단須彌壇이 있었다. 그 위에 큰 촛대가 두 개 있었으며, 부처님 주변으로 빨랫줄 같은 것에 사람 이름을 적은 흰 종이가 수십 개 달려 있었다. 아마 시주를 한 신도들의 이름인 모양이었다. 건물 내부의 벽에는 눈에 띄는 장식이나 그림이 없었다. 단 두 개의 백열등으로 그 큰 방을 밝히고 있어서 불상의 얼굴만이 희미하게 금색으로 빛나고 있을 뿐이었다.

나는 수미단 앞에 섰다. 수미단의 높이는 가슴 높이인데, 그 전면에 장식이 붙어 있었다. 그림자 때문에 잘 보이지 않아 손으로 더듬어보니 나무판을 파서 조각을 해놓은 것 같았다. 천천히 더듬어보니 연꽃 모양도 있고 가로 세로 줄무늬도 있었다. 무슨 내용인지는 좀 더 자세하게 살펴봐야 알 것 같았다.

"스님, 혹시 손전등 있으십니까?"

"네, 있습니다. 잠시 기다리세요."

잠시 후 주지가 가져온 손전등으로 그림을 비추어 보았다. 수미단 전면은 가로로 삼등분 되어 있었고, 맨 위 칸과 가운데 칸에는 인동초

같은 덩굴무늬가 부조浮彫되어 있었다. 꽃과 덩굴에는 붉은색과 푸른색이 칠해져 있었다. 나는 아래 칸을 살펴보다가 흠칫 놀랐다. 신어가 있었기 때문이다. 신어는 여러 마리였다. 가로로 기다란 아래 칸은 세로로 이등분되어 있었는데, 한 칸에 물고기 두 마리가 나란히 마주 보고 있었다.

쌍어의 가운데에는 연꽃이 새겨져 있었다. 쌍어문은 아래 두 칸 모두에 한 조組씩 새겨져 있었다. 쌍어의 모양은 모두 같았다. 연꽃은 붉은색이었고, 물고기의 눈과 지느러미·비늘 등의 선은 검은색으로 칠해져 있었다. 붕어나 잉어 종류임이 틀림없이 보였다.

수로왕릉의 정문 앞에 그려진 3조組의 쌍어문과 똑같은 분위기였다. 수로왕릉에서는 쌍어문이 삼문三門 위에 새겨져 있었는데, 여기서는 수미단의 하단에 새겨져 있는 차이뿐이었다. 쌍어문 2조 네 마리의 물고기는 그렇게 숨어 있었다.

김해 은하사의 쌍어 : 가운데 꽃을 보호하고 있다.

손전등을 든 나의 손이 가볍게 떨렸다. 손전등 불빛은 작은 파도처럼 출렁이며 물고기들을 비추었고, 물고기들은 그 불빛 속에서 나를 마주 쳐다보는 듯했다.

나는 잃어버린 아이를 어느 시장 뒷골목이나 컴컴한 동굴 속에서 찾아낸 부모의 심정으로 물고기들을 어루만졌다. 이런 곳에서 춥고 외롭게 숨어 있는 쌍어문을 보자 반갑고도 측은한 마음이었다.

"이것이 바로 신어들입니다."

등 뒤에서 주지의 말소리가 들렸다. 주지의 목소리는 컴컴한 건물 속에서 신비스럽게 울렸다. 구름 속의 신선이 인간에게 말할 때 울리는 소리같이 들렸다.

쌍어문 조각에 몰입해 있던 나는 주지의 목소리에 꿈에서 깨어난 사람처럼 현실로 돌아왔다. 그러나 너무 놀랍고 기뻐서 주지의 말에 아무런 대꾸를 할 수가 없었다. 나는 일어나 주지를 바라보았다.

"교수님은 이 신어들을 쌍어문이라고 부릅니까?"

나는 고개를 끄덕였다. 아무런 말이 필요 없었다. 아니, 혀가 굳었는지 말이 나오질 않았다. 목이 꽉 메는 것 같았다. 심장도 멎고 온 몸이 굳어지는 듯했다. 나는 들고 있던 손전등을 주지에게 건네주고 말없이 밖으로 나왔다. 그새 내리던 눈은 그쳤고, 마당에는 눈이 소복이 쌓여 있었다. 서설瑞雪이었다.

왕후의 오라버니 장유화상

　카메라 가방을 가지고 대웅전으로 돌아온 나는 플래시를 터뜨리며 사진을 찍었다. 어제 범어사에서 쓰려던 필름이 고스란히 남아 있어서 사진을 찍을 수 있었다. 열심히 찍다 보니 필름을 두 통이나 소비했다. 몇 장 더 찍으려는 순간 플래시 배터리가 바닥이 나고 말았다. 필름은 아직 남아 있었으나 더 이상 찍을 수가 없었다. 아쉬운 마음으로 일어섰다. 허리가 끊어지는 듯이 아팠다. 발바닥도 시리다 못해 이제 감각이 없어졌다. 차가운 마룻바닥 위에서 신발을 벗은 채 한 시간 이상 서 있었으니 그럴 만도 했다.
　주지의 방으로 돌아가 따뜻한 엽차로 손과 몸을 녹였다. 그때까지 차에서 기다리던 운전기사도 방으로 들어오라고 하여 따뜻한 차를 마시도록 했다. 시각은 어느새 6시가 넘어 있었다. 몹시 피곤했고 시장기도 느껴졌다. 이제는 정말 내려가야 할 시간이었다.
　"스님, 정말 고맙습니다. 이제야 왜 이산을 신어산이라고 부르는지 알겠습니다. 아까 그 수미단에 새겨져 있는 쌍어들이 부처님을 모시고 있는 게 분명하죠?"
　"그렇죠, 부처님이 앉아 계신 대좌臺座를 받치고 있는 게 수미단이니까, 수미단에 물고기가 그려져 있는 것을 물고기가 부처님을 모시고 있는 것이지요."
　"또 불교에서는 세계의 중심지를 수미단으로 보고 있으며, 수미산은 불교의 발상지인 네팔의 히말라야 산을 일컫는 이름이니까, 이곳 수미단에 새겨진 쌍어들은 부처님이나 부처님처럼 매우 고귀한 인물 또는 어떤 중요한 물건을 보호하는 의미임에 틀림없습니다. 이런 신령스러운 의미의 물고기가 새겨져 있으니까 이 산이 신어산이 될 수가 있었겠죠."

내가 해석을 덧붙였다.

"이 산 속에 신어가 살고 있다고 믿어왔는지도 모르지요. 불가에서는 물고기가 석가모니를 보호하는 동물로 되어 있지 않습니까? 그런데 부처님의 가르침이 우리나라에 들어오기 전에 살았던 수로왕의 능에 물고기가 새겨져 있다는 이야기는 처음 듣습니다. 내일 당장 내려가서 살펴봐야겠습니다."

인사를 마치고 떠나려는 나에게 주지가 목판 두 개를 꺼내 보여주었다. 아주 작은 한자들이 위에서 아래로 수십 줄이나 음각되어 있었다.

"이 현판들은 다락에 있던 것을 제가 찾아낸 것입니다. 이 절에서 그전부터 보관하고 있었던 모양입니다. 혹시 신어산과 관련해서 새로운 내용이 있을지도 모르니 한번 읽어나 보시지요."

나는 주지가 보여준 검은색 현판을 불빛에 비춰 보았다. 은하사의 한 건물인 취운루翠雲樓의 중수기重修記였다. 한문으로 빽빽하게 씌어 있었다.

세상에 전해지기를 가락국 왕비 허황옥[許后]은 천축국天竺國(인도)에서 온 사람이다. 그 여자의 오라버니인 장유화상長遊和尙이 서림사西林寺(은하사의 옛 이름)을 창건했다.

읽어보니 기막힌 내용이었다. 수로왕비의 이름이 있고 장유화상이 허황옥의 오라버니라니 이건 처음 듣는 내용이었다.

'허황옥과 함께 아유타국에서 온 사람 중 조광 부부와 신보 부부 말고는 이름이 밝혀진 사람이 없었는데 왕비의 친오라버니가 있었다니 이게 웬일인가. 게다가 그가 이 절을 세운 사람이라니.'

새로운 자료였다. 정말 기쁘고도 놀라운 사실이었다. 「칠불암유사」에는 허황옥의 오라버니가 보옥선사라고 씌어 있는데, 여기에서는 장유화상이라고 하니 한 사람을 두 가지 이름으로 부른 모양이다. 아니면 「가락국기」에 적혀 있지 않은 또 한 사람이 있었던 모양이다. 그것도 아니라면 허황옥이 도착한 이후 그 항로를 이용하여 아유타국 사람들이 계속 왕래했을지도 모를 일이다.

뜻밖에도 신어산에는 신어만 있는 것이 아니라 가야의 역사를 새로 고쳐 써야 할 사료가 숨어 있었던 것이다. 그 많은 가야사 관계 서적과 논문에 한 번도 나타난 적이 없는 산 이름과 사람 이름이 한꺼번에 내게 나타난 것이다.

이런 역사적 자료는 꼭 기록으로 남겨야겠다는 생각이 들었다. 그 현판 자체를 가져다 보관하면 좋겠지만, 그런 뻔뻔스러운 일은 할 수 없으니 사진이라도 한 장 찍어두어야 했다. 사진을 찍으려면 플래시가 있어야 하는데, 아까 대웅전에서 쌍어문을 찍느라 배터리를 모두 소모했으니 더 이상 사진을 찍을 도리가 없었다.

나는 차선책을 생각해냈다. 탁본을 뜨기로 한 것이다. 이가 없으면 잇몸으로 살아야 하고, 꿩이 아니면 닭이라도 잡아야 한다. 뜨기는 힘들어도 탁본이 글씨를 판독하기에는 더 좋은 자료가 될 터였다.

먹물과 종이는 카메라 가방에 있었다. 옛날에야 벼루와 먹을 가지고 다녔지만, 지금은 먹물을 통에 넣어 팔아서 가지고 다니기도 편리한 세상이다. 나는 현판 위에 화선지를 놓고 물을 뿌렸다. 손수건으로 솜방망이를 만들어 젖은 종이를 두드리니 글씨의 윤곽이 드러났다. 옆에서 주지가 도와주었다.

내가 현판 하나에 종이를 대고 두드리는 대로 주지는 또 다른 현판에 젖은 종이를 붙였다. 우리는 글씨의 윤곽이 잘 나타나도록 칫솔을 꺼내 글씨 부분을 꼭꼭 눌러나갔다. 요철凹凸을 따라 작은 글씨들이 생겨났다. 한참 동안 방 안에서는 솜방망이 소리만 들렸다. 운전기사도 한몫 거들어주었다. 주전자를 들고 우물에 나가서 물을 떠다주는가 하면 화선지를 현판에 맞게 잘라주었다.

젖은 화선지가 먹이 퍼지지 않을 만큼 말랐을 때, 먹을 솜방망이에 묻혀 종이 위에 대고 찍어나갔다. 탁본은 대학 1학년 때부터 배웠고, 그 후로도 전국의 각종 비문碑文이나 토기의 문양들을 탁본해본 터라 상당히 숙달되어 있었다.

하지만 나무로 만든 현판의 탁본은 남다른 기술과 속도를 요구하는 작업이다. 금속이나 돌에 새겨진 그림이나 글씨는 천천히 기다려가며 먹을 두드릴 수 있지만, 목판은 나무 자체가 물을 흡수하는 데다 또 방 안이 건조해서 물기가 금세 증발하는 듯했다.

나는 가능한 한 빨리 글씨를 찍어나갔다. 방바닥에 쭈그리고 앉아서 먹을 톡톡 찍었다. 한 시간쯤 걸려서 나는 현판 하나에 탁본 두 장씩, 모두 넉 장의 탁본을 떠내는 데 성공했다.

떠낸 탁본들을 접어들고 나는 주지에게 인사했다.

"스님, 감사합니다. 이제 떠나겠습니다. 너무도 귀중한 자료를 얻게 해주셔서 뭐라고 고맙다는 말씀을 드려야 할지 모르겠습니다. 늦도록 폐를 끼쳤습니다."

"천만에요. 교수님이 기뻐하시는 모습을 보니 저도 보람이 있습니다. 앞으로도 우리 절에 연구하실 자료가 있으면 또 오십시오."

"오늘 떠낸 탁본을 자세하게 판독한 다음 또 은하사에 대하여 의문이 생기면 다시 오겠습니다."

주지는 우리가 하산하는 것을 배웅하러 밖으로 나왔다. 어느새 눈발은 그치고 구름 사이로 별빛이 보였다. 나에게 신어산의 쌍어문은 새로운 역사를 밝힐 수 있는 한 줄기 빛이나 다름없었다.

김해에 도착하여 병원으로 갔더니 허 박사는 잔뜩 화가 나 있었다.

"와 이리 늦었십니꺼?"

"미안하고. 그렇지만 나는 은하사에서 드디어 신어를 만났다고. 글쎄, 캄캄한 대웅전 속에서 신어들이 나를 기다리고 있더군."

"뭐요? 신어들이 은하사에 있었다구요?"

우리는 늦은 저녁을 먹으면서 은하사에 다녀온 이야기를 하느라 밤 12시가 넘어서야 헤어졌다.

다음 날 아침 첫 비행기를 타기 위해 일찍 일어났다. 하지만 머리가 무겁고 몸에 열이 났다. 아마 은하사에서 맨발로 사진 찍느라고 여러 시간 서 있었던 게 탈이 난 모양이었다. 서울에 올라와서 이틀 동안 아무것도 못 먹고 끙끙 앓았다.

쌍어와 단어

차츰 밝혀지는 쌍어의 존재를 확인해가면서, 나는 쌍어가 나타나는 지역과 시대를 조사해보았다. 장식으로서의 둘고기는 한국 땅에서는 가야와 신라 지역에서만 집중적으로 발견되었다. 그 이유는 알 수 없지만 고조선·부여·고구려 지역에서는 발견되지 않았다. 아마 신라와 가야가 형성될 때 사회의 상류 계층을 구성한 사람들이 물고기 숭배 신앙이 퍼져 있던 곳에서 이민해 온 때문인지도 모른다. 우선 쌍어가 발견된 지역을 살펴보니 다음과 같았다.

  김해 수로왕릉 납릉 전문 : 6조
  김해 수로왕릉 안향각安香閣 : 2조
  김해 은하사銀河寺 : 2조
  울산 개운사開雲寺 : 2조
  양산 통도사通度寺 삼성각三聖閣 : 1조
  양산 계원사溪院寺 대웅전大雄殿 : 2조
  제주도 자연사박물관 소장 상여喪輿 : 1조
  합천 영암사지靈岩寺址 : 1조
  공주 무령왕릉武寧王陵 출토 그릇 밑바닥 그림 : 1조
  조선시대 여자의 노리개와 비녀 다수
  근대에 제작한 먹[墨]

쌍어는 전국적으로 발견되는 것 같지만 건물이나 비석 같은 데 있는 쌍어는 거의 대부분이 가야의 고지故地에 분포해 있었다. 따라서 쌍어신앙은 가야인들의 신앙이었음이 분명하다. 백제 무령왕릉에서 발견된 그릇 밑바닥의 쌍어만이 예외였다. 무령왕은 일본에서 태어난 사람이고, 그때 일본에는 이미 가야 계통의 이주민들에 의해서 쌍어 신앙이 퍼져 있었을 것이다. 아마도 무령왕은 일본에서 물고기 신앙에 깊이 젖어 있었는지도 모른다. 이 문제는 뒤에서 설명할 것이다.

계원사(위)와 영암사(아래)의 쌍어

　가야의 쌍어에 대비하여 신라에는 단어單魚, 곧 한 마리짜리의 물고기 신앙이 있었던 것 같다. 신라의 왕족 무덤인 적석목곽묘積石木槨墓에서 발견되는 금제, 은제 허리띠는 점섭대銙鞢帶라고 부르는데 거기에는 유목민들의 호복 칠사胡服七事라는 갖가지 장식물들이 주렁주렁 달려 있다. 칼, 곡옥, 부싯돌, 집게, 유리병 등인데 그중에는 물고기도 있다. 때로는 장식이 열 가지 이상 달린 허리띠도 있다. 그런데 신라의 물고기들은 한 마리씩 개별적으로 달려 있지, 두 마리가 한 조를 이루지는 않는다. 간혹 허리띠 하나에 물고기가 두 마리 달린 것도 있지만 두 마리가 마주 보는 대칭형이 아니라 한 마리에 독립적으로 달려있다.

또한 신라 허리띠에 달린 물고기는 주둥이를 위로 하여 달려 있는 것이 특징이다. 조선시대에 지은 불교 사찰의 처마 귀퉁이에 달려 있는 풍경의 물고기는 등지느러미에 고리가 달려 있어서 물고기는 자연스럽게 수평을 유지하고 있는데, 신라의 물고기는 수직으로 달려 있는 것이다.

불교와 관련된 물고기는 풍경 말고도 소리 내는 기구인 목어木魚와 목탁木鐸이 있다. 목탁은 커다란 목어를 들고 다니기 쉽게 축소한 것이므로 기능은 목어와 같다. 이것만이 아니라 조선시대의 옷장이나 뒤주의 자물쇠로도 물고기 모양은 꾸준히 사용되고 있었다.

아무튼 물고기 장식이 한국에 처음 나타난 것은 삼국시대부터다. 고구려도 주몽이 부여를 떠나 남하할 때 물고기와 자라가 놓아주는 다리 덕분에 큰 강을 건널 수 있었다는 전설이 『삼국사기』에 있는 것으로 보아 부여족 같은 유목민에게도 물고기 신앙이 퍼져 있었음을 알수 있다. 이들 세 나라의 건국이 모두 서력기원 전후라는 점으로 보아 물고기 숭배 신앙도 이 당시에 한국 땅에 퍼져 있었음을 알 수 있다.

고구려의 시조가 된 주몽을 도와주는 물고기는 민속학적으로 보면 고구려인들의 토템이다. 그렇다면 고구려 고분에서는 왜 물증이 발견되지 않는 것일까? 반면에 물고기와 관련된 전설이 없는 신라와 가야에서만 물고기 장식이 발견되는 현상을 어떻게 이해해야 할까? 궁금하기 짝이 없는 일이다. 그러나 신라 왕족의 허리띠에 달려 있는 물고기나 가야 땅에 그려진 쌍어들은 입을 꽉 다문 채 말이 없다.

나는 그들이 감추고 있는 비밀을 알아내야 한다. 그 비밀스러운 이야기는 모두 고구려·신라·가야의 지배층들과 관련된 것이다. 그 사람들이 생전에 어떤 생각을 하며 살았는지 알아내려면 그 이야기를 알고 있는 물고기들에게 말을 시켜야만 했다.

나는 아주 오랫동안 끈기 있게 물고기와의 대화를 시도했다. 그랬더니 물고기가 조금씩 입을 열기 시작했다.

신라는 본래 진한辰韓이었다. 진한은 삼한三韓(마한馬韓·진한辰韓·변한弁韓) 중 하나다. 중국 서진西晉(서기 265~316년) 때 진수陳壽가 쓴 『삼국지三國志』에 진한에 관한 기사가 자세하게 실려 있다.

진한은 마한 동쪽에 있다. 그 나라 노인들이 하는 말을 들으면 옛날 진秦나라의 괴로운 부역을 피하여 사람들이 한韓나라로 오자, 마한에서는 그 동쪽 국경 지방의 땅을 떼어서 그들에게 주었다고 한다.

또 다른 중국 역사책인 『진서晉書』에도 다음과 같이 진한에 대한 기사가 실려 있다.

진한 사람들은 말하는 것이 진秦나라 사람들과 비슷한 데가 있으므로, 이 때문에 그들을 진한秦韓이라고 부르기도 한다.

신라는 사로斯盧가 발전한 것이고, 사로는 진한의 일부이다. 따라서 이 기사들을 종합해보면 신라인들의 조상이 어떤 사람들인지 대강 짐작할 수 있다. 그들의 원래 고향은 중국의 진秦나라(기원전 221~207년) 땅이었다. 진나라는 중국 서북쪽인 감숙甘肅·섬서陝西 지방에서 일어나 경쟁국들을 제압하고 중국을 통일했다. 그러므로 진나라 주민들 중에는 기마 민족으로서 서흉노西匈奴의 일파가 대부분이다. 그런 곳에 살던 사람들이 신라로 이민해 왔다면 마땅히 유목 기마 민족들의 풍속과 언어를 지니고 있었을 것이 틀림없다.

그런데 중국 서북 국경, 곧 오늘날 러시아의 영토인 예니세이 강 상류의 알타이 산맥의 파지리크라는 곳에서 초기 철기시대인 기원전 5~3세기의 추장 묘가 발견되었다. 꽁꽁 언 미이라Mummy 상태로 발견된 추장의 온몸은 문신으로 장식되어 있었다. 문신 중에 네 발 달린 짐승들과 함께 물고기 한 마리가 오른쪽 정강이에 새겨져 있었다. 물고기는 머리를 위로 향하고 있는데, 함께 새겨진 다른 포유동물들에 비하여 엄청나게 크게 그려져 있어서 물고기가 다른 동물들에 비하여 매우 중요한 의미가 있었음을 암시한다. 거기서 발견된 금속제 마면馬面에도 쌍어가 양각으로 새겨져 있었다.

나는 1993년 여름 파지리크에서 발견된 펠트felt에 쌍어가 그려진 것을 러시아의 노보시비리스크 아카데미에서 확인한 적이 있다. 그 펠트는 동물의 털을 사용해 직물에 자수기법으로 물고기 형상을 그린 말안장의 부속품인 장니障泥였다.

파지리크 유적은 신라시대나 가야시대보다 적어도 몇 세기 앞선 것이다. 그때 이미 알타이 지역 주민들에게 물고기 숭배 사상이 있었음은 틀림없다. 초원지대에 살고 있던 유목민 추장은 신라 왕의 묘와 똑같은 적석목곽묘Kurgan에 묻혀 있었다.

이는 신라 적석목곽묘의 계보를 짐작하게 해줄 뿐만 아니라, 신라 왕들의 허리띠에 달린 물고기와 파지리크 추장의 문신에 있는 물고기가 일맥상통함을 말해준다. 게다가 신라 왕들의 조상이 바로 중국 서

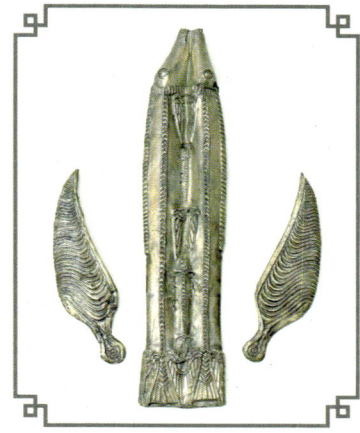 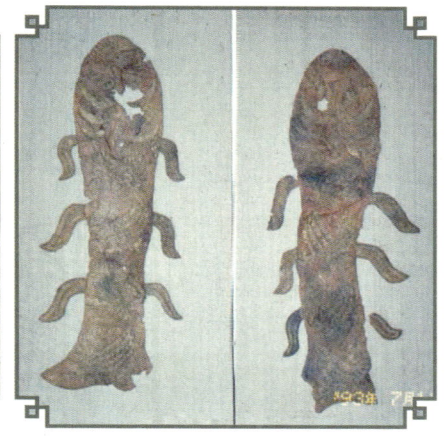

스키타이 마면馬面에 보이는 금속제 쌍어 　　스키타이 민족의 말안장 장식
(『스키타이 황금』, 1991)　　　　　　　　(노보시비리스크 아카데미 소장)

북쪽에서 이민해 왔다고 본다면 파지리크와 감숙성·섬서성 일대에 퍼져 살던 흉노족들의 적석목곽묘 풍속과 물고기 숭배 사상이 함께 신라로 전해진 것으로 보아야 할 것이다. 곧 알타이 산맥의 주변 민족에게 퍼져 있던 신어사상이 흉노족의 이민과 함께 신라로 온 것으로 판단되었다.

　이런 사실을 종합해보고 나는 물고기가 유목 민족에게는 인간을 보호하는 신령스러운 동물로 여겨지고 있다는 생각을 굳히게 되었다. 그래서 유목 민족 국가인 고구려의 주몽 설화에 물고기가 등장하고, 신라왕들이 허리띠에 물고기를 달고 있다는 결론으로 생각이 좁혀졌다.

　연구실 책상머리에 그려놓은 물고기와 나의 대화는 이렇게 풀려나갔다. 다만 신령스러운 물고기의 신통력을 믿는 신어사상이 지구상 어느 민족에게서 시작되었는지 모를 뿐이었다. 그것만 알아내면 쌍어

연구는 끝나는 것이다. 그러나 연구는 여기서 더 진척되지 않고 한참을 머물렀다. 그 문제를 연구하는 동반자를 세계 어디에서도 찾지 못했기 때문이다.

신령스러운 물고기를 숭배하는 생각, 곧 신어사상은 유목민-고구려-신라로 광범위하게 연결되고, 한 쌍의 물고기로 정형화된 쌍어문은 인도-남중국-가야로 연결되는 것으로 문화권이 형성되어 있는 그림이 내 눈에 보이기 시작했다.

가야, 가락의 뜻은 물고기

태어날 때부터 얼굴이 검다는 이유 때문에 아유타국 공주에게 관심을 갖기 시작한 나는 결국 아요디아까지 다녀왔다. 아요디아에 가 보니 과연 그 많은 힌두교 사원마다 쌍어문이 그려져 있었다. 가락국 수로왕릉과 가야의 고지故址에서 발견되는 쌍어문들이 아유타국이라고 생각되는 아요디아에 많이 있음을 일단 확인했다. 그러나 그것만으로는 왠지 만족스럽지가 않았다. 수로왕과 허황옥 왕비는 또 다른 비밀을 간직하고 있을 것 같았다.

왜 그 당시에 자기네 나라를 가락·가라 또는 가야로 불렀을까? 그 이름들이 나라 이름일까, 아니면 다른 의미가 있을까? 이런 생각들이 나의 호기심을 자극했다.

이런 명칭들에 대한 종래의 의견을 살펴보면 이러했다. 우선 나라 이름으로서의 가야는 변방의 뜻인 가장자리, 갓 지방이 아닐까 하는 생각이 들었다. 그러나 그 생각은 설득력이 작아 보였다. 나라 이름을 주변 또는 소외된 의미의 갓이나 가장자리의 뜻으로 부를 것 같지는 않았기 때문이다.

아니면 불교식 해석도 있다. 해인사海印寺로 유명한 가야산伽倻山의 이름은 불교 발상지인 인도의 부다가야Buddhagaya 근처에 있는 가야Gaya 성城의 이름에서 유래한 것이라는 해석이다. 인도의 가야성은 석가모니가 성도成道한 곳인데, 범어梵語(산스크리트어 Sanscrit)로 소[牛]라는 뜻이라고 한다.

사실 소는 인도에서 힌두교인이나 불교인이 함께 숭배하는 동물이다. 그래서 해인사라는 불교 사찰로 유명한 가야산이 소머리산[牛頭山]이라는 이름을 지니고 있다고 해석해도 별 무리가 없을 것이다. 실제로 인도에 가면 소가 얼마나 귀하게 대접받는지 알 수 있다. 차도를 막고 누워 있는 소 때문에 길이 막히는 걸 여러 번 경험할 수 있기 때문이다.

이렇듯 고민하고 있던 나에게 언어학자 강길은 교수가 새로운 단서를 제시해주었다. 그는 「가야어와 드라비다어의 비교(Ⅰ)」라는 논문에서 가락과 가야는 모두 물고기라는 뜻의 드라비다 계통의 말이라고 했다. 가락Karak의 구舊드라비다어로 물고기를 뜻하고, 가야Kaya는 신新드라비다어로 물고기라는 것이다.

나는 이 논문을 보고 깜짝 놀랐다. 드라비다어Dravidian는 고대 인도인의 토착어다. 지금 인도에는 힌두어와 드라비다어가 공존하고 있다. 그 이유는 청동기시대까지 인더스 문명을 일으킨 인도 토착민들이 기원전 15세기부터 서쪽에서 이민해 온 아리아인들에게 밀려 인도 남부로 옮겨 살게 되었기 때문이다.

기원전 7~6세기 인도에서 발생한 고대 국가들 중에도 물고기를 뜻하는 단어인 '마찌Matsya'라는 나라가 있었다는 것이 생각났다. 복잡하고 통일되지 않았던 고대 언어군 중에 어떤 종족 세력을 물고기 신앙 집단으로 보아 물고기를 뜻하는 '마찌'나 '가락·가야'로 이름 붙인 것일지도 모른다는 생각이 들었다.

드라비다어는 지금 타밀어·우르드어·싱할리어·벵골어 등 수십 개의 분파로 나뉘어 있다.

아무튼 인도의 토착어로 물고기를 뜻하는 가락과 가야가 우리나라에서는 국가 이름이 되었다는 내용은 믿기 어려웠다. 나는 놀랍기도 하고 한편으로는 무척 기뻤다. 쌍어문이 옛 가락국과 가야국이 있던 지역의 사당이나 사찰에서 발견되고 있으므로, 물고기는 고대 가야인의 신앙과 관계가 있다는 사실이 분명해졌는데 나라 이름까지도 '물고기'라는 뜻이라니, 이건 가락·가야 연구의 중대한 단서가 될 수도 있을 것 같았다. 내가 검은 피부를 타고난 것이 물고기와 관련이 있다는 이야기인가?

보주태후의 고향

다음 해 가을, 나는 학생들과 함께 김해에 갈 일이 생겼다. 우리 학과 정기답사 지역이 경남 지방으로 결정되었기 때문이다. 여기까지 온 김에 수로왕릉과 왕비릉을 찾아보기로 했다. 관리인을 찾아서 명함을 내밀었더니 마침 나를 아는 분이었다. 내가 검은 제복을 입고 봉심奉審(왕명을 받들어 능이나 종묘를 보살핌)하는 모습을 학생들에게 보여주겠다고 하니 흔쾌히 허락하며 제복을 빌려주었다. 20여 년 전

학창 시절 처음 이곳에 왔을 때는 왕릉 앞에서 어떻게 예의를 갖추어야 하는지 몰라서 능 앞에 서서 머리 숙여 경례만을 했다.

나는 수로왕릉에 자주 다니면서 봉심하는 법을 배우게 되었다. 검은 모자와 검은 제복을 입은 제관이 능 서편에 서고, 나는 동쪽에 서서 서쪽을 향해 네 번 절했다. 이 광경을 처음 본 학생들의 눈이 휘둥그레지는 모습이 보였다. 이건 물론 조선시대에 굳어진 유교식 봉심일 것이고, 가락국 때는 어떻게 했는지 아무도 모른다.

우리는 수로왕릉에서 쌍어문을 새로 촬영하고 그 옆에 있는 왕비릉으로 갔다. 저녁 햇살 속에 허황옥의 무덤이 얌전하게 우리를 기다리고 있었다. 무덤 오른쪽에는 파사 석탑(婆娑石塔)이 옛 모양 그대로 놓여있었다.

나는 학생들에게 설명했다.

"이 탑은 허황옥이 배를 타고 가락국을 향해 오다가 풍랑을 만나는 바람에 본국으로 회항廻航해서 배를 눌러 진정시키느라고 싣고 온 돌이라고 한다. 원래는 석탑이었지. 그런데 이 돌 조각을 떼어서 몸에 지니고 다니면 풍랑을 진정시킨다는 속신俗信 때문에 바다에 나가는 사람들마다 돌 조각을 떼어냈다고 한다. 그래서 지금은 돌덩어리만 몇 개 남아 있는 거란다. 붉고 무거운 이 돌들이 과연 신통력이 있는지도 몰라도 역사적 사건과 관련 있는 물건이 더 이상 파손되지 않으면 좋겠구나."

무덤 앞에는 능비가 있었다. 수로왕릉에 대한 기록을 모은 책인 『숭선전지崇善殿誌』에 보면 현재의 비석은 조선시대 인조仁祖 25년(1647)에 세웠다고 되어 있다. 나는 한 학생에게 열네 자로 된 두 줄의 비문을 읽어보라고 했다.

　　가락국 수로왕비駕洛國 首露王妃
　　보주태후 허씨릉普州太后 許氏陵

조선시대에 유행하던 서체로 씌어 있었다. 비문을 읽고 난 후 학생이 내게 질문을 했다.

"보주태후라고 씌어 있는데 태후는 존칭일 테고, 보주는 무슨 뜻입니까?"

"좋은 질문일세. 실은 나도 그 뜻을 알아내려고 고심 중이네. 그전부터 가락사나 가야사를 연구하시는 분들에게 보주가 무슨 뜻인지 물어봤는데, 모두 그냥 왕비에게 붙이는 상서로운 칭호일 것이라고 하더군. 조선시대에는 왕비의 칭호들이 인조의 어머니는 인헌왕후仁獻王后이고, 세종대왕의 왕비는 소헌왕후昭憲王后라는 식이었네. 그러니까 조선시대식 왕비의 칭호라면 그냥 추상적인 의미 이외에는 다른 뜻은 없을 것 같네. 신라나 백제의 왕비들도 무슨 부인으로 불렸을 뿐일 테니까 당시에 붙인 칭호는 아닐 것이야. 그런데 이 무덤은 수로왕릉과 함께 신라 문무왕 때 대대적으로 수리된 적이 있으니까 그전에도 왕릉과 왕비릉이라고 알려져 있었던 모양이야. 어쩌면 능비도 있었을지 모르지. 13세기에 일연이 편찬한 『삼국유사』에 여기 있는 파사 사탑 이야기가 실려 있는 것을 보면, 그때도 이 왕비의 무덤은 제법 잘 보호되고 있었을 것으로 보이네. 고려시대에는 비석을 세우는 것이 유행이었으니까 여기에도 비석이 있었을 가능성이 있어. 하지만 '보주'라는 말에 대해서는 아무도 인용한 적 없고, 해석을 시도한 사람도 없다네. 그 뜻에 대하여 우리가 한번 연구를 시작해봄직도 하네. 별 뜻이 아닐지도 모르지만 혹시 중요한 역사적 단서를 얻을지도 모를 일일세."

보주태후에 관한 연구는 이렇게 시작되었다. 그해 가을 대학원생들에게 과제로 내준 것이 가락국, 가야와 관계되는 연구였다. 연구 제목을 말해줄 때 나는 학생들에게 필요한 지식을 미리 알려주었다.

"허황옥은 1세기부터 2세기까지 살았던 인물이다. 그 여인의 고향은 기록대로 아유타국, 곧 인도의 아요디아일 가능성이 높다. 만일 그렇다면 그 여인이 인도에서부터 한반도까지 오는 동안 줄곧 배를 타고 왔느냐 아니면 중간에 이곳저곳에서 단기간 또는 장기간 머물렀느냐도 생각해보아야 한다. 또 허황옥의 시호諡號가 보주태후인데 그 시호는 그냥 추상적인 길상어吉祥語인지 아니면 그녀의 출신 지역을 이야기하는지도 고려해보아야 한다. 보주가 그 여인의 출신 지역을 나타내는 것이라면 지구상에서 보주라고 발음되는 지역을 모조리 찾아 검토해야 한다."

이렇게 말하면서 나는 학생들에게 세계지도와 인도의 각 지방지도, 아시아 역사지도를 나누어 주고 2주일 후에 이 내용을 가지고 다시 세미나를 하기로 하고 헤어졌다.

그러면서도 나는 보주가 과연 그 여인의 관향貫鄕을 나타낸 것일까 하고 의심했다. 여염집 부인이라면 시집온 후에 아기를 낳고 나면 아무개 엄마라고 부르는 게 보통이다. 아기를 낳기 전에는 출신동네 이름을 따서 마산 댁이라든지 청주 댁 등으로 부르겠지만 왕비에게 그렇게 평범한 칭호를 붙였을 리가 없을 것 같았기 때문이다.

물론 가능성이 전혀 없는 것은 아니다. 1365년에 죽은 고려 공민왕비는 원나라 종실宗室 위왕魏王의 딸로 공민왕恭愍王이 원나라에 볼모로 가 있을 때 결혼하여 왕비가 된 여인이다. 이 여인의 칭호가 죽어서도 출신지 이름을 따서 노국공주魯國公主인 것을 생각해보면 외국의 공주가 이 나라에 와서 왕비가 되면 출신지 이름을 따서 시호를 삼는 경우도 있는 듯했다. 아무튼 나와 학생들은 그때부터 허황옥을 보주 댁普州宅이라고 부르기로 했다.

"어이, 최군. 보주댁의 고향을 찾았나?"

"아뇨, 인도의 북쪽 지방은 모두 찾아보았는데 아직 발견하지 못했습니다. 아마 보주댁의 고향은 아주 작은 시골인 모양입니다."

이런 식으로 보주를 찾느라고 두어 달을 허비했다.

보주는 인도에서는 찾을 수 없었다. 보주만 없는 게 아니라 보주와 비슷한 땅이름도 없었다. 우리는 보주·부주·포주 등 로마자로 P, B, F로 시작되는 비슷한 발음으로 불리는 지명을 찾아내려고 노력했지만 모두 허사로 끝나고 말았다. 또 한 학생은 시베리아·몽골·중국의 지도를 펴놓고 보주·후즈·푸즈 등을 찾으려고 많은 시간을 보냈지만 역시 아무런 성과가 없었다.

그 학기 마지막 세미나를 하던 우리는 한 학기 동안의 노력에 비하여 결과가 너무 초라한 것에 실망했다. 속이 상해서 울화가 치밀어 오르는 것을 참느라고 식식거렸고, 학생들은 보주를 찾아내지 못한 것이 마치 자기네 죄인 양 고개를 숙이고 어쩔 줄을 몰랐다.

"이번 학기는 일단 여기서 종강하겠네. 모든 연구가 그렇게 쉽지 않다는 사실 하나만은 제대로 경험한 셈일세. 지금까지 연구해온 과정을 기술한 보고서를 작성해서 제출해주게. 한 학기 동안 수고들 많았네."

대학원 강좌는 대개 한 학기 종강을 하면 교수와 학생들이 식사를 함께 하는 것이 관례다. 하지만 그날만은 학생들과 함께 식사할 기분이 아니어서 그만두었다. 연구실에 혼자 앉아서 왜 우리가 보주를 찾지 못했는지 곰곰이 생각해보았다.

'보주란 땅은 이 세상에 존재하지 않는가. 아니면 보주는 그냥 추상적인 형용사일 뿐인가? 보주普州에는 분명히 땅이라는 뜻이 포함된 글자 '주州' 자가 있지 않은가. 맞아, 한문으로 되어 있으니 중국에서 찾아보자. 주인공인 허황옥이 살았던 시기인 후한後漢 때나 그 비석이 세워졌을 때인 조선시대 또는 그 이후 조선시대 걸친 긴 기간에 중국의 지명들도 여러 번 바뀌었을 테니까 중국의 옛날 지명에서도 보주를 찾아보자.'

나는 바로 도서관으로 갔다. 사전류만 모아놓은 방으로 가서 지명사전을 찾았다. 지명사전도 여러 가지였다. 그중에는 나는『중국 고금지명대사전中國古今地名大辭典』을 집어 들었다. 1931년 상무인서관商務印書館에서 인쇄한 것을 홍콩에서 영인본을 찍어 보급한 것이었다. 보普 자를 찾아서 페이지를 열었다.

'아니, 이럴 수가……'

나는 소리를 지를 뻔했다. 거기에 보주가 있었다.

보주普州 : 사천성四川省 안악현安岳縣의 옛 이름. 주周나라 때부터 송宋나라 때까지의 명칭

이것이 바로 내가 찾던 땅이었다. 주나라 때부터 송나라 때까지의 보주 땅이 지금 사천성에 있는 안악이라는 것이다. 그러면 후한 때도

안악 지방은 보주라는 이름으로 불렸을 것은 너무도 당연한 일이었다. 나는 필요한 부분을 복사해 연구실로 돌아왔다. 싱글벙글하며 들어오는 나를 보고 조교가 물었다.

"갑자기 무슨 좋은 일이라도 생기셨어요? 오전에는 심기가 불편하신 것 같던데요."

"그래, 기분 좋은 일이고말고. 드디어 보주댁이 숨어 있던 곳을 찾아냈다네. 그것도 아주 우연히."

보주는 가까운 데 있었다. 공연히 멀리 인도에서 찾느라고 고생은 고생대로 하고 시간만 낭비한 셈이었다. 그동안 대학원생들도 지도를 펴놓고 있지도 않은 보주를 찾느라고 진이 빠졌다. 나는 나대로 사건 해결의 책임을 맡은 수사 반장처럼 속히 증거를 확보하지 못한다고 수사 요원들만 야단친 꼴이 되고 말았다.

일단 보주를 찾고 나자 다음에 할 일은 저절로 정해졌다. 어떤 강력 사건의 용의자를 추적하는 수사관이 용의자의 본적을 알아내고 나면 그다음 수사는 쉽게 풀리기 마련인 것처럼 나도 본격 수사에 착수할 수 있게 되었다.

보주는 지금 사천성의 안악현 땅이다. 사천성은 허황옥 여인이 생존했을 기간인 서기 1세기와 2세기는 동한東漢, 곧 후한後漢이었고, 그때 사천 지방은 촉蜀이라고 불렸다. 촉에 대하여는 우리나라 중학생 정도면 모두 알고 있다. 『삼국지연의三國志演義』에 나오는 유비劉備의 땅이다.

촉 땅은 양쯔 강의 상류로 네강[四川]이 합쳐져서 소위 장강長江(양쯔 강)을 이루는 곳이다. 동쪽으로는 양쯔 강이 흘러 상해를 통해 황해 바다와 연결되고, 남쪽으로는 남만南蠻, 곧 오늘날의 운남 지방과 귀주 지방이 있다. 북쪽으로는 산맥이 가로막혀 있어서 길이 매우 험하다. 따라서 촉 땅은 옛날부터 외부의 침략을 받지 않는 자연의 요새로 알려져 있다.

이 촉 땅이 고향인 한 여인이 가락국으로 시집와서 왕비로 살다가 죽었다면 그녀의 후손들이 생전에 고향을 애타게 그리워하던 왕비를 기리는 뜻에서 그녀의 고향 마을 이름을 따 보주태후라는 시호를 붙였을지도 모르는 일이다. 가상의 시나리오를 이렇게 잡고 나니 그 여인이 왜 고향인 보주를 떠나게 되었는지 후한 때의 역사를 들추어 보아야 할 것 같았다.

중국 역사책들인 이십오사二十五史 중에서 『후한서後漢書』를 뽑아내 허황옥의 생존 기간인 1~2세기 중 광무제光武帝 때의 기록부터 한 자 한 자 더듬어 살펴나갔다. 읽어나가는 데 오랜 시간이 걸렸다. 『후한서』를 연구실과 집에 각각 한 권씩 준비해놓고 시간이 날 때마다 한 장씩 살펴나갔다.

그동안 어느새 달이 바뀌어 겨울 방학이 되었다. 하루는 텔레비전에서 9시 뉴스를 보다가 잠이 들었다. 새벽 3시쯤 눈이 떠졌다. 그때부터는 아무리 잠을 청해도 소용없다는 것을 나 자신이 잘 알고 있는 터라 일어나 옷을 입었다. 자고 있는 아내를 방해하지 않으려고 어둠 속에서 더듬더듬 양말을 찾아 신고 주방으로 갔다. 비파차琵琶茶를 한 잔 마시고 다시 『후한서』서를 읽었다.

"어제 어디까지 읽었더라."

혼자 중얼거리며 서재로 가서 책상 위에 펼쳐진 『후한서』를 들여다보았다. 돋보기안경을 쓰고 다음 장을 읽어나갔다.

남군南郡의 반란

광무光武 23년(서기 47) 남군南郡 만족蠻族이 반란을 일으켰다. 무위장군 유상을 파견하여 토벌했다. 그 사람들을 강하江夏로 이주시켰다.

建武 二十三年 春正月 南郡蠻叛 遣武威將軍 劉尙討之 徙其種人於江夏

남군은 양쯔 강 지방의 강릉 중심도시이다. 토착민이 반란을 일으킨 해가 광무 23년이면 서기 47년이고 이때는 허황옥이 가락국에 도착하기 1년 전이다. 또 반란 세력이 강제로 내쫓겨 새로 정착한 강하 지방은 오늘날의 무한武漢 지방이다. 봉기가 실패하자 무한 지방으로 옮겨 간 사람들 중에 한 젊은 처녀가 배를 타고 황해를 건너 가락국에 가서 수로왕에게 바쳐졌다면 그게 바로 허황옥의 혼인 여행이 아니겠는가. 왠지 수사가 조금씩 압축된다는 느낌이 들었다.

보주가 어디인지 찾고 나니 새로운 사실이 자꾸 발견되었다. 고구마 덩굴을 하나 잡아당기니 그 줄기를 따라서 고구마들이 연달아 딸려 나오는 것과 같았다. 이 촉 땅의 봉기 사건을 확인하고 나서 나는 기뻐서 가슴이 두근거리는 것을 진정하며 다음 페이지를 읽어나갔다. 몇 장 더 넘기고 나니 한층 더 재미있는 내용이 나타났다.

화제和帝 영원永元 13년(서기 101) 허성許聖의 무리가 세금 차별에 원한을 품고 반란을 일으켰다. 다음 해 여름, 정부는 사자使者를 파견하여 형주荊州의 여러 군郡의 1만여 병을 독려하는 반란군을 토벌했다. (……) 허성 일당을 크게 격파했더니 허성이 항복했다. 이들을 또다시 강하로 이주시켰다.

和帝永元 十三年 許聖等以郡收稅不均 懷怨恨 遂屯聚反叛 明年夏 遣使者

督荊諸郡兵萬餘人討之 (……) 大破聖等 聖等乞降 復徙置江夏

이 기사는 기가 막히게 반가운 내용이었다. 서기 101년에 두 번째 반란이 일어났는데, 그 반란의 주동자가 바로 허성許聖이다. 그것은 허씨 성姓을 가진 사람이 살았다는 이야기였다.

그렇다. 보주 땅에 허씨 집단이 살고 있었던 것이다. 그렇지 않고서야 허성이라는 사람이 주동하여 막강한 정부군에 대항하는 집단반란을 일으켜 오랫동안 항쟁할 수는 없는 일이다. 1차 반란 때도 이 지역에 살고 있던 허씨들이 반란을 주동했거나 가담했을 가능성은 얼마든지 있는 것이다.

잠이 깬 아내가 내게 물었다.
"그럼 허황옥의 사당이나 비석 같은 게 보주 땅에 있다고 씌어 있는 거예요? 아니면 더 좋은 증거라도 발견되었단 말이에요?"
"더 좋은 정도가 아니라 아주 내 짐작과 꼭 들어맞는 사건이 보주 땅에서 일어났다오. 글쎄, 허황옥이 한반도에 오기 꼭 1년 전에 보주 땅에서 농민 반란 같은 게 일어났지 뭐요. 반란군과 그 가족들이 모두 정부군에 잡혀 자그마치 7천여 명이 양쯔 강 중류로 강제 이동을 당한 기록이 있고, 더더욱 확실한 증거는 보주 땅에서 첫 반란 이후 50년쯤 뒤에 또 반란이 일어났는데 그 주동자가 허씨라는 거요. 그러니까 보주 땅에 허씨 성을 가진 사람이 살고 있었음이 분명하지 않소?"
"그 사람 이름이 뭐예요?"
"허성이오. 이름도 멋지지, 안 그렇소?"
"그러면 허성이란 사람은 허황옥의 조카뻘쯤 되겠네요. 한 시대 후의 사람이니까."

　우리는 아침 먹을 시간이 지나도록 보주 이야기를 하고 있었다. 그날 아침은 아내도 아이들도 내가 기뻐하니까 덩달아 좋아했다. 역사책에 적어 놓은 한두 가지 사건을 몇 줄 발견한 것이 뭐 그리 대단하냐고 생각할 사람도 있을 것이다. 하지만 나에게 이 문제는 평생의 고민이 풀린 것이나 다름없다. 사업의 완성이라기보다 오래된 학문적 의문이 깨끗하게 밝혀진 것이다.

　그런 면에서 나는 운이 좋은 사람이다. 보주라는 땅을 찾을 수 있었던 것은 정말 행운이었다. 보주라는 두 글자가 내 눈에만 보였을 리는 없다. 그 비석이 비록 조선시대에 세워졌다고 해도 비문을 쓴 사람이 허황옥의 시호가 보주태후라고 구전口傳되었을 것이며『삼국유사』를 만들던 고려 때는 비석이 없었을지 모른다 해도 현재 있는 비석이 세워진 17세기 이후부터는 많은 사람들이 그 비문을 읽었을 것 아닌가. 가야사를 연구하는 사람들은 말할 것도 없다. 또 수로왕비의 능에 모여 제사를 올리는 많은 김해 김씨와 김해 허씨의 후손들도 커다랗게 새겨진 비문을 읽었을 것이다. 그런데 그들 눈에는 보주라는 글자가 안 보였단 말인가. 또 봄가을에 수학여행이다, 유적답사다 해서 찾아오는 학생들과 교수들의 눈에도 분명히 보주라는 글자가 보였을 텐데 왜 그 뜻을 밝혀보려는 사람이 없었는지 모르겠다.

　왜 그 두 글자가 유독 내 눈에 띄었을까. 이건 하늘의 계시라고밖에는 달리 생각할 수가 없다. 지성이면 감천이란 말이 바로 이런 경우인 것 같았다. 정말 오랜 세월 동안 궁금해 하던 문제의 핵심 부분이 파헤쳐진 것이다.

양쯔 강揚子江의 쌍어

아침 일찍 심광주 군과 만났다.

심광주 군은 대학원 석사 과정을 수료한 조교다. 그는 학부 2학년 때부터 내 연구실에서 공부해왔다. 그러니 벌써 5년 동안이나 나와 함께 답사, 고적 발굴, 논문 작성 등에 호흡을 맞추어온 사이다. 따라서 내가 연구하는 분야나, 내가 갖고 있는 책·잡지·사진·복사물 등이 무엇은 어디에 있고 무슨 지도는 어느 책에 있는지 환하게 알고 있는 유능한 청년이다. 이런 조교가 없으면 아무리 중요한 연구를 하더라도 연구 진행이 더디기 마련이다. 세계적으로 좋은 업적을 낸 교수들이나 유명한 연구원들을 보면 발표한 사람 뒤에는 으레 유능한 보조 연구원들이 있다는 사실은 놀라운 일이 아니다.

나는 좋은 업적을 낸 적도 없고 유명한 교수도 아니지만, 대학원에 진학하려는 학생을 미리 훈련시키자는 것이 나의 방침이어서 매년 한두 명의 학생들을 특별히 가르치고 있다.

8시 반에 우리는 연구실에서 만났다. 나는 심군에게 그날 새벽에 찾아낸 자료를 보여주었다.

"허황옥이 보주 땅에서 한반도로 올 수 밖에 없었던 정치적 사건을 찾아냈다네. 이제 자네가 후배들과 함께 사천성과 무한 지방에서 혹시 쌍어문이 발견된 적이 있는지 확인해보도록 하게."

"중국 고고학 발굴 보고서를 찾아보면 되겠네요."

"음, 「고고考古」, 「문물文物」, 「고고학보考古學報」등을 모두 들춰보게. 1950년대 초기 보고서부터 지난달까지 나온 보고서와 논문을 샅샅이 살펴보도록 하게. 내 생각엔 중국에 살았던 허씨 집단이 사천에서 무한으로 이주했다면 사천과 무한에 분명히 쌍어문의 흔적이 있을 것 같네. 꼭 있을 테니까 정신을 차리고 찾아보게. 소가 닭 쳐다보듯 하지 말고."

이렇게 단단히 말해두는 이유는 연구를 하거나 어떤 자료를 찾을 때 확신감이 결여되면 집중력이 떨어져서 자료가 있어도 그냥 지나칠 수 있기 때문이다. 수로왕비에 씌어 있는 보주태후라는 칭호를 많은 사람이 읽고도 알아보지 못한 것이 좋은 보기다.

사실 나는 중국에서 매달 나오는 문물「文物」, 격월로 나오는 고고「考古」, 일 년에 두 번 출판되는 고고학보「考古學報」를 20년 이상 구독해왔기 때문에 어마어마한 분량의 글들이 그 속에 있었다. 그래서 여럿이 나누어 읽어야 하며, 읽는 사람 모두 정신을 바짝 차리고 보지 않으면 딱 한 줄의 내용이나 한 장밖에 없을지도 모르는 그림을 놓치기 십상이다.

조교에게 일을 시킨 지 며칠 안 되어 중국 안의 쌍어문 증거들이 속속 발견되었다. 사천 지방에서는 그릇 받침의 그림으로 쌍어문이 그려져 있었고, 사천 남쪽인 운남성雲南省에서 발견된 한나라 때의 벽돌[塼]에도 쌍어문이 산뜻하게 조각되어 있는 탁본이 내 책상 위에 놓였다. 계속해서 의창, 무한 지방에서도 쌍어문의 증거가 발견되었다. 구리로 만든 그릇 바닥에는 쌍어가 부귀富貴등의 길상어吉祥語를 양쪽에서 보좌하는 그림도 있었고, 동전 하나에 달린 두 개의 끈을 물고기 두 마리가 양쪽에서 입에 물고 올라가는 모양의 그림도 있었다. 그 동전은 오수전五銖錢으로 한漢나라 때 쓰던 화폐가 분명했다. 중국의 쌍어문은 양쯔 강을 따라 나타나고 있었다.

이 자료들을 분석해보니 벽돌은 사당祠堂 건축에 쓰인 것이며, 그릇이나 그릇 받침은 모두 사당에서 쓰던 제기祭器였다. 이리하여 한나라 때 쌍어문을 상징적 존재로 숭배하던 어떤 제사 집단이 자기네 고유의 신앙생활을 위하여 지은 사당이나 제사용 그릇에 남긴 무늬가 쌍어문이라는 게 확인된 셈이다.

중국에서 보주라는 땅과 쌍어문을 찾게 된 것이 무척 기쁘면서도 바보처럼 자료를 인도에서만 찾느라고 시간을 방비한 자신이 원망스러웠다. 하지만 일이 어렵게 해결되었기 때문에 기쁨 또한 컸다.

한나라 때 양쯔 강 유역에는 쌍어문을 사용한 신앙 집단이 살았다. 그들은 한나라 정부의 소수 민족 정책에 불만이 있었다. 그래서 충돌이 일어났고, 그 결과 반란에 실패한 토착민들이 본거지인 사천 지방을 떠나 양쯔 강을 따라 하류 쪽으로 이주해서 살았다. 그들이 살던 지역마다 그들이 신앙생활을 한 증거가 남아 있는 것이 확인된 셈이다. 역사책에 기록된 내용과 고고학적 증거가 정확하게 맞아떨어진 것이다.

기나긴 역사 속에 감추어져 있던 허황옥의 비밀은 서서히 그 정체를 드러내고 있었다.

『후한서』를 조금 더 읽어보니 허성이란 이름에 대하여 자세히 소개되어 있었다.

허성(許聖)의 '허'는 성이 아니라 세습되는 직업 무사(巫師)를 부르는 명칭이라고 했다.

『후한서』는 중국인(한인漢人)의 시각에서 쓴 것이다. 따라서 '무사'라는 표현은 중국인의 유교적 입장에서 본 이교도의 신앙 지도자로서 신분이 세습되는 사람을 '허'라고 불렀다는 뜻이다. 그러므로

'허'는 사람 이름 앞에 붙는 칭호로서 신부神父 목사 승僧과 같은 종교적 칭호였다.

그렇다면 '허'는 혹시 힌두교의 브라만처럼 신분이 세습되는 사회와 관련 있는 칭호가 아닐까? 더구나 그 책 뒷부분에 직업 무사인 '허'는 그 사회에서 존경받는 계층이라고 설명했다. 허황옥의 허도 존칭 접두사라면 그녀의 이름은 그냥 황옥黃玉인지도 모를 일이다.

'보주 땅의 허성은 인도의 브라만 출신일 가능성이 있지 않을까? 중국의 허씨 족들은 인도를 떠나 보주로 이주해 온 이민자들의 후손들일지도 모른다.'

가능성은 충분히 있어보였다. 그래서 보주에 와서 뿌리를 내리고 살면서도 인도식으로 신앙생활을 계속하면서 쌍어문을 그린 사원을 짓고, 쌍어문이 그려진 그릇으로 의식을 행했을지도 모른다는 생각을 하게 되었다.

보주가 땅 이름이고, 그 보주가 중국 사천성에 있는 지방이라는 사실을 밝혀내고 나니 복잡했던 역사의 비밀도 하나하나 풀려나갔다. 그 비밀의 문을 연 열쇠는 '보주'라는 두 글자였다.

한 가지 매우 중요한 문제가 풀리고 나니까 또 다음 문제가 생겨난다.

고대사의 주인공들이 사용한 언어에 대하여 의문을 갖는 사람들이 많다. 가락국 수로왕과 아유타국 출신 허황옥이 처음 만났을 때 어느 나라 말로 소통이 가능했을까? 그때도 요즘 영어처럼 국제적 언어가 있어서 지식인들 간에는 더듬 더듬 하게라도 의사소통이 되었을까. 글쎄, 그런 언어가 있었을 것 같지는 않다. 그런데도 그 두 사람은 서로 상견례도 치르고 결혼도 하였다. 나는 그 사람들이 사용한 공통어는 한나라 때의 중국어였다고 생각한다. 왜냐하면 허황옥은 비록 한나라로서는 변방이었던 보주에서 살던 사람이지만 중국어권이었으니까 중국어가 가능했을 것이다. 한편 가락국은 그 때 이미 중국이나 왜국과 활발한 무역을 하던 나라였다. 그러니까 수로왕이 허황옥의 중국어를 못 알아들었다고 단정할 수는 없는 일이다.

   이 문제는 다른 고대사의 주인공들과 함께 따로 연구해야 할 분야이다.

4부
물고기를 신으로 모시는 민족들

4부
물고기를 신으로 모시는 민족들

물고기를 숭배하는 몽골족

내 눈에는 물고기만 아른거렸다. 물고기 연구에 중독된 사람처럼 나는 가는 데마다 물고기 그림이나 물고기 조각을 찾아서 두리번거렸다. 국내외를 막론하고 사찰이나 사당을 볼 때는 대문이나 처마 밑에 쌍어문 같은 것이 있는지 기웃거리게 되었다. 박물관이나 미술관에서도 유물들을 찾으려고 눈을 부릅뜨곤 했다. 쌍어문이 바로 허황옥 일행의 이동 경로를 추적할 수 있는 단서가 되고 쌍어문을 숭배하는 신앙 집단의 이동루트를 밝혀내는 단서이기 때문이다.

그러던 중 신어사상을 밝혀낼 수 있는 또 하나의 계기가 생겼다. 1991년 조선일보사가 몽골 학술 탐방을 계획하면서 내가 동행하게 된 것이다. 몽골은 칭기즈칸의 후예들이 세운 나라로 수도는 울란바토르다. 통역을 담당한 사람은 평양에서 한국어를 배우고 온 삼십대 초반의 슈케 바톨이라는 사람이었다.

"슈케 씨, 우리 고기 말고 딴 것 좀 먹을 수 없나요?"

"양고기 요리가 맛이 없습니까?"

"그게 아니라 닷새가 넘도록 계속 양고기 요리만 먹었으니 이제 다른 것 좀 먹으면 해서요."

울란바토르와 지방을 막론하고 몽골에서는 아침은 치즈와 빵, 점심에는 양고기 스테이크, 저녁에는 양고기 찜이 식탁에 올랐다. 한마디로 양고기와 양유 제품 말고는 거의 먹을 게 없었다. 가끔 마유주馬乳酒가 따라 나오기도 했다. 그러나 양고기 냄새만 맡아도 속이 메슥거렸다. 우리나라 사람들이 좋아하는 쇠고기라고 하더라도 아침·점심·저녁 하루 세 끼를 계속 먹는다면 당장에 물리고 말 것이다. 하물며 평소에 먹지도 않던 양고기를 닷새가 넘도록 계속 먹었으니 우리는 완전히 식욕을 잃고 말았다.

초대소의 식당에 들어가면 벌써 양고기 냄새가 났다. 식당 전체가 비릿한 고기 기름에 절어 있는 듯했다. 우리는 날마다 조미료나 향신료가 전혀 가미되지 않은 양고기와 염소 고기를 먹어야 했다. 느끼한 맛을 잊기 위해 우리는 말젖을 발효해 만든 마유주나 독한 알키(보드카의 일종)를 마셨다.

울란바토르에 돌아와서 다시 슈케 씨를 만나자 내가 물었다.

"슈케 씨, 이 나라 사람들은 물고기는 안 먹어요? 이곳에 온 지 벌써 열흘이 지났는데 한 번도 물고기 요리가 식탁에 오르지 않으니 이상한데요."

그러자 슈케 씨의 대답이 걸작이었다.

"아니, 왜 맛좋은 양고기를 놔두고 조그만 물고기를 먹습니까?"

"작은 물고기도 있지만 큰 물고기도 있을 것 아닙니까? 이곳에 있는 뚜르 강이 북쪽으로 흘러서 바이칼 호로 들어간다면서요. 그 강 물속에 물고기가 많이 있을 텐데, 그걸 낚시나 그물로 잡아 먹으면 맛있을 거라고요."

"맛있긴 뭐가 맛있습네까? 나도 평양에서 한 번 맛보았는데 냄새가 역겨워서 못 먹고 말았시오."

"그럼 시장에 가서 생선 파는 집이 있으면 몇 마리 삽시다. 내가 고추장 넣고 매운탕을 만들 테니 한번 먹어보라고요. 틀림없이 맛있다고 할 테니까."

"그만두시라요. 우리나라에는 물고기 파는 상점 없습네다. 우리 몽골 사람들은 물고기를 먹지 않습네다."

"왜 안 먹어요?"

"물고기는요, 몽골 사람들이 존경하는 동물이라요."

"뭐라고요? 몽골 사람들은 물고기를 존경한다고요?"

"예, 아주 중요한 동물이라고 생각하고 있습니다."

나는 이 이야기에 귀가 번쩍 뜨였다. 몽골 사람들이 물고기를 존경한다는 이야기 뒤에는 꼭 밝혀야 할 민속학적 내용이 있는 듯했다. 그래서 나는 슈케 씨에게 이 문제를 천천히 잘 알아보려고 저녁 식사가 끝날 때까지 기다렸다. 우리 일행은 교수 세 사람과 신문기자 두 명, 그리고 여행사 직원까지 여섯 명이었다. 그러니 나 혼자 슈케 씨와 오붓하게 대화를 나눌 시간은 그리 흔치 않았다. 저녁 식사가 끝나기 전에 김광언 교수가 슈케 씨에게 물었다.

"그런데 말이지, 몽골에는 식물성 음식이라고는 빵밖에 없으니 이상하네, 야채샐러드 같은 건 원래 안 먹나, 아니면 이 대통령 초대소의 주방장이 특별히 야채를 준비하지 않는 건가?"

그것은 나도 궁금해하던 것이라 슈케 씨가 뭐라고 대답할지 귀를 기울였다. 그런데 마침 우리와 함께 식사를 하던 우넨 신문사 부장이 우리의 질문 내용을 전해 듣고 대답했다.

"우리 몽골 사람들은 풀을 잘 먹지 않습니다. 야채는 풀 아닙니까? 풀은 양이나 염소 같은 동물이 뜯어 먹는 것이죠. 사람이 왜 동물처럼 풀을 먹습니까? 풀을 먹는 대신에 풀을 먹고 사는 동물들의 고기를 먹으면 풀을 먹는 것과 마찬가지 아닙니까?"

우리는 부장의 대답이 농담인 줄 알았다. 워낙 몽골인들은 대화중에 농담과 유머가 풍부했기 때문이다. 그러나 그것은 진담이었다. 몽골인은 야채를 즐길 줄 모르는 것이다. 하기야 유목민의 생활 방식으로는 야채를 기르기가 어려울 것이다. 한 곳에서 양들이 풀을 다 먹으면 다음 초원으로 옮겨 가야 하는 이동생활에서는 밭을 갈고 씨를 뿌려 야채를 기를 시간적 여유가 없다는 것을 미처 이해하지 못한 것이다. 우리는 그 문화적 차이를 생각하며 박장대소했다.

몽골에 있는 동안 우리는 너무도 신기한 새로운 지식을 많이 접할 수 있었다. 문명 사회의 상식으로는 이해하기 어려운 점도 무척 많았다. 그런 것들이 '문화 충격Cultural Shock'으로 우리에게 다가왔다.

저녁 식사 후에 집으로 가려는 슈케 씨를 붙들었다.

"왜 몽골 사람들이 물고기를 안 먹는지 다시 한 번 설명해보슈. 매우 중요한 내용 같으니까."

이에 슈케 씨는 다음과 같이 자세하게 설명해주었다.

"몽골의 풍속에는 물고기가 매우 영특한 존재로 되어 있습니다.
물고기는 사람의 눈으로는 잘 안 보이는 물속에 살지만, 사람이 사는 모습을 다 본다고 믿고 있습니다. 물고기는 사람보다 눈이 좋아서 물속에서도 사람들이 잘 살아가는지 또는 위험에 처했는지 살피는 것입니다. 밤이나 낮이나 물고기는 자지 않고 사람을 보호하는 신적神的인 존재죠. 물고기는 그래서 언제나 눈을 뜨고 있다고 믿고 있어요. 또 몽골의 전통 종교인 라마교에서 숭배하는 팔보八寶 중의 하나가 물고기입니다. 그래서 우리는 물고기를 먹지 않는 것입니다. 물고기를 먹는 외국 사람들 흉을 봅니다. 김 선상님 나라에서는 물고기를 많이 먹나보지요?"

"많이 먹고말고, 쇠고기나 돼지고기보다도 생선을 더 좋아하는 사람이 많지. 요새는 생선을 먹으면 쇠고기 먹는 것보다 피가 맑아진다고들 해서 생선을 많이 먹어. 일본에서는 생선을 먹으면 머리가 좋아진다는 연구 결과가 나와서 한국에서도 생선 값이 많이 올랐다구."

"물고기를 많이 먹으면 머리가 좋아질 게라요. 물고기는 원래 머리가 좋은 동물이니까요. 그렇지만 김 선상님은 물고기 잡숫지 마시라요. 벌 받으문 어떡하요."

슈케 씨는 내게 당부까지 했다.

모두 문화적인 차이임에 틀림없다. 몽골인의 물고기 숭배 사상은 내게 매우 중요한 연구의 실마리를 제공했다.

"슈케 씨, 당신 말을 듣고 나니까 나도 어쩐지 물고기를 좀 덜 먹어야 할 것 같은 생각이 드는데요? 아무튼 몽골에 있는 동안은 안 먹을 테니 염려 마슈."

몽골인이 물고기 토템을 갖고 있다는 사실은 내게 새로운 지식이었다. 그 지식은 나의 쌍어문 연구에 큰 빛을 던져주는 것 같았다. 신비에 싸인 쌍어문의 의문을 풀어가는 데 큰 열쇠를 하나 얻은 듯한 느낌이었다.

과연 다음 날부터 내 눈에는 쌍어문이 무수히 발견되었다. 몽골의 수많은 라마교 사원에도 쌍어 조각들이 있었고, 칭기즈칸 때 쓰던 군대의 취사용 솥에도 쌍어가 새겨져 있었다. 현대 몽골사회주의인민공화국에서 세운 결혼식장의 장식 벽화에도 쌍어문이 그려진 것을 확인할 수 있었다.

그 후 우리 일행이 조사하러 간 내몽골의 수도 호화호특呼和浩特에서도 물고기가 몽골인의 수호신이라는 것이 재확인되었다. 택시 운전사의 자동차 열쇠에 달린 은제銀製 장식도 쌍어였다. 몽골인에게 물고기는 안전 운행을 기원하는 부적이었다.

그렇다, 몽골인들의 물고기 숭배 사상은 매우 오랜 전통임에 틀림없었다.

1992년 시베리아 횡단열차로 여행 중에 몽골의 북쪽인 바이칼 지방에도 쌍어문이 통나무 집 대문 위에 그려진 것을 확인했는데 이는 아마도 알타이 지역에 일찍이 들어와 있던 신어사상이 자연스럽게 확산된 것으로 보인다. 또는 13세기 몽골시대에 퍼진 라마교의 영향일지도 모른다.

머나먼 보주 땅

마침내 2주일간의 몽골 답사가 끝났다. 울란바토르를 떠나는 비행기 안에서 다시 한 번 몽골의 초원을 내려다보았다. 산이 없는 평원 위에 하얀 구름 조각처럼 뭉쳐 있는 양떼들이 비행기의 고도가 올라감에 따라 시야에서 멀어졌다.

비행기가 북경을 향해 고도를 잡고 나자 음료수와 식사가 나왔다. 아침 일찍 떠나는 비행기를 타느라고 조반을 걸렀는데도 기내식은 먹기가 싫었다. 보름 동안 몽골에서 육식만 했기 때문에 이가 흔들리고, 잇몸까지 부어서 아무것도 씹을 수가 없어 며칠째 고통을 당하고 있었다. 게다가 기내식이 매우 부실하여 입맛이 전혀 동하지 않았다. 두 시간만 참으면 북경에 가서 맛있는 중국 요리를 먹을 수 있을 테니, 아픈 이로 맛도 없는 기내식을 억지로 먹을 필요는 없다고 판단했다.

여러 가지 신선한 야채를 먹으며 살아온 나에게는 몽골에서의 체재 기간이 길면 길수록 큰 고통이었다.

"사람이 왜 동물처럼 풀을 먹습니까? 풀을 먹그 사는 동물의 고기를 먹으면 풀을 먹는 것과 다름없는 것 아닙니까?"

우넨 신문사 부장의 말이 또다시 떠올랐다. 그런 나라에서 보름동안이나 있었으니 무슨 야채 구경을 할 수 있었겠는가. 그러니 비타민이 부족하여 잇몸에서 피가 나고 이가 흔들리는 것은 당연한 일인지도 모른다.

북경 비행장에 내리자 찜통 같은 더위가 우리를 기다리고 있었다. 몽골은 평균 1,500미터의 고원지대라서 아무리 여름이라도 섭씨 25~30도였기 때문에 견디기가 쉬웠다. 그런데 북경의 여름은 왜 그렇게 더운지 공항 밖으로 나와 미니버스에 올라타는 그 짧은 시간에 벌써 내의가 다 젖을 정도였다. 온도는 불과 섭씨 33도밖에 안 되는데도 복사열 때문에 숨이 막힐 지경이었다.

우리는 먼저 시내 식당에 들러 늦은 점심을 먹었다. 오래간만에 먹는 중국 요리는 맛있었다. 냉채·두부·팔보채 등 뭐든지 맛있었다. 우리는 원시생활에서 문명 세계로 무사히 돌아오게 된 것을 기뻐하며 중국 요리를 즐겼다. 냉방 시설이 있는 시원한 방에서 유명한 청도비주靑島啤酒(맥주)를 곁들이면서 몽골에서 굶주린 날들을 회고했다.

김광언 교수가 먼저 말을 꺼냈다.

"몽골이란 나라 말이오. 거 참, 이상한데. 왜 그 좋은 야채를 안 먹는지 모르겠어."

우리의 화제는 단번에 몽골 대통령의 국빈 초대소에서 주던 음식과 불편함으로 이어졌다. 사실 몽골에서 야외 유적을 조사하다 보면 풀밭에 우리나라 사람들이 즐겨 먹는 질경이나 비듬이 얼마든지 있었다. 나는 들나물의 종류를 많이 알지는 않지만 질경이나 비듬 나물 정도는 알아본다. 내가 알아본 것 외에도 몽골의 초원에 깔려 있던 들나물 중에 먹을 수 있는 것이 많을 것이다. 그러나 그들의 입맛은 우리와 달랐다. 나물이라든지 야채 같은 것은 동물들이나 먹는 것으로 생각하고 있었다. 일행 중에 누가 이런 걱정을 했다.

"겨울이 되면 울란바토르에 사는 외국 대사관 직원들이나 주재 상사 가족들은 야채를 못 먹어서 어떻게 살아갈까?"

"몽골에서 신선한 채소를 길러서 판다면 한밑천 잡겠는데, 나도 신문사 그만두고 비닐하우스 농사나 해볼까, 돈 좀 벌게."

이렇게 대꾸하며 우리는 맥주잔을 비웠다.

"몽골에서의 탈출을 축하하며!"

"미래의 비닐하우스 재벌을 위하여!"

호텔에 짐을 풀고 그날 오후는 푹 쉬었다. 날씨가 너무 더웠고, 아침을 거른 채 점심을 먹어서 그런지 식곤증 때문에 아무것도 할 수가 없었다.

저녁에는 중국문물학회 부회장인 나철문 선생에게 전화를 했다. 우리는 몽골 사람들의 생활과 박물관에 전시된 유물들에 대해 이야기하면서 시내의 북경 요리 전문점으로 가서 저녁 식사를 했다. 식사 도중, 나 선생에게 안악까지 가려는 나의 계획을 말하고 사천성문물관리위원회 사람들과 만나게 해달라고 부탁드렸다.

"안악현安岳縣은 시골입니다. 사천성의 성도成都는 큰 도시니까 외국인이 여행하는 데는 크게 불편하지 않을 테지만, 안악현은 아직까지 외국인의 여행이 제한될 겁니다."

이런 청천벽력 같은 소리가 있을까. 내가 사천 지방에 가려는 이유는 수로왕비의 탄생지인 보주普州를 답사하기 위해서다. 보주는 지금의 안악현이다. 수도인 성도에 가서 관광이나 하려고 이 먼 길을 온 것이 아니었다.

"아니, 나 선생님. 외국인 출입 제한이라는 게 뭡니까?"

"잘 아시다시피 우리 중국은 아직 발전도상국 아닙니까? 그래서 외국인에게 관광을 허락하고 무역을 개방하고 있죠. 정부는 북경이나 상해처럼 큰 도시에는 외국인이 드나들어도 괜찮다고 판단하고 있습니다. 그러나 시골로 들어가면 인민의 생활이 근궁하고 비위생적인 데가 많습니다. 그래서 외국인의 신변과 건강을 보호하려는 목적에서 큰 도시 이외의 지역은 외국인의 여행을 통제하는 것입니다. 이해해주시기 바랍니다."

나는 이 말을 듣고 기가 막혔다. 안악은 수십 년을 연구하여 겨우 찾아낸 수로왕비의 고향이고, 그곳을 답사하기 위해 중국과 한국이 수교하기를 애타게 기다렸다. 그런데 정작 가야 할 안악 지방이 갈 수 없는 곳이라니, 이게 무슨 말인가.

"나 선생님, 안악이 외국인 여행 제한 구역이라니 이건 너무합니다. 선생님의 힘으로 어떻게 안 되겠습니까? 특별 보증이라든지 아니면 다른 방법으로라도 제가 안악까지 갈 수 있도록 도와주십시오."

나는 물에 빠진 사람이 지푸라기라도 잡는 심정으로 나 선생에게 간곡하게 부탁했다. 그런데 나 선생의 대답은 시원치 않았다.

"중국 사회주의 통제체제가 살아 있는 한 힘든 일입니다. 성도에 가셔서 박물관과 도서관을 둘러보시면 우선 필요한 연구 자료가 나오지 않겠습니까. 그런 다음에 때를 기다려 안악 지방을 답사하러 가면 어떨까요?"

"나 선생님, 저는 그렇게 시간이 많은 사람이 아닙니다. 학교에 매여 있는 몸입니다. 학기 중에는 강의 때문에 꼼짝 못 하고 방학 때나 되어야 외국 여행을 할 수가 있습니다. 그래서 이렇게 더운 여름에 오게 된 것입니다."

"그럼 내년에 다시 한 번 와보시죠. 그래도 안 되면 후년에 가봐도 될 것이고, 김 선생은 아직 젊지 않습니까. 천천히 기다리세요. 그동안 다른 걸 연구하면서."

과연 나 선생은 중국인다웠다. 만만디[曼曼的]라는 대륙성 기질이 바로 이런 것인가보다. 내년에 다시 오라니, 말도 안 되는 소리다. 내년에 다시 온다고 해서 안악 지방 여행 허가가 나오리라도 누가 보장한단 말인가. 목적지를 바로 눈앞에 두고 그냥 돌아설 수는 없었다. 나는 속으로 어금니를 깨물었다. 어떻게 해서라도 이번에 안악 지방을 답사해야만 한다. 거기 가서 그 지방 역사를 연구하는 사람을 만나야 한다. 또 혹시 살아 있을지도 모르는 허씨족의 후손을 그곳에서 확인해야 한다.

전인미답의 처녀봉을 오르는 등반가가 봉우리까지 다가가서 막 정상을 밟으려는 순간 기후가 급변하여 등정을 포기해야만 하는 입장이 그때의 나의 심정이었다. 그러나 아무리 그렇다 해도 어떤 등반가가 정상을 포기하고 돌아설 수 있으며, 어떤 역사 연구자가 역사의 현장을 찾아갔다가 체제니 조직이니 하는 그 나라의 사정으로 그냥 귀국한단 말인가.

나 선생과 헤어져 호텔에 돌아온 나는 일행인 김광언 교수와 이 문제를 의논했다. 김 교수는 그 이야기를 듣더니 농담을 했다.

"거 참, 잘 됐다. 지금 텔레비전에서 내보내는 일기 예보를 보니 사천 지방의 내일 온도가 섭씨 40도라고 합니다. 섭씨 40도가 얼마나 더운지 아쇼? 뜨거운 목욕탕 물의 온도요. 그런 날씨에 몇 시간이나 버티려고 사천에 간다는 거요?"

"알았어요, 그만하시구려. 지구상에 기온이 40도가 넘는 곳이 어디 한두 군데요? 인더스 문명지인 모헨조다로 유적을 답사했을 때 오후 3시 기온이 섭씨 50도였어요. 그래도 나는 죽지 않고 지금까지 살아 있지 않습니까?"

"사실은 온도도 온도지만 더 꺼림칙한 것은 그 외국인 여행 제한 아니오? 괜스레 가지 말라는데 부득부득 우겨서 갔다가 이 나라 공안

당국에 붙잡히면 김형은 어떻게 되겠소? 이 나라가 어떤 나라요? 사회주의로 문을 꽉 닫아걸고 외국인과의 접촉을 극도로 제한하는 나라 아니오? 지금 한국 사람에게 관광 비자를 준다고 해도 자기네 이익상 주는 것뿐이지. 자기네에게 불리한 데까지 외국인에게 보여주고 싶지는 않을 것 아니오? '여행 규정 위반한 한국 교수 추방' 이런 신문 기사의 주인공이 되고 싶소?"

이 일은 누구와 의논할 문제가 아닐 성싶었다. 혼자 결정해야 될 일 같았다. 속이 상해 뱃속이 부글부글 끓어오르는 것을 참으며 그 날 밤을 지냈다.

다음 날 아침, 나는 결단을 내렸다. 북경으로 온 이상 일단 성도로 가봐야겠다는 결심을 한 것이다. 성도에 가서 나 선생 말대로 박물관과 도서관에서 자료를 구해보고, 기회를 봐서 안악까지 다녀와야겠다고 생각을 굳혔다.

1990년까지 서울에서 중국에 오는 비자를 한 번 받으려면 얼마나 복잡한 과정을 거쳐야 하는지 모른다. 신원 조회를 새로 하고, 안기부에서 실시하는 교육을 받아야 하며, 외무부에서 공산 국가 여행 허가를 받아야만 했다. 중국 측에서 입국 비자를 주는 게 까다로운 것이 아니라 한국 측에서 중국 여행 허가서를 주는 데 까다롭게 구는 것이었다. 또 사회주의 국가 여행 허가도 일회용이었다. 그런 짜증나는 과정을 거쳐서 중국에 온 것이다. 그러니 일단 중국에 온 이상 목적을 달성하지 않고 그냥 돌아갈 수는 없는 노릇이었다.

'좋아, 일단 가보자.'

이렇게 결심하고 나니 마음이 후련해졌다. 일행에게는 비밀로 했다. 여행사로 가서 성도행 비행기 표를 샀다. 별로 비싸지 않은 호텔을 여행사에서 예약해주었다. 나 선생에게 전화하여 내가 성도까지만 간다는 것을 알렸다.

좌절된 보주행

호텔 방에 돌아와 나는 얼른 샤워를 마치고 일찍 잠자리에 들었다. 내일의 출진出陳을 위하여 에너지를 축적하기 위해서였다. 눕자마자 깊은 잠에 빠졌다.

한밤중에 잠이 깼다. 추워서 깬 듯했다. 에어컨을 켜놓고 벌거벗은 채 잠이 든 것이다. 뱃속이 차갑고 아팠다. 나는 얼른 에어컨을 끄고 담요를 잘 덮고 누웠다. 그래도 배가 계속 아팠다. 할 수 없이 또 일어나 벽장을 뒤져 여분의 담요를 꺼내 포개 덮었다. 몸이 조금 따뜻해지는 듯했다. 눈을 감고 다시 잠을 청했는데도 배는 여전히 아팠다. 뭐가 잘못된 것이 분명했다. 배를 내놓은 채 잠이 든 것이 잘못이었다. 후회스러웠지만 이젠 어쩔 도리가 없었다. 두 손을 아랫배에 대고 통증이 가라앉기를 기다렸다. 한참이 지났건만 통증은 점점 심해졌다. 시계를 보니 새벽 2시였다.

큰일이 생긴 것이다. 예감이 이상했다. 의사를 부르면 좋겠지만 이 시각에 어떻게 부를 수 있겠는가. 게다가 여기는 중국이다. 중국에서는 환자가 발생하면 어떻게 하나? 구급차가 있을 것 같지 않았다. 통증은 점점 심해졌다. 아픈 것을 참느라고 진땀났다. 나는 일어나 불을 켰다. 거울에 내 얼굴이 비췄다. 고통으로 일그러진 모습이 보기에 민망했다.

더위를 식히느라고 옷을 벗은 채 누워 있었던 것이 후회스러웠다. 위경련이었다. 나는 짐 속에서 세면도구 쌈지를 꺼내 상비약들을 찾았다. 아스피린 몇 알과 소화제가 있었다. 화장실로 가서 소화제 한 움큼을 털어놓고 따뜻한 물을 마셨다.

30분쯤 아픔을 참고 기다렸다. 소화제 효과가 나타날 때까지 기다렸지만, 통증이 덜해지는 기미는 안 보였다. 만리타향에서 한밤중에 위통으로 고생하게 될 줄이야 누가 알았겠는가.

사실 외국에 갈 때마다 감기약·소화제와 함께 우황청심환이나 진통제 등은 기본적으로 갖고 다녔다. 그래서 이번에도 짐 속에 약들이 있으리라고 생각한 것이 잘못이었다. 약 주머니를 확인하지 않고 그대로 세면도구 속에 집어넣고 왔더니 정작 필요한 진통제가 없는 것이다. 개똥도 약에 쓰려면 없다는 속담은 바로 이런 경우를 두고 하는 말일 것이다.

한 시간쯤 더 버티다가 나는 할 수 없이 옆방 동료들을 깨울 수밖에 없었다. 동료들은 한밤중에 일어나 약을 찾는다, 나를 주무른다 하며 난리를 치렀다. 한참 동안 법석을 부리고 나니 통증이 좀 가라앉은 듯했다. 나는 다시 잠이 들었다.

잠결에 전화 벨 소리가 들렸다. 눈을 감은 채 더듬더듬 전화를 찾으려는데 수화기가 잡히지 않았다. 눈을 떠보니 날이 밝아 있었다. 머리가 무겁고 어지러웠다. 수화기를 들었다.

"여보세요."

"좀 어떠세요?"

"어휴, 어지러운데요. 어젯밤이 약이 너무 독했나봐요."

약이 독한 게 아니었다. 몸이 불덩이같이 뜨거웠다. 일어날 수가 없었다. 눈을 뜨면 천장이 기우뚱거리는 것처럼 보였다. 지독한 몸살에 걸린 모양이었다.

하지만 나는 7시쯤 일어나야 했다. 성도행 비행기 출발 시각이 12시이므로 늦어도 9시에는 호텔에서 떠나야 했기 때문이다. 나는 젖먹던 힘까지 다해 일어나 옷을 입었다. 세수를 하려고 물을 틀었는데 물이 그렇게 차가울 수가 없었다. 억지로 양치질을 하고 고양이 세수 하듯 눈곱을 닦고 나서 신발을 찾아 신으려고 몸을 굽혔다. 그런데 그 순간 나는 그만 푹 고꾸라지고 말았다. 정신이 몽롱해졌다. 그러고는 기억이 없었다.

신은 나의 보주 답사 계획을 외면했다. 그래서 나를 북경에서 쓰러뜨린 것 같았다.

사천 지방 답사를 포기한 후 나는 침통한 심정으로 서울로 돌아왔다. 한 번 여행으로 두 가지 목적을 이루기는 힘들다는 것을 경험한 셈이다. 돌 하나로 두 마리 새를 잡는다는 건 행운일 뿐이지. 아무에게나 그런 행운이 따라주는 건 아니었다.

순진한 아내에게 고생스럽고 비위생적인 탐사 과정을 자세하게 말할 필요는 없었다. 그래서 몽골에서 있었던 고생이나 북경에서 쓰러진 일에 대해서는 일언반구도 하지 않았다.

몽골에 다녀온 학술 기행문은 그해 가을에「조선일보」에 연재했다. 필자 세 명이 교대로 기사를 썼다. 분야별로 집필하기 때문에 크게 힘들지는 않을 것이라는 당초의 예상과는 반대로 원고가 쉽게 써지지 않았다. 신문 연재는 우리 모두 처음이었다. 마감 시간이 다가오면 더욱더 생각이 떠오르지 않아서 모두 힘들어했다.

신문 기자들은 사건의 내용을 짧게 요약해서 독자들에게 전달하는 기술이 있다. 하지만 대학교수들은 그런 훈련을 받은 적이 없는데다가 학술 기행은 지명·용어·연대 등이 확실해야 하므로 확인 작업에 시간이 많이 소요되었다.

40회에 걸친 몽골 학술 기행이 끝나는 동안 마감 시간이라는 스트레스가 나를 심하게 괴롭혔다. 그런데 연재가 끝나기도 전에 신문사에서는 두 번째 학술 조사를 기획하고 있었다. 그 무렵에는 몽골 탐사의 후유증은 회복되어 있었다. 힘든 일정이지만 경비 걱정 없이 여러 나라를 조사할 수 있다는 매력 때문에 거절할 수가 없었다.

나는 또다시 떠나기로 마음을 굳혔다. 출발 시기는 겨울 방학 때로 잡았다. 그러니까 6개월 만에 다시 출국하게 된 것이다. 기간은 한 달이 넘는 장기 여행이었다. 이번 계획에 대해서는 출발이 임박할 때까지 아내에게 말하지 않았다. 떠나기도 전에 아내를 설득하느라 정신적 에너지를 소모하기는 싫었다. 떠나기 3일 전까지 입을 다문 채 출발 일을 기다렸다.

정복할 수 없는 땅

이번에 조사 지역으로 선정된 곳은 남아시아였다. 예로부터 우리나라와 부분적이지만 문화적 관계가 있을 거라고 생각되는 지역을 학술 조사반이 직접 답사하기로 한 것이다. 조사반은 민속학자 김광언, 도자기 전문가 윤용이, 탐험가 윤명철, 고고학자 나, 그리고 신문기자 두 명으로 구성되었다. 책임자로 선임된 나는 조사 지역을 결정해야 했다.

이라크의 메소포타미아 문화, 인도의 인더스 문화, 인도네시아의 여러 섬과 오키나와에 이르는 광활한 지역을 조사하기로 계획을 세웠다. 그러나 메소포타미아 지역 이라크에 전운이 감돌고 있어서 안타깝지만 이라크 쪽은 제외했다.

1991년 1월,

조사는 인도에서부터 시작되었다. 나는 이 기회에 아요디아를 다시 답사하기로 작정했다. 지난번에 다녀온 이후 꼭 5년 만에 아요디아를 다시 찾게 된 것이다. 다행히 겨울이라 지난번처럼 날씨 때문에 고생하지 않아도 될 듯 싶었다. 무슨 일이든지 처음 해볼 때보다는 두 번째가 익숙한 법이다. 아요디아에 가는 것도 두 번째라서 처음보다 훨씬 준비를 잘 했다. 우선 아요디아에 숙소를 예약해두었다. 지방 정부가 경영하는 깨끗한 손님용 숙소를 빌렸고, 아요디아 박물관장이 직접 우리를 안내할 수 있도록 연락을 취해놓았다.

아요디아 박물관장 가우르 람 카차 씨의 안내를 받으며, 나는 아요디아의 역사와 문화에 대하여 더욱 깊은 신비에 휩싸이게 되었다.

"아요디아라는 말은 '정복할 수 없는 땅'이라는 뜻입니다. 이 땅의 주민들은 석가모니가 탄생할 때(기원전 6세기경)쯤에 코살(Kosal 또는 Kosala)이라는 나라를 세우고 있었답니다. 그때 인도는 마가다국·간다라국 등 열여섯 개의 나라로 분열되어 있었답니다. 마우리아 왕조가 이들 나라를 통일하고 이후 숭가 왕조에 이르렀을 때, 북쪽에서 쿠샨이 침입하여 아요디아 지방도 쿠샨의 지배를 받게 되었습니다. 이것은 기원전 1세기 때의 일입니다. 그 바람에 이 지방을 지배하던 아요디아의 사제계급과 왕족들이 하루아침에 쫓겨나게 되었습니다."

쿠샨이란 세력은 중국사에 등장하는 귀상貴霜으로, 오늘날의 중앙아시아에 자리 잡고 있다. 이들은 중국 서부 지방인 감숙甘肅·청해靑海 일대에 살고 있던 흉노의 한 갈래인 월지족[月氏族](대월지[大月氏])과 깊은 관계가 있었다. 흉노의 세력이 강건하여 중국의 한나라를 위협하던 시절에는 중국도 흉노와 화친을 맺어야 했다.

그러나 중국이 본격적으로 흉노 토벌 정책을 펴기 시작한 무제武帝(기원전 140~87년 재위) 때부터 서쪽으로 이동한 흉노 일파가 대월지인데, 이들이 오늘날의 카자흐스탄과 아프가니스탄 지방에 이르러 토착 세력을 통치했고, 토착 세력이 다시 일으켜 세운 것이 '쿠샨'이라고 학계가 주장한다. 아무튼 쿠샨은 옛날의 박트리아·간다라 지방으로 세력을 확장해나가는 과정에서 현지 주민들의 종교인 불교가 그들의 생활 철학이 되었고, 이런 연유로 카니시카 왕(2세기) 때는 최초로 불상이 조각되어 간다라 미술이 꽃피게 된 것이다.

중국에서 일어난 한나라와 흉노의 대립이 결국 인도의 아요디아에까지 영향을 주었으니, 일파만파 현상이 아닐 수 없다. 그 결과 아요디아 사회는 붕괴되고 새로운 쿠샨 사회가 성립되었다. 아요디아에 살던 상층 계급들은 쿠샨 세력이 밀려 내려오고 난 후에는 어디로 갔을까? 아요디아의 지배계급과 지식인들도 쿠샨의 침략을 피해 어디론가 옮겨 갔을 것이다. 그들은 쿠샨의 침입 경로 반대쪽으로 피신할 수밖에 없었을 것이다. 쿠샨이 서쪽과 북쪽에서 침입했으니 아요디아인의 피난 방향은 동쪽과 남쪽이었을 것이다.

우리는 아요디아에서 힌두교 사원들을 방문하면서 인도 문화와 역사에 대하여 아주 많은 지식을 얻게 되었다. 그중 하나가 바로 물고기에 대한 지식이다. 인도인에게 물고기는 매우 신성한 동물이다.

또 힌두교에서 파생한 자이나Jaina교에서도 스물한 개의 주신主神 중 하나로 어신魚神을 모시고 있다. 라마교 사원에서는 물고기를 여덟 가지 상서로운 신물神物 중 하나로 취급하고 있다. 오늘날 티베트와 몽골의 라마교를 통하여 팔보八寶 중에는 일곱 번째로 쌍어를 모시는 것을 몽골과 네팔에서도 직접 본 적이 있다.

이쯤 생각해보니 쌍어를 상징으로 쓰는 신앙 집단은 매우 여러 가지 뿌리가 있고, 그 뿌리들은 얽히고설켜 있어서 어느 것이 가장 오래된 뿌리인지 찾아내기 힘들 것 같았다. 그래도 힌두교 지역에 살던 사람들의 물고기를 숭배하는 사상이 불교·자이나교, 라마교 등 다른 종파로 가지를 친 것으로 대략 생각이 정리되었다.

바브라 이슬람 사원 앞에 이르렀을 때 수백 명의 시위대를 만났다. 전국에서 모인 힌두교인들이 라마의 사원 터를 이슬람교도에게서 되찾기 위해 열심히 구호를 외치고 있었다. 시위 군중의 숫자는 많지 않았지만, 표정들이 험악하고 구호를 외치는 소리 또한 격렬하여 금방 폭동을 일으킬 것만 같았다. 5년 전에 왔을 때도 비슷한 소요가 있었는데 이번에도 그런 사태가 벌어지고 있었다.

한 텁석부리 노인이 나서서 시위 군중을 진정시키느라 애를 쓰고 있었고, 흥분한 군중들은 그 노인이 만류하는데도 이슬람 사원 쪽으로 밀려가고 있었다. 우리 일행이 시위 군중을 따라가려는데 무장 경찰이 바로 우리를 저지했다. 그때 아까 그 노인이 우리 쪽으로 다가왔다. 바로 '맛다바나 차리아' 박사였다.

이 노인은 아요디아 힌두교단의 총지도자로 지난번에 내가 아요디아에 왔을 때 찾아뵌 적이 있다. 그는 전보다 몸이 더 비대해졌고, 턱수염도 많이 희어져 꼭 신선 같아 보였다. 우리는 오랜만의 만남을 기뻐할 여유가 없었다. 그날의 상황은 그만큼 긴박했다. 성난 군중은 점점 난폭해져 곧 방화나 파괴행위가 일어날 것 같은 순간이었다.

"파국으로 가지 말아야지, 지나치면 인명이 다쳐요. 사원들이 파괴되어서도 안 되고."

노인은 근심어린 표정으로 나를 보며 말했다.

무장 경찰이 시위 군중을 진정시키기만을 바랄 뿐이었다. 이 아름다운 힌두교 사원들이 파괴되면 안 된다. 더군다나 쌍어문이 그려진 사원들의 대문들이 무너져서는 절대로 안 된다고 나는 속으로 부르짖었다. 이 문화재들은 인도인만의 것이 아니다. 인류 공동의 정신적 재

자동차 번호판에 그려진 쌍어 : 활과 화살을 가운데 놓고 쌍어가 밑으로 받치고 있는 모습이다.

쌍어문 배지(위)와 이것을 모자에 단 인도 경찰(아래)

산이기 때문이다.

날이 저물어서야 비로소 시위 군중은 흩어졌다. 천만 다행한 일이었다.

다음 날 러크나우로 돌아온 나는 새로운 현상을 발견했다. 길거리를 오가는 자동차들의 번호판에 이곳 유피 주의 문장이 아주 작게 그려져 있었다. 활과 화살을 가운데 놓고 쌍어가 밑으로 받치고 있는 모습이었다. 그림이 너무 작아서 나는 그동안 이 쌍어를 미처 알아보지 못한 것이다. 쌍어는 릭샤에도 그려져 있었다. 이곳 공무원들과 경찰들의 제복 단추에도 새겨져 있었고, 경찰 모자의 배지에도 있었다. 다시 말해 유피 주 도시 전체에 쌍어문이 넘쳐흐르고 있는 것이었다.

무엇이 이들로 하여금 쌍어와 함께 살게 했을까? 그들의 건물에, 차에, 옷에, 모자에 그려진 쌍어들은 이 사람들의 생활에서는 빼놓을 수 없는 정신적 요소인 것이 분명하다. 자세히 알아보니 쌍어는 유피 주의 주장州章이라고 했다.

유피 주는 인도 전체로 보면 북쪽에 있다. 현재 주도州都는 러크나우지만, 옛날에는 아요디아가 중심지였다. 그러면 쌍어문은 옛날 코살국 때부터 이 지역의 상징물이었을 가능성이 있어 보인다.

풀려가는 수수께끼

미지의 세계를 찾는 것은 매우 즐거운 일이다. 히말라야에 가까이 간다는 흥분 때문에 델리에서부터 카트만두까지 한 시간 남짓 비행하는 동안 우리는 줄곧 히말라야 산에 대한 이야기만 했다.

네팔은 인구 1,800만 명이 대부분 농업에 종사하는 평화의 땅이다. 힌두교 신자가 98퍼센트이고, 종족은 사할족·라나족·구룽족 외에 소수 산악족으로 셰르파족이 있다. 현재의 왕은 경제권을 쥐고 있는 라나족 출신이라고 한다. 네팔의 문화와 고대 미술사 자료를 얻기 위하여 나는 우선 미스라 박사를 찾았다. 미스라 박사는 20년전 로마에서 나와 함께 문화재보호학교(ICOROM)에 다닌 동창생이다. 미스라는 네팔고고국考古局 소속의 고고학자로 석가모니의 탄생지인 카필라(현재 지명 룸비니) 유적을 발굴한 실력자다.

다음 날 우리는 안내인을 통하여 고고국 전화번호를 알아내어 미스라와 통화할 수 있었다. 꼭 20년 만에 만난 우리 두 사람은 기뻐하며 잠시 지난날을 회고했다. 네팔에 오게 된 이유를 설명하자 미스라는 다음 날부터 나를 여러 박물관과 사원으로 안내했다. 그 덕분에 유명한 파탄 사원을 구경했고, 힌두교 방식의 화장 절차도 확인하는 등 매우 소중한 문화 요소들을 배우게 되었다.

힌두교 국가인 샤카국의 수도 카필라성城에서 싯다르타 왕자가 태어났다. 싯다르타는 청년 시절부터 인도주의적 생각에 젖어 출가하여 득도함으로써 그의 사상이 불교의 기초가 되었다. 석가모니라는 존칭은 싯다르타가 탄생한 나라 이름인 '샤카'와 스승이라는 뜻의 '무니'가 합쳐진 것이다. 불교가 힌두교에서 파생된 만큼 힌두교에서는 불교를 힌두교의 한 종파로 생각하며, 붓다를 힌두교의 한 성인聖人으로 숭앙한다.

미스라가 발굴한 석가의 탄생지는 룸비니라는 곳에 있었다. 전 세계 불교도들의 성금으로 지금 한창 성역화 사업이 추진 중이라고 했다.

카트만두에서 우리가 박물관에 도착한 날은 한 시간 일찍 문을 닫는다고 했다. 다행히 미스라의 도움으로 무리 없이 박물관을 구경할 수 있었다. 힌두교 신상神像을 돌로 깎아 만든 조각들은 과연 세계적인 미술품들임에 틀림없었다. 나는 그 미술품들의 훌륭함에 감탄하며 조각들을 오랫동안 살펴보았다.

  우리가 전시실에서 나오자 수위가 대문을 닫았다. 대문에는 아름다운 천연색 그림이 그려져 있었다. 들어갈 때는 문이 열려 있어서 못 보았는데, 문이 닫히자 그 그림을 보게 된 것이다. 매우 복잡한 그림들의 조합이었다. 화병과 소라 등이 있었고, 물고기 두 마리가 마주 보는 상태로 좋은 화병 속에 들어 있었다. 가까이 가서 살펴보니 완벽한 쌍어문이었다.

  "미스라, 이 그림들은 무얼 의미하는 건가?"

  "우리 네팔에는 이런 그림이 아주 많다네. 가정집 대문에도 붙어있지. 힌두교의 여러 신물神物들을 모아놓은 그림일세. 나는 상징 연구가가 아니라 잘 설명할 수가 없군. 하지만 네팔의 조각과 문양을 연구하시는 선배 학자가 계시니, 그분께 여쭈어보면 자세히 설명해주실 걸세."

  문양을 연구하는 분이라면 전문적인 해석이 나올 것이다. 나는 한껏 기대에 부풀었다.

히말라야의 신 쿠베르 신神

다음 날 미스라와 나는 호텔에서 아침 식사를 함께 한 뒤 그 노학자를 찾아갔다. 그분은 카트만두 교외에 살고 있었다. 네팔은 산악 국가이고, 계곡을 따라 이어진 비탈에 사람들이 살고 있다. 우리가 찾아간 집도 언덕에 의지하여 지은 작은 목조 건물이었다. 그 집 대문에도 어제 박물관에서 본 것처럼 쌍어문이 아주 산뜻하게 그려져 있었다.

미스라가 대문 옆에 달려 있는 줄을 잡아당기자 안에서 절렁절렁하는 소리가 울렸다. 아주 토속적인 초인종이었다. 안에서 한 젊은 부인이 문을 열었다. 미스라가 뭐라고 얘기하자, 그 부인은 안으로 들어갔다. 아마 주인에게 손님의 내방을 알리러 간 것 같았다. 잠시 후 부

네팔의 문에 새겨진 쌍어 : 네팔은 라마교를 통하여 팔보八寶 중에서 일곱 번째로 쌍어를 모신다.

인이 나오더니 우리를 안으로 안내했다.

좁은 계단을 통해 2층으로 올라가니 일흔이 넘어 보이는 노인 한분이 일어서서 우리를 맞이했다. 두꺼운 털옷을 입고서도 추운지 계속 손을 비볐다. 신색身色으로 보아 노환에 걸린 사람 같았다. 나는 우선 명함을 내밀고 찾아오게 된 동기를 설명했다. 앞에서 미스라가 네팔어로 통역했다.

노인은 일생 동안 네팔고고국의 연구원으로 재직했다고 한다. 지금은 집에서 네팔 미술사를 집필 중인데 가끔 인도나 파키스탄의 전문 잡지에 네팔 미술에 관한 기사를 쓴다고 했다. 미스라가 나를 소개했다.

"저명한 분이 이 누추한 곳에 사는 초라한 학자를 찾아주셔서 영광입니다. 우선 제가 아끼는 차를 만들었으니 드십시오."

저명한 교수는 아닌데 미스라가 나를 과장해서 소개한 모양이었다.

"저명하기는요, 저는 초심자입니다. 선생님의 친절한 가르침을 받으러 왔습니다."

내놓은 차가 맛있다고 했더니, 노인은 떨리는 손으로 놋쇠로 만든 차 주전자를 기울여 또 한 잔을 따라주었다. 노인은 표정으로 보아 매우 기뻐하고 있었다. 은거하고 있는 학자를 외국인이 찾아와서 무언가 배우려고 한다는데 기뻐하지 않을 사람은 없을 것이다. 나는 은퇴한 선배 교수들을 가끔 찾아뵐 때마다 공통점을 발견한다. 그 하나가 은퇴생활에서 느끼는 소외감 때문에 누가 찾아오거나, 무얼 물어보느라고 전화를 하면 무척 기뻐하고 반가워한다는 것이다. 반대로 애제자나 후배 교수가 무관심하면 섭섭해한다.

네팔의 노학자는 그날 마냥 기뻐했다. 아까 대문을 열어준 부인은 며느리였다. 그 며느리는 우리가 그 집에 머무는 오전 내내 차 심부름, 음식 심부름으로 바빴다.

노학자는 대문의 그림을 이렇게 설명했다. 그림은 모두 여덟 가지 요소로 구성되어 있었다. 붓다의 신체 요소들이었다.

1. 매듭(끝없는) : 심장
2. 연꽃[蓮花] : 평화
3. 깃발[旗] : 권위
4. 항아리[壺] : 붓다의 몸통
5. 부채 : 어깨
6. 무로긱 두 마리 : 붓다의 눈
7. 우산 : 모자
8. 소라 : 입

이 여덟 가지 요소는 네팔 신화에서 유래한 것이다. 네팔의 영산靈山인 히말라야의 주신主神은 쿠베르Kuber다. 쿠베르는 신 중의 신으로 모든 신의 세계를 장악한다. 쿠베르가 아끼는 여덟 가지 보배가 바로 아까 설명한 여덟 가지 요소를 상징하는 것이다. 신화에 등장하는 이런 요소들을 한 가지 그림으로 조합한 것은 5세기 때의 불교 미술에서 처음 나타나며, 이 조합 그림의 불교적 의미로는 바로 붓다[佛陀]의 화신化身이다. 따라서 그 그림 내용물 하나하나는 붓다의 눈(쌍어雙魚) · 심장(매듭) · 몸(항아리) · 어깨(부채, 깃발) · 입(소라) · 모자(우산) · 의복(연꽃)을 의미한다.

김해 수로왕릉의 비각에도 꽃과 화병의 조합 그림이 있다. 네팔의 조합 그림을 자세히 살피다 수로왕릉의 화병 모습과 매우 유사한 것을 깨닫고 나는 매우 놀랐다. 수로왕릉의 그림은 소라·깃발·쌍어가 생략되어 있었으나 전체 구도는 기본적으로 같았다. 묘한 일이었다.

김해 수로왕릉의 비각에 그려진 꽃과 화병 : 네팔의 화병도 수로왕릉의 화병 모습과 매우 유사하다.

노인의 설명이 끝났다. 두 시간 넘게 자세한 강의를 듣고 나니 속이 후련했다. 10년 체증이 시원하게 뚫리는 것 같았다. 이처럼 간단명료한 설명으로 요약할 수 있는 것을 찾아서 나는 세계의 이곳저곳을 헤매고, 이 사람 저 사람을 붙들고 묻고 다닌 셈이었다. 진작 네팔에 왔어야 하는데, 기나긴 세월을 허비한 것이 안타까웠다. 그러나 지금이라도 그 그림의 뜻을 알게 되었으니 얼마나 다행인가.

나는 감사한 마음으로 준비해 간 인삼차 한 상자를 선물로 내놓고 노인과 작별했다. 노인은 대문까지 따라 나와 우리를 전송하면서 자기 집 대문에 그려진 그 그림을 또 한 번 친절하게 설명해주었다. 나는 다시 머리 숙여 인사를 했다.

"부디 장수하시길 빕니다. 네팔 미술사 연구를 완성하시도록 멀리서나마 기원하겠습니다. 안녕히 계십시오."

카트만두로 돌아오는 차에서 미스라가 나를 돌아보며 말했다.

"킴, 아주 행복해 보이는데."

"물론이지, 행복하고말고."

"아주 좋은 학술 자료를 얻었으니 오늘 저녁은 자네가 사게."

"암, 사고말고. 네팔에서 제일 좋은 식당에서 푸짐하게 사겠네. 자네는 술도 안 마시니 경비도 얼마 안 들 테니까, 허허……."

미스라는 이탈리아 유학 시절에도 술은 한 잔도 입에 대지 않았다. 물론 종교적 이유 때문이라고 한다.

그날 저녁 우리는 카트만두 시내의 한 중국 식당에서 오랜만에 포식했다. 네팔은 내륙국이라서 해산물이 귀했고 종교적인 이유로 이곳 사람들은 어류를 먹지 않았다. 그날 일행은 해삼탕을 아주 맛있게 먹었다. 신앙심이 두터운 미스라는 볶음밥 한 그릇만 먹고 다른 음식은 거들떠보지도 않았다. 우리는 중국술을 시켜 마셨지만, 미스라는 오렌지 주스 한 잔을 마셨을 뿐이다.

걸프전쟁

1991년 1월 17일, 이라크에서 걸프전이 발발하여 새벽에 일어나지 않을 수 없었다.

전쟁이 터지자 당장 모든 유럽행 비행기 편이 취소되었다. 네팔에 있던 수많은 유럽인들은 매우 당황했다. 언제 비행기가 떠날지도 모르는 상태에서 그저 호텔에 묵고 있을 수밖에 없었다. 여비가 떨어진 청년들은 호텔 로비에서 침낭 속에 들어가 잠을 자기도 했다. 행동파들은 재빨리 자동차 편으로 인도로 들어가 거기에서 유럽까지 가는 방법을 찾겠다며 속속 떠났다. 산유국에서 전쟁이 났으니 또 에너지 파동이 오지 않을까 걱정이 되었고, 당장 그날부터 우리가 전세 낸 자동차가 올지 안 올지도 걱정이었다.

전쟁 반발 소식을 듣고 미스라가 아침부터 우리 호텔에 왔다. 혹시 우리가 출국할 비행기가 결항한다거나 비행기 편수가 줄어들 경우를 걱정해서였다.

"킴, 혹시 출국하는 데 어려움이 생기면 어떡하지?"

"걱정 말게. 한국으로 돌아갈 길이 막히면 카트단두에서 전쟁이 끝날 때까지 있어야지 어쩌겠나. 여비 떨어지면 자네 집에서 좀 묵게 해 주게. 여기 한참 있으면서 네팔 미술사를 공부할 수 있다면 좋겠네."

"그야 사정이 그토록 악화되면 우리 집에 와서라도 지내야지. 대학 교수가 무슨 돈이 있다고 비싼 호텔에 오래 있을 수 있겠나?"

미스라의 말은 진심이었다. 우리는 로마 유학 시절에 펜션에서 손바닥만 한 다락방에서 고생하던 경험이 있다. 그러나 만일 전쟁이 장기화하고 네팔까지 그 영향이 미쳐 비행기가 뜨지 못하는 불상사가 오래 계속된다 해도 옛날 기분으로 돌아가 악조건 속에서 견딜 마음의 준비는 되어 있었다.

"카셈이라고 기억나나, 미스라? 바그다드에 살고 있을 텐데."

"기억나고말고. 그 친구는 지금쯤 미군의 폭격에 어떻게 견디는지 궁금하네그려."

우리는 옛날 동창생의 기억을 떠올리며 걱정했다. 카셈이란 친구는 유별난 반미주의자였다. 월남전에서 수많은 민간인이 죽어가는 책임이 미국의 패권주의 때문이라고 역설하던 그였다. 그런 카셈의 나라 대통령인 후세인이 남의 나라와 전쟁을 일으켰으니 패권주의를 혐오하는 그의 심정은 어떨까. 매우 복잡할 것이다.

미스라와 나는 카셈의 처지를 걱정하며 유학 시절 카셈이 즐겨 마시던 독한 에스프레소 커피를 마셨다. 나는 사실 독한 커피보다 거품이 많이 나는 카푸치노를 더 즐기지만, 그날은 어쩐지 에스프레소를 마시지 않을 수 없었다. 불안한 심정 때문이었을 것이다.

이날 저녁 카트만두 시내는 몹시 술렁였다. 외국 관광객만 불안해하는 게 아니라 네팔인들도 전쟁 소식에 불안해하는 눈치가 역력했다. 시내의 많은 가게들이 문을 닫았다. 기념품 가게들은 문을 열었지만 물건을 싸게 팔아치우고 있었다. 등산용품 가게에 갔더니 배낭·안경 등을 평소의 반값에 팔고 있었다. 나는 프랑스제 중고 등산용 안경 하나와 스위스제 칼을 싸게 샀다. 모두 히말라야 등정을 온 산악인들이 셰르파에게 주고 간 물건들이 시장에 나온 것이라고 했다. 그 물건의 원래 주인들은 누군지 모르지만 나도 히말라야 등정을 해보고 싶은 사람 중 한 사람으로서 히말라야의 정신이 깃들어 있는 물건이라도 하나 사진 않고는 네팔을 떠날 수 없을 것 같아서였다.

또 다른 가게에서는 그림을 두 장 샀다. 실크에 그린 그림인데 하나는 히말라야 연봉連峰이었고, 또 하나는 터번을 쓴 힌두교도가 민속 악기를 연주하는 것이었다. 히말라야 그림은 산악인 친구에게 주려고 샀고, 다른 하나는 민속 악기를 수집하는 나 자신을 위한 것이었다.

다음 날 오후, 우리는 태국 항공편으로 카트만두를 떠날 수 있었다. 제신諸神들의 고향인 눈 덮인 히말라야 봉우리들을 내려다보면서 그동안 등정 도중에 꽃다운 생명을 바친 용기 있는 젊은이들의 영혼을 마음속으로 위로했다. 귀국 후 여행 가방을 풀어보니 카트만두에서 산 귀중한 그림 두 개가 없었다. 부산한 시간이 지났음을 보여주었다.

독자가 보내온 편지

인도를 다녀온 후 쌍어문과 수로왕비에 대하여 신문에 학술 기행문을 연재했다. 그런데 몽골 학술 기행 때보다 인도가 포함된 해양 학술 기행을 연재할 때 독자들의 반응이 더 뜨거웠다. 특히 수로왕비가 인도 출신이라는 이야기가 옛 가야 땅에서 많이 발견되는 쌍어문이 아요디아에서도 집집마다 그려져 있다는 내용이 독자들에게 큰 흥미를 준 것 같다.

그때 아요디아에서 찍은 젊은 여인의 사진을 함께 실으며 이렇게 생긴 인도 여인이 한국에 시집온 것 같다는 설명문을 붙이자 독자들에게 깊은 인상을 준 모양이었다. 연재 첫날부터 우리 집으로 전화가 오기 시작했다.

"도대체 쌍어문은 무엇을 의미합니까?"

"김수로왕과 허황옥은 미리 약속된 결혼을 한 것이 아닐까요?"

"김해 김씨가 600만 명이나 되는데 김해 김씨의 부계 자손이나 김해 김씨를 모계로 하여 태어난 한국 사람들에게 인도인의 유전인자가 있다는 이야기입니까?"

대개 이런 내용이었다. 심지어 김해 김씨라고 밝힌 어떤 독자는

아요디아의 젊은 여인 : 허황옥도 이런 모습의 여인일까?

학교 연구실까지 찾아와서 허황옥의 고향을 찾아가려면 어떻게 가야 하느냐고 묻기도 했다. 역시 한국 사람들은 족보에 관련된 사건에 예민한 반응을 보이는 민족임에 틀림없다는 생각이 들었다. 한국인의 족보는 세계적으로 유명하다. 영국 귀족들의 보학譜學이 유명하다고 하지만, 한민족처럼 수십 대 위까지 족보를 깨끗하게 정리해놓은 민족은 없다는 이야기가 실감나는 순간들이었다.

신문 연재가 끝나자 여기저기 강연을 다니느라고 바빴다. 회사 연수, 각 사회단체에서 나를 초빙하여 수로왕비의 비밀스러운 이야기를 들으며 재미있어했다.

한번은 김해 김씨 문중의 장로급 인사들의 모임에 초대되어 가서 강연을 했다. 그때 나는 여간 조심스러운 게 아니었다. 왜냐하면 어느 씨족의 조상에 관한 이야기를 자칫하면 엉뚱한 오해를 불러일으킬 우려가 있기 때문이다. 실제로 그런 글을 쓴 사람이나 그런 발언을 한 사람이 큰 봉변을 당하는 경우가 종종 있기 때문이다.

그런데 수로왕비의 본국이라고 생각되는 아요디아 답사에 대한 나의 강연은 의외로 김해 김씨와 김해 허씨 문중에서 인사들에게 열띤 반응을 불러일으켰다.

강연이 끝나자 한 인사가 이런 제의를 했다.

"우리도 어렴풋이 우리의 조상 할머님이 인도에서 오셨다는 건 알고 있었습니다. 김 선생이 직접 아유타국을 찾아가서 조사하고 오신 것에 대하여 박수를 보냅니다. 차제에 우리 문중의 여러분들이 인도에 가서 직접 답사를 할 수 있도록 안내해주시겠습니까?"

그러자 여러 사람들이 이구동성으로 말했다.

"좋습니다, 우리도 한번 가봅시다."

예상 밖으로 대단한 반응이었다. 강연 후에는 여러 사람들이 내게 다가와 명함을 내밀며 종친회 지부 모임에 초청할 테니 강연을 해달라고 부탁했다.

그래서 나는 그다음 달부터 부산·마산 지역으로 강연을 다니느라 바쁜 나날을 보내게 되었다. 강연을 다니면서 나는 한 가지 아쉬움을 느꼈다. 청중들의 관심이 조상의 문제에 국한되어 있었기 때문이다. 사실은 내 피부가 검은 이유를 밝혀보려는 데서 출발한 연구지만, 실제 목표는 한국 민족사 형성의 한 뿌리를 밝히는 데 있었다.

7천만 명이나 되는 큰 민족으로 발전한 오늘날의 한민족이 형성되어 온 과정에 중요한 역할을 한 사람들과 고대 국가들을 일으킨 세력 집단이 이민해 들어온 과정을 밝혀내야 한다. 그런데 청중들의 관심은 보학에 국한되어 있는 듯한 느낌이 들었다. 하루는 어느 신문 독자가 편지를 보내왔다.

저는 대전에 살고 있는 오십대 가정주부로, 김해 김씨입니다. 처녀시절부터 얼굴이 검어서 고민을 많이 했습니다. 그런데 수로왕비에 관한 선생님의 글을 읽고 보니 제 얼굴이 왜 검은지 이유를 알 것 같습니다. 저의 친정아버님은 미남이라는 소리를 듣던 분이신데, 그분도 피부는 검은 편이셨습니다. 시집와서 시댁 식구들이 제 피부색이 검다고 아프리카가 고향이냐고 농담조로 놀려대서 부끄러웠는데, 이제 저는 왕족의 후손임을 알게 되었으니 앞으로 떳떳하게 살아가겠습니다.

대강 이런 내용이었다. 그러니까 우리나라 사람들 중에는 피부색이 유달리 검어서 고민하는 사람이 많은 모양이다. 또 다른 편지에는 이런 기묘한 내용도 있었다.

인도 공주인 허황옥이 한국에 시집와서 김수로왕과의 사이에서 낳은 아들 중에 두 사람에게 허씨 성을 사성했다고 합니다. 그래서 김해 김씨와 김해 허씨가 같은 조상의 자손이라 하여 결혼하지 않는 관습이 생겼다면, 그런 관습이 인도에도 있었는지 궁금합니다. 제가 알기로는 인도에는 카스트(계급제도)가 발달하여 같은 계급끼리만 결혼한다고 하는데 같은 성씨끼리는 결혼하지 않는지 궁금합니다.

이 편지도 여자가 쓴 것이었다. 아마도 동성동본 결혼 금지 같은 관습 때문에 개인적으로 피해를 본 모양이었다.

근친결혼 금지

같은 성性끼리 혼인하지 않는 관습은 아주 오래된 것이다. 예(濊) 나라에서는 동성끼리 혼인하지 않는 관습이 있다는 기록도 있고 유태인들 끼리 결혼 할 때는 테이 삭스병Tay Sachs Disease 이라는 유태인 특유의 대사질환 유전인자 검사를 먼저 한다고 한다.

김해 김씨와 김해 허씨는 혈연적으로 가까운 사이임에 틀림없다. 우리 한국인에게 유대인 같은 유전인자가 있다는 연구 보고는 없다. 하지만 우리나라에도 많은 수의 부전아不全兒가 원인 모르게 탄생하는 건 사실이다. 소아마비·선천성 장애·맹인·정신박약·호흡기 질환 등 불치의 병으로 일생을 힘겹게 살아가는 사람들이 있다. 나는 재직하던 대학의 교직원 몇몇과 함께 부전아 교육기관인 명휘원明暉院 돕기에 참여하고 있어서 이 문제의 심각성을 조금은 알고 있었다.

5부

허황옥의 탄생지

5부
허황옥의 탄생지

진령을 넘어

성도成都행이 좌절된 다음 해 봄에 중국에서 초청장이 왔다. 국립섬서역사박물관을 신축하여 개관 기념 학술회의를 개최하는데 참가해달라는 것이었다. 이 기회에 나는 개관식에 참가하고 나서 안악 지방을 답사하기로 마음먹었다. 이번에야말로 실수 없이 조사를 끝내야 했다.

1991년 6월 17일 월요일, 도쿄에서 떠나 북경으로 가는 중국민항에 예약된 내 좌석은 3등석이었다. 비좁은 자리에서 대륙연구소에 보낼 실크로드 답사 기행 원고를 완성하기 위하여 종이를 꺼내 한 자 한 자 쓰기 시작했다.

한 시간 이상 썼는데도 비행기 소리 때문에 원고가 잘 써지지 않았다.

새로 생긴 중국 대반점이라는 호텔에 도착해 보니 한병삼 씨(국립박물관장)와 이종선 씨(호암미술관 부관장)가 먼저 도착해 있었다. 우리 세 사람은 바에서 위스키를 한 잔씩 하면서 이국에서의 상봉을 기뻐했다. 우리는 서안西安의 국립섬서역사박물관 개관식에 가는 길이었다.

그날 밤은 북경 시내로 외출하여 맛있는 중국 음식을 먹자는 이종선 씨의 제의를 사양할 수밖에 없었다. 원고를 완성해야 했기 때문이다.

원고는 밤 10시가 되어서야 끝났다. 미리 팩시밀리 종이 크기에 맞게 작은 글씨로 썼기 때문에 다음 날 아침 호텔에 있는 비즈니스 센타에 가서 서울로 발송했다.

북경에서 하루 묵고, 다음 날 서안에 갔다. 서안은 1989년에 처음 가봤으니까 이번이 두 번째였다. 공항에는 지난번에도 우리를 안내한 섬서고고국 연구원인 김헌용 씨가 마중 나와 있었다. 2년 만에 다시 만나니 무척 반가웠다. 그때는 우리 일행이 열 명이 넘었기 때문에 서로 전공과 관심이 달라 김씨가 우리를 안내하기가 힘들었다. 그러나 이번에는 국립박물관장과 호암미술관 부관장, 그리고 나밖에 없는 데다 관심이 모두 비슷하여 안내받기가 수월했다.

"잘 있었어? 부인도 안녕하시고?"

나는 김씨와 나이 차가 많이 나서 반말을 하기로 했다. 김씨는 닷새 동안의 회의 일정 중에는 말할 것도 없고 회의 후에도 우리가 불편하지 않도록 세심하게 뒷바라지 해주었다. 나는 우선 비행기 표를 구해야 했다. 이번 회의 일정이 끝나는 대로 성도에 가야 했기 때문이다.

성도는 서안이 있는 섬서성보다 남쪽에 있는 사천성의 수도다. 섬서성은 중국 전체로 보면 북쪽으로 황하를 이루는 북방수계 지역에 있고, 사천성은 양쯔 강을 이루는 남방수계 지역에 있다.

북방수계와 남방수계를 동서로 가르는 산맥으로 진령秦嶺이 있다. 따라서 북방수계 지역의 주 농작물은 밀이고, 남방수계의 주 농작물은 쌀이다. 삼국시대에는 양쯔 강 상류의 촉蜀, 하류의 오吳, 황하 유역을 근거지로 한 위魏가 중국 전체의 패권을 다투던 일을 우리는 잘 알고 있다. 그때의 진령은 매우 넘나들기 힘든 자연 국경이었다.

양쯔 강은 서쪽에서 발원하여 동으로 흘러서 황해로 들어간다. 히말라야 산맥에서 흘러내리면서 청해성·운남성·사천성 등지에서 흘러들어오는 강들과 합류하여 소위 장강이 된다. 큰 물줄기 네 개가 사천성 중경 부근에서 합류한다고 하여 사천四川이라는 이름이 생겼다.

서안 비행장을 떠날 때 김헌용 씨가 배웅했다.

"안녕히 가시라요. 제가 시간이 있으면 성도까지 동행할 수 있겠는데, 아직 손님 두 분이 남아 계시고 또 사무실 일도 뒤처리가 많이 남아서요."

김헌용 씨가 내 손을 잡으며 섭섭해했다.

"염려 마. 혼자 가도 돼. 성도에 연락해두었으니까 걱정할 것 없어. 그럼 잘 있어. 수고했어."

6월 23일 일요일 오후 2시, 섭씨 36도의 폭염 속에 서안 비행장을 떠났다. 2년 전에 와본 그 비행장이 아니라 딴 건물이었다.

서북민항西北民港 2407편은 이륙하자마자 서남쪽으로 방향을 잡더니 금세 산맥을 넘어갔다. 몇십 킬로미터가 넘는 산악지대를 지나갔다. 과연 진령다운 험한 산맥이었다.

성도에서

비행기에서 내려다보이는 사천 지방은 산악지대뿐이었다. 농사를 지을 수 있는 평지는 드물고 야트막한 산들만 가득했다. 마치 우리나라의 산하를 비행기에서 보듯 산들 사이로 작은 강들이 흐르고 있었다.

곧 성도에 도착한다는 안내 방송이 들렸다. 비행기가 점점 고도를 낮추었다. 산자락을 개간하여 만든 밭들이 계단식으로 펼쳐져 있었다. 필리핀은 계단식 논으로 유명한데 여기는 논이 아니고 밭이었다. 한 달만 가물어도 농사를 망칠 수밖에 없는 지형이었다.

좀 더 낮은 곳에는 개울물이 모여 강이 된 곳도 보였다. 강물은 누런 황토 빛이었다. 아마 엊그제 비가 많이 온 모양이었다. 계곡을 막아 저수지를 만들어놓은 것도 보였다. 꼭 한국의 산하를 보는 것 같았다.

성도 비행장에 도착하여 땅을 밟는 순간 화끈한 열기가 솟아올랐다. 서안에서는 기온은 높았어도 습도는 낮았다. 그런데 성도는 습도가 높아 무척 무더웠다. 짐을 찾기 위해 건물 내부에서 10분쯤 기다렸다. 그 짧은 동안에도 숨쉬기가 불편할 만큼 덥고 공기가 나빴다. 게다가 독한 담배 연기가 끈끈한 공기에 섞여 불쾌감을 상승시켰다.

가까스로 짐을 찾아 밖으로 나와 택시를 잡으려고 두리번거렸다.

하지만 택시처럼 생긴 자동차는 한 대도 보이지 않았다.

'어떡하나, 마중 나온 사람도 없고 타고 갈 택시도 없으니……. 내가 잘못했지, 서안에서 호텔을 예약할 때 안내인과 자동차를 부탁하는 건데.'

혼자 속으로 후회했지만 해결책이 없었다. 버스라도 있다면 타고 들어가야 할 형편이었다. 노선은 모르지만 일단 시내로 들어가면 택시를 잡을 수 있을 것 같았다.

"택시?"

한 젊은이가 내게 물었다. 그 사람의 거동을 살펴보니 택시 운전사 같기도 하고 아닌 것 같기도 했다. 그런데 차를 갖고 있지 않았다.

"그래, 택시 있어요?"

내가 한국말로 물었다. 이 젊은이가 영어를 할 것 같지도 않을 뿐만 아니라 택시라는 말은 세계 공통어이니 한국말 아니라 아프리카 말이라도 택시라는 말만 들으면 충분히 의사가 통할 것은 뻔한 일이다. 그랬더니 젊은이가 "예스, 택시" 하는 것이다. 택시가 있다는 말이 분명했다. 차를 이리 끌고 오라고 손짓을 했더니 젊은이는 안 된다고 손을 내저었다. 그러고는 내 가방을 끌고 가면서 자기를 따라오라고 손짓을 했다. 미심쩍었지만 따라가지 않을 수 없었다. 우선 그 자리에 버티고 있어봤자 택시가 올 것 같지도 않은 데다 오후 4시의 뙤약볕 아래서는 더 이상 버틸 수도 없는 일이었다.

나는 절에 간 색시처럼 그 청년이 가자는 대로 건물을 끼고 돌아가서 옆 건물 뒤에 있는 낡은 승용차에 올라탔다. 차 안도 매우 더웠다. 차가 움직여 창문으로 바람이 들어와도 덥기는 마찬가지였다.

온몸이 땀에 젖어서 끈적거렸다.

"젱뚜[成都], 진장[錦江] 호텔."

젊은이는 알았다는 듯이 고개를 끄덕였다.

"도 샤오(얼마요)?"

이 차가 택시가 아닌 것은 분명했다. 그러니까 택시 표시도 없고 공항 택시 정류장까지 들어오지 못하고 건물 뒤에 숨겨놨다가 나같이 어수룩해 보이는 외국인 여행자를 하나 찾아 태워다주고 택시 요금의 몇 배나 받을 것이 분명했다. 그러니까 미리 요금을 정해놓아야 했다. 그랬더니 운전하던 젊은이가 나를 돌아다보며 히죽 웃었다. 그러고 다시 앞만 보며 운전했다. 조금은 불안했지만 호기심도 생겼다.

진장 호텔은 지은 지 오래 된 건물이었다. 차에서 짐을 내리고 나서 물었다.

"도 샤오(얼마냐)?"

"원 헌드레드 위안."

아니 백 원元이나 부르는 게 아닌가. 기가 막혔다. 그때 중국 돈 300원은 미국 돈 100달러에 해당했다. 따라서 중국 돈 100원이면 미국 돈 30달러가 넘는 액수이고 중국 대학교수의 한 달 월급만큼이나 되는 돈이었다. 30분쯤 차를 태워주고 그만큼의 요금을 내라는 중국 젊은이의 태도가 너무 괘씸했다. 택시 30분 타고 2만 원이 넘는 돈을 내야 한다니, 말도 안 되는 일이었다. 나는 어처구니가 없어서 호텔 도어맨에게 이렇게 말했다.

"비행장에서부터 여기까지 타고 왔는데 중국 돈 100원을 달라고 한다. 그 값이 적당한가? 조금 비싼 것 같은데."

도어맨이 깜짝 놀라는 눈치였다. 도어맨의 생각으로도 너무 비싼 액수였을 것이다. 도어맨이 운전사에게 중국말로 뭐라고 이야기하자 청년의 태도가 금세 수그러지는 듯했다. 도어맨은 매일같이 많은 외국인을 상대하면서 이런 일을 자주 경험했을 것이다. 상식적으로 보아도 요금이 너무 심하다고 느꼈는지 도어맨은 웃으면서 3달러만 주라고 했다. 나는 3달러를 꺼내 그 젊은이에게 주고 1달러를 더 얹어주었다. 그랬더니 젊은이는 면구스러운 듯 그냥 받아쥐고 차를 몰고 떠났다.

방에 들어가 샤워를 하고 나니 좀 살 것 같았다. 냉장고를 열어보니 청도 맥주가 있었다. 맥주를 한 잔 마시니 상쾌했다. 이제부터 본격 탐사에 들어간다고 생각하니 만감이 교차했다.

님의 고향

난 기어코 성도에 온 것이다. 작년에 몽골 지방 답사를 마치고 일행과 헤어져 성도로 떠나려고 했다. 그때는 일행이었던 김광언 교수가 극구 말렸다.

"북경도 이렇게 더운데 남쪽인 사천 지방은 더 더울 것 아니오? 그 더운 데를 하필이면 왜 여름에 간단 말이오? 다음 기회에 가도록 허슈."

사실은 2주일이나 그 사나운 풍토의 몽골 지방을 답사하고 나서 기진맥진하여 위경련과 몸살이 난 상태였다. 거기서 다시 뜨거운 남중국 쪽으로 내려간다는 게 조금은 불안했다.

지난 1년 동안은 내게 아주 긴 시간이었다. 수십 년 동안 생각해온 문제들이 하나씩 풀려나가 내심 쾌감은 있었지만, 최후의 마무리인 현장 답사를 못한 것이 못내 아쉬웠다.

강의를 하면서도 문득문득 '보주' 땅이 궁금했고, 걸어가면서도 물고기 두 마리가 눈에 어른거려 마주 오는 사람과 부딪치기 일쑤였다. 나는 완전히 환자가 되었다. 허황옥을 사모하는 상사병 환자였다. 이 병을 고치는 묘약은 그 여인이 태어나서 살던 고향을 찾아내는 일밖에 없었다. 그래야만 이 병이 나을 수 있었다. 어느 누구도 이 병은 고쳐줄 수가 없었으며 오직 나 자신만이 이 중병을 고칠 수 있었다.

지금 나는 허황옥의 고향을 찾아 여기까지 온 것이다. 결전을 앞둔 병사처럼 흥분되었다. 내일부터 치러낼 일들이 잘 풀리지 않으면 그토록 오랜 세월을 보내며 키워온 허황옥에 대한 동경이 한여름 밤의 꿈처럼 나를 실망시킬지도 모른다. 눈을 감고 깊은 생각에 잠겼다. 깊은 바다 속으로 가라앉는 듯했다.

"따르릉"

전화 벨 소리에 눈을 떴다. 의자에 앉은 채 깜박 잠이 들었나보다. 시계를 보니 7시였다. 밖은 아직도 햇빛이 쨍쨍했다.

"여보세요."

"네, 누구십니까?"

"저 박명실입니다. 잘 도착하셨군요."

내가 도착했는지 확인하는 박 여사의 전화였다. 박 여사는 작년에 우리 학교의 조흥윤 교수가 이곳에서 연구 자료를 수집할 때 많은 도움을 준 분이다. 그래서 성도로 오기 전에 서안에서 박 여사에게 전화를 했건만, 마침 부재중이어서 할 수 없이 김헌용 씨가 나 대신 박 여사와 통화하기로 했었다.

박 여사는 중국 태생 조선족으로 사천성 외사처外事處 부처장이라는 높은 직함을 갖고 있었다. 남편은 중국인으로 티베트 담당 공무원이라고 했다. 박 여사는 평양은 물론 서울에도 다녀왔다는 인물이다.

"연락해주셔서 대단히 고맙습니다. 바쁘실 테니 오늘은 오지 마세요. 내일 만나서 제 계획을 말씀드릴게요. 내일 오시기 전에 한국말 할 줄 아는 사람하고 자동차 한 대를 전세 낼 수 있는지 알아봐주세요. 자동차는 안악까지 다녀와야 하니 한 사흘은 빌려야 할 것 같습니다."

전화를 끊고 나자 일이 순조로운 것 같은 예감이 들었다. 곧 안도감과 함께 시장기가 엄습했다. 시원한 반팔 셔츠를 하나 걸치고 일층으로 내려가 식당을 찾았다. 식당은 2층이었다. 올라가 보니 중국식과 서양식이 함께 있는 뷔페식당이었다. 술도 파느냐고 물으니 술은 없단다.

'고대하던 허황옥의 고향을 찾아와서 처음 식사를 하는데 한잔의 축배가 없어서야 너무 삭막하지 않은가. 또 여기는 중국 3대 요리 중 하나인 사천 요리의 고향이 아닌가. 조금 맵지만 북경 요리, 광동 요리보다도 사천 요리가 내 입에 당긴다. 그러니 명주名酒는 아닐지라도 무슨 술이라도 한잔 하면서 즐겨야 할 텐데 술이 없다니 이 무슨 해괴한 일이란 말이냐!'

그런데 궁하면 통한다고, 식당에 술이 없다니까 서안에서 들고 온 짐 속에 술이 있다는 게 생각났다. 김헌용 씨가 공항에서 종이 봉지에 싼 술 한 병을 내 손가방에 넣어준 것이다.

"이거 서봉주西鳳酒야요. 김 선생님이 약주를 좋아하시는 것 같아서 선물하는 거요. 사천에 가서 조금씩 드세요."

김씨의 월급에 비하면 아주 비싼 술이지만, 나는 선선히 받았다.

내게도 위스키 한 병이 있었지만 거절하기에는 그 술맛이 너무 좋았기 때문이다.

나는 방으로 올라가서 여행용 술병에 서봉주를 가득 따라 담았다. 뒷주머니에 술병을 넣고 다시 식당으로 내려왔다. 이름도 모르는 잡채와 볶은 국수 등을 한 접시 담아 와서 자리를 잡고 앉았다. 먼저 물컵에 서봉주를 가득 따라놓으니 투명한 비찰이 술빛인지 물빛인지 알 수가 없었다.

"자, 한잔 듭시다."

듣는 사람도 없고 마주 앉아 잔을 부딪치는 사람도 없이 혼자서 축배를 들었다. 독작獨酌이란 바로 이런 경우를 두고 한 말일 것이다. 달마 스님은 중국 사람에게 불교의 철리哲理를 일깨워주기 위해서 벽을 보고 7년이나 앉아 있었다고 한다. 그런 경지까지는 몰라도 벽을 보고 앉아 혼자서 위스키 한 잔 정도 즐길 여유는 내게도 있다. 사유 세계가 깊었던 달마 스님도 면벽독작面壁獨酌의 맛은 몰랐을 것이다.

식당 안에는 사람이 많아서 시끌시끌했다. 성도는 티베트로 가는 관문이다. 따라서 미국인·유럽인·일본인들이 단체로 와서 제각기 자기네 말로 떠들어대면서 식사를 하는데, 한국인은 나 혼자뿐이었다. 군중 속의 고독이 바로 이런 경우일 것이다.

영국에서 기숙사 생활을 할 때였다. 식당에 가면 수많은 영국 학생 중에 동양인은 나 혼자뿐일 때가 많았다. 나는 그때도 항상 군중 속의 고독을 느끼며 식사를 했다. 나는 혼자 술잔을 들고 듣는 이 없는 허공에다 대고 중얼거렸다.

"허황옥을 위하여, 마음속의 나의 님을 위하여!"

술이 독해서 금세 취기가 올랐다. 취하니까 가족 생각이 났다.

신라의 스님 혜초慧超는 인도를 여행하고 나서 그 유명한 『왕오천축국전往五天竺國傳』을 남겼다. 혜초는 그 책에 여행이 얼마나 고달픈지, 고향 신라(계림鷄林)가 얼마나 그리운지 구구절절 기록해놓았다. 지금 나의 심정은 혜초가 인도를 여행할 때와 같다고나 할까.

하지만 몇십 년 걸려서 겨우 찾아낸 허황옥의 고향을 찾아가는 나는 심신이 고단하기도 했지만, 짜릿한 쾌감도 있었다. 대학 시절부터 시작된 나의 탐구는 이제 기나긴 여정의 후반을 바라보며 다가가고 있었다. 며칠 후면 그리던 님의 고향을 찾게 될 것이다.

님의 고향

오랫동안 사모하던
마음속 님의 고향
그곳이 아마 여기런가.

지금 님이 없더라도
섭섭지 않아
님의 발자취는 남았으리.

머리 빗 하나
비단신 한 짝이라도
볼 수 있으리.

캄캄한 어둠

사랑의 호롱불 비추며

찾아가는 님의 고향.

성도의 첫 날 밤은 꿈으로 뒤척이며 보냈다.

천의天衣 나부끼는 선녀들이 날아가다가 바다에 가라앉는다. 물고기들이 떼를 지어 그녀를 감싼다. 선녀들이 물고기들과 어울려 헤엄친다. 선녀들의 천의는 어느덧 물고기의 지느러미가 된다. 선녀들이 인어가 된다. 인어들이 나의 양손을 주둥이로 붙들고 물 위로 오른다. 오른쪽 물고기가 나를 보며 웃는다. 그 얼굴이 여인의 얼굴이다. 왼쪽 물고기도 나를 보며 웃는다. 그 얼굴도 여인의 얼굴이다. 나는 두 인어 사이에 있는가보다.

밤새 꿈을 꾸다 새벽 6시에 눈을 떴다. 아직 칠흑같이 어두웠다. 창문을 열고 밖을 내다보았다. 어둠 속에는 중국인들이 자전거로 출근하는 모습이 보였다. 중국 최대의 교통수단인 자전거가 어찌나 많이 움직이고 있던지 큰 파도가 넘실거리는 듯했다. 어둠 속에서 수많은 자전거가 움직이는 모습은 장관이다. 시베리아 벌판의 야생 순록들이 절기를 따라 이동하는 장면을 비행기에서 내려다보는 것과 흡사하다.

식당으로 내려가 중국식 죽을 한 그릇 마시고 나니 한결 나았다.

밥에다 물을 붓고 푹 끓인 쌀죽은 중국 어디를 가도 먹을 수 있는 보편적인 아침 음식이다. 기름에 튀긴 중국 빵을 죽에 찍어 먹으면 훌륭한 해장이 된다. 김치를 곁들였다면 더욱 맛있는 식사가 되었을 것이다.

마침내 보주 땅으로

9시 반에 딱 박 여사가 도착했다. 사십대 여인으로 계란형 얼굴이었다. 인사를 나누고 내가 이곳을 찾아온 목적을 상세하게 설명했다.

"고대 한반도에 가락국이란 나라가 있었습니다. 수로왕이 시조인데 그 부인인 허황옥은 아유타국 공주라고 우리나라 역사책인 『삼국유사』에 씌어 있습니다.

아유타국은 옛날 인도의 갠지스 강에 있던 도시 국가입니다. 수로왕은 성이 김씨인데, 아유타국 공주와의 사이에서 자손이 많이 나서 오늘날 수백만 명에 이르는 김해 김씨와 김해 허씨의 조상이 되었습니다.

가락국의 국장國章은 쌍어문雙魚紋입니다. 그런데 우연인지 몰라도 그 쌍어문이 인도의 아유타국 고지故地인 아요디아에서 많이 발견되고 있습니다. 그러니까 한국의 가락국과 인도의 아요디아는 역사 기록뿐만 아니라 고고학적으로도 깊은 관계가 있어 보입니다.

그런데 왕후의 시호가 보주태후普州太后입니다. 보주가 그 사람의 출신지를 이야기하는 것 같아서 보주를 찾아보았더니, 인도 땅이 아니라 바로 이곳 사천성 안악의 옛 이름이라는 걸 알게 되었습니다.

그래서 혹시 허황옥이 가락국에 시집온 서기 48년쯤에 중국의 사천 지방, 곧 그 당시 촉蜀 땅에서 무슨 정치적 사건이 있지 않았나 해서 중국 역사책을 찾았죠. 그랬더니 놀랍게도 후한後漢 때인 서기 47년에 촉 땅인 남군에서 토착 민족이 한나라 중앙 정부에 대항하여 반란을 일으킨 사건이 있었고, 반란은 한군漢軍에 의하여 진압되었습니다. 이때 반란의 주동자들은 모두 체포되어 강하江夏 지방, 곧 오늘날의 무한武漢으로 강제 이주되었습니다.

　그로부터 50년 후에 또 토착 민족이 반란을 일으켰다가 그 주모자가 한군에게 항복했습니다. 그 주모자의 이름은 허성許聖이라고 적혀 있습니다. 이로써 촉 땅에 살고 있던 토착 사회에 지도자급 인사로서 허씨 성을 가진 사람이 있었다는 게 밝혀진 셈이지요.

　『후한서』에는 '허許'는 성씨가 아니라 세습되는 직업 무사라고 적혀 있습니다. 반란의 주동자인 허성은 소수 토착민 사회에서 정신적인 신앙 지도자였다는 것이 밝혀진 셈이지요. 따라서 허황옥은 첫 번째 반란이 실패했을 때 강제 이주당한 지도자급 가계家系의 한 여인인 모양입니다.

　그들은 정착지인 양쯔 강 중류의 무한 지방을 거쳐 양쯔 강을 따라 상해 지방으로 간 다음 바다를 건너 한반도 김해의 가락국에 도착한 것 같습니다. 허황옥 일행은 촉 땅, 곧 보주를 떠나 꼭 1년 만에 가락국에 도착한 것이지요. 보주 출신의 허황옥이 가락국에 와서 왕비가 되어 살다가 죽자 고향의 이름을 따서 시호를 보주태후라고 붙인 것으로 생각됩니다.

　이번에 제가 보주 땅에 직접 가보려는 것은 혹시 옛날 반란 사건에 관한 지방사地方史를 연구하는 사람이 있는지, 허씨에 관계되는 물증이 있는지 알아보기 위해서입니다. 이 이야기는 중국사의 입장에서 보면 하찮은 사건이지만, 한국사를 연구하는 입장에서 보면 우리 한민족 구성 과정의 큰 샘물줄기 하나를 새롭게 찾아내는 일입니다.

　그래서 저는 오랫동안이 문제를 추적해왔고, 이제 마지막 단계로 보주 현지를 직접 답사하려는 것입니다. 박 여사께서도 조선족이시니까 이 문제의 중요성을 이해하시겠지요. 잘 도와주시길 부탁드립니다."

박 여사는 나의 장황한 설명에 고개를 끄덕이며 마시던 우롱차烏龍茶 잔을 두 손에 든 채 잠시 눈을 감았다 떴다. 그러고는 잠시 후 말했다.

"그러면 김 선상님, 왜 보주 땅에서 살다가 한국으로 간 사람이 자기 고향을 인도의 아유타국이라고 했습네까?"

"글세, 저도 그게 가장 큰 의문으로 남아 있습니다. 혹시 그 허씨 집단이 이끌던 소수 민족 전체가 원래 인도에서 살다가 사천 지방으로 이주해 온 사람들이 아닐까 생각합니다. 그들은 사천 지방에 와 살면서도 아유타국 시절과 같은 신앙생활을 하며 살았던 것 같고, 자기네들을 아유타국 사람들이라고 불렀을지도 모르지요. 마치 조선시대에 하와이로 농업 이민을 간 사람들의 후손들이 지금 미국에 살면서도 자기네들을 조선 사람이라고 부르는 것과 똑같은 현상이 아닐까 생각합니다."

우리가 이런 대화를 나누고 있을 때, 고문 선생이 호텔에 11시쯤 도착했다. 고 선생은 내가 중국에 올 때마다 신세를 지는 나철문 선생의 소개로 왔는데 여기서 꼭 만나 뵈어야 할 분이다.

고 생선에게 서울에서 준비해 온 인삼차 한 상자를 드리고, 사천에 온 목적을 설명했다. 통역을 하던 박 여사는 조금 전에 내가 그간 연구해온 과정을 자세히 들었으므로 고 선생에게 내 의견을 잘 요약해서 전하는 것 같았다. 고 선생은 그의 명함에 다음과 같이 씌어 있듯이 문화재 관한 한 사천 지방에서는 가장 경륜이 깊은 칠십대의 노학자다.

전사천성국가문물국장前四川省國家文物局長

사천성문물공작지도위원회 부주임四川省文物工作指導委員會 副主任

사천성문물감정위원회 부주임四川省文物鑑定委員會 副主任

중국한화연구회 부회장中國漢畵研究會 副會長

중국전포학회 사천분회 부회장中國錢布學會 四川分會 副會長

박여사도 한국에서 온 학자가 중국 사천성에서 이름 석 자만 대도 알아주는 전문가를 북경에서 소개받고 온 데 대하여 내심 놀라는 기색이었다.

나철문 선생과 나는 중국이 외국인에게 문호를 개방하기 훨씬 전인 1970년대부터 문화재 관계의 국제회의가 있을 때마다 방콕이나 시드니 같은 제3국에서 만났기 때문에 잘 아는 사이였다.

그래서 내가 처음 북경에 갔던 1989년부터는 나 선생의 신세를 많이 지고 있었다. 나 선생 댁도 몇 번 방문한 적이 있어서 그 가족들과도 잘 알고 지내는 처지다.

그 후 나는 내가 연구 책임자로 있던 '황해 연안 환경과 문화 연구 심포지엄'을 한국에서 열 때 그를 다른 중국 학자들과 함께 서울에 초청하여 그동안의 신세를 조금이나마 갚은 적이 있다. 그때 나 선생에게 사천에서 내 연구에 도움을 줄 인사를 찾아달라고 부탁하여 소개받은 분이 고문 선생이다.

고문 선생은 아주 선선히 자기의 지식과 경험을 들려주었다.

"마침 광동廣東 지방으로 출장 가는 길이어서 긴 이야기는 못 드리겠습니다. 사천성 도서관 고서부古書部에 가시면 『속수안악현지續修安岳縣誌』나 『원화군현도지元和郡縣圖誌』 상하권이 있을 테니 한번 찾아보십시오. 김 선생이 원하는 내용을 찾을 수 있을지 모르겠습니다. 거리가 150킬로미터나 되고 길이 좋지 않은 데가 많으니 하룻밤 자고 와야 할 겁니다. 다행히 그곳에 빈관賓館(여관)이 하나 있으니 전화로 예약을 해보세요. 또 안악에는 현지편찬위원회縣誌編纂委員會가 있으니 현지를 출판했을지도 모르겠군요. 그걸 하나 구하시면 많은 도움이 될 겁니다. 만약 현지를 출판하지 않았더라도 보주에 관한 자료는 얻을 수 있을 겁니다."

역시 어려운 문제를 해결하려면 전문가를 만나야 풀리는 것 같았다. 고문 선생의 충고대로 나는 그날 박 여사의 도움을 받으며 도서관을 찾아가 일부의 자료를 구해냈다. 다음날 안악에 갈 준비로 자동차 한 대와 통역 한 사람을 구했다.

1년 전에는 외국인 출입 제한 지역이었던 안악이 이제는 아무나 갈 수 있게 되었다는 사실에 나는 얼마나 기뻤는지 모른다.

출입 제한이 아직 안 풀렸어도 어떻게 해서든 들어가야만 했는데, 이제 점령군 장군처럼 정정당당하게 안악에 갈 수 있게 된 것이다.

보주를 향하여

도서관과 서점에 들렀다. 호텔에 돌아오니 몸은 온통 땀으로 범벅이 되고, 사지가 파김치처럼 축 늘어졌다. 샤워를 한 다음 서점에서 사온 사천성 지도를 펼쳐놓고 내일 아침 찾아갈 지점을 확인했다.

저녁은 호텔 방에서 주문해 먹었다. 사천식 국수와 야채를 곁들인 것인데 매콤하여 내 입맛에 꼭 맞았다. 반주로 서봉주에 사이다를 섞어서 마셨더니 덜 독하여 두 잔이나 마셨다. 텔레비전에서는 「황하黃河」라는 드라마를 반영하고 있었다.

잠자리에 일찍 든 탓인지, 아니면 안악에 간다는 흥분감 때문인지 새벽 4시에 눈이 뜨였다.

드디어 허황옥의 고향을 향해 떠나는 것이다. 한국의 김해에서 시작하여 인도를 거쳐 마침내 중국의 안악을 향해 떠난다는 생각에 가벼운 흥분을 느꼈다. 여기서 150킬로미터 떨어진 곳이니까 가는 데 꽤 오래 걸릴 것이다. 도로 사정이 좋은 곳이라면 두세 시간이면 충분한 거리지만, 여기는 고속도로가 있는 곳도 아니며 도로 포장 상태도 기대할 수 없는 곳이었다. 게다가 안악은 작년까지만 해도 외국인 출입금지 지역이었고, 시골 읍이나 군 정도의 행정 단위여서 비포장도로가 있는지도 모른다. 그런 사정에 대비하여 어제 사천성 외사처에서 내준 승용차를 사양하고 지프차로 바꾸어달라고 했다. 오후에 지프차가 나왔다. '베이징 지프Beijing Jeep'라고 씌어 있었다.

"어드레요 김 선상님, 이 자동차가요, 승용차만 못하지요. 아까 그 운전사가요, 안악까지 가자믄 승용차론 어렵대요. 그래 말해가지고 이 차로 했시오."

지프차가 의외로 깨끗했다. 중국에는 군대에서 쓰던 포장 씌운 소련제 지프차가 대부분인데 이 차는 미국제 '체로키' 지프를 중국에서 조립한 것이었다. 어쨌든 에어컨까지 달린 고급 지프차가 나오리라고는 기대하지 않았다.

짐을 싸기 시작했다. 큰 가방과 신사복 등은 모두 호텔에 남겨두고, 하루나 이틀 밤을 지내기에 필요한 물건만 챙겼다. 등에 메는 등산용 가방에는 내복·양말·세면도구·비상약·위스키 한 병을 넣고, 어깨에 메는 가방에는 카메라 두 대와 렌즈·필름·지도·나침반·줄자·배터리·칼 등을 넣었다.

새벽이 희미하게 밝아오는 7시에 우리는 떠났다. 일행은 중국인 운전사와 통역을 맡은 이천석 씨와 나까지 세 명이었다.

지프차는 자전거의 파도를 뚫고 시내를 벗어나 지방 도로를 탔다. 포장된 도로가 대부분이었으나 군데군데 파손된 부분이 많아 속력을 낼 수가 없었다. 뿐만 아니라 도로 폭이 좁아 앞에서 오는 차가 있으면 시속 10킬로미터 이하로 속도를 줄여서 가야만 가까스로 두 차가 부딪치지 않고 지나갈 수 있는 형편이었다.

두어 시간 가서 잠시 쉬게 되었는데 마침 가게가 있어서 음료수를 살 수 있었다. 목이 말라서 오렌지 주스를 달라고 손가락으로 가리켰더니 시골 가게의 여주인이 오렌지 주스를 꺼내 주는데 뜨뜻했다. 삼복더위에 시원한 음료를 마셔야 제맛이 날 텐데 뜨뜻한 음료를 마시다니 우스운 일이지만 나는 아무 불평 없이 마시기로 했다.

'나는 지금 보주를 향해 가는 중이다. 허황옥의 고향을 찾아가는 사람이 음료가 차갑지 않다고 불평해선 안 된다. 그런 건방진 생각을 하면 부정을 탈지도 모른다. 공들여 겨우 찾아오게 된 보주를 눈 앞에 두고 더운밥 찬밥 타령을 하면 안 된다.'

나는 이렇게 마음속으로 다짐하면서 미적지근한 음료를 꿀떡꿀떡 삼켰다.

12시가 넘어가는데도 우리 차는 목적지에 도착하지 못했다. 아침 일찍 떠나느라고 식사를 제대로 못 했으므로 운전사와 이 선생이 시장할 것 같아서 길가의 간이음식점 앞에 일단 차를 세웠다. 그리고 튀긴 닭고기와 야채 프라이로 요기를 하면서 맥주 한 병을 시켜 마셨다.

이번 맥주는 다행히도 찬 우물에 담가놓은 것이라 시원했다.

"어떻습네까, 매운 사천 음식이 입에 맞습네까?"

이 선생이 내게 물었다.

"아 그러믄요, 아주 맛있습니다. 한국에서도 저는 좀 맵게 먹는 편이어서 중국집에 가면 꼭 고추기름을 달래서 음식을 찍어 먹습니다. 이 닭고기도 아마 고추기름에 튀겼거나 튀기고 나서 고추기름을 바른 것 같은데요."

"입에 맞으신다니 다행입네다. 허긴 김 선상님은 세계 여러 나라를 다녀보셨을 테니까 이런저런 음식을 다 맛보셨을 것이외다."

대충 요기를 하고 서둘러 떠났다. 오후 2시가 넘었다. 폭염이 내리쬐고 있었다. 지프차 뒷자리에 앉아서 오랫동안 문을 꼭 닫은 채 에어컨을 켜고 달리니까 머리도 아프고 귀도 멍멍했다. 피곤과 식곤증이 겹쳐서 옆자리의 이 선생이 무어라고 하는데도 말소리가 귀에 들어오지 않았다.

깜빡 졸다가 눈을 떴는데 차가 언덕을 오르고 있었다.

"여기가 안악입니다."

시계를 보니 2시 반이었다. 일곱 시간 반이나 걸려서 겨우 목적지에 도착한 셈이었다. 언덕 위에 성문 같은 게 있었다. 그 문을 들어서니 저 아래로 안악 시내가 내려다보였다.

안악은 작은 강을 끼고 있는 분지였다. 주위의 작은 산들이 둘러막고 있어서 옛날에는 강을 따라 나 있는 길과 강물을 이용한 수운水運으로 사람들이 통행하거나 물건을 운반했을 것으로 보였다. 시내에는 별로 사람이 없었다.

옛날 목조 건물 사이로 요새 지은 우중충한 콘크리트 건물들이 뒤

섞여 있었다. 목조 건물은 상업 주거용이고 콘크리트 건물은 공공건물이라고 이 선생이 설명해주었다. 더위에 지친 사람들이 그늘에 앉아서 모처럼 나타난 신식 자동차를 내다보고 있었다. 이상하게도 길거리에는 사람들이 잘 보이지 않았다. 쨍쨍 내리쪼는 불볕이 사람들을 모두 질식시켜놓은 것 같았다. 도무지 몇만 명의 인구가 살고 있는 도시 같지가 않았다.

"먼저 초대소招待所에 가서 짐을 내리지요."

이 선생이 말했다.

"그보다도 먼저 안악현지편찬위원회로 가는 게 좋을 것 같은데요. 조금 있으면 사람들이 퇴근할 시간인데 그 전에 누구라도 만나보려면 일부터 보고 나서 짐은 나중에 풉시다."

희망은 깨어지고

우리 차의 운전사가 겨우겨우 물어 현지편찬위원회를 찾아냈다. 사무실은 검은 벽돌집 안에 있는 것 같았다. 명청明靑 때 지은 현청縣廳 건물인 모양으로 아주 낡은 집인데, 입구에는 '안악현지편찬위원회'라는 간판이 걸려 있었다.

건물은 'ㅁ'자 모양으로 둘러 막혀 있었는데 3층이었다. 안으로 들어가보니 넓은 안마당을 가운데 두고 주위로 방들이 있었다. 아무 인기척이 없어 복도 쪽을 살펴보니 컴컴한 데서 노파 한 분이 의자에 앉아 부채를 부치고 있었다. 그 옆에 누렁개 한 마리가 엎드려 졸다가 인기척에 놀라 고개를 쳐들고 우리를 보았다.

노파는 우리를 보고서도 지친 표정으로 계속 부채질만 하고 있었다. 개는 다시 엎드려 눈을 감았다. 무슨 돌림병 같은 괴질이 돌아서 모두 죽어 나간 도시에 내가 와 있는 것 같았다. 아니 무슨 도시가 이런가. 무슨 현지편찬위원회가 이런 데 있단 말인가. 나는 실망하지 않을 수 없었다. 이런 곳에 와서 내가 과연 무엇을 찾을 수 있을지 난감했다.

옛날의 공공건물을 민간인들에게 나누어 빌려주었기 때문에, 한 방에 한 가구씩 사는 살림집들과 한 층에 하나씩밖에 없는 화장실을 공동으로 쓰는 집단 주거지 안에 현지편찬위원회는 있었다.

위원회라면 큼직한 사무실과 회의실을 갖추고 있을 것으로 생각한 나의 기대는 이미 건물 입구에서부터 무너졌다. 게다가 겨우 사무실을 찾아 문을 열고 들어갔을 때 우리를 맞이한 노인은 러닝셔츠 바람으로 맨발에 슬리퍼를 신고 있었다. 세 평 남짓한 작은 방에 책상 하나와 책장 하나뿐인 사무실을 보면서 나의 기대는 이제 정말 와르르 무너지고 있었다.

"편찬위원회에서 일하시는 분을 만나러 왔습니다."

"제가 여기서 일하는 사람입니다."

"아 그러십니까? 저는 성도에서 온 이천석이구요, 이 분은 한국에서 오신 교수님입니다. 연구 자료가 필요해서 여기 위원장님을 만나 뵈러 왔습니다. 혹시 연락이 될까요?"

"내가 위원장입니다."

"아 그러십니까? 실례했습니다. 저희들은 한나라 때 이 지방, 곧 옛날 보주 땅의 지방 역사를 연구하고 있는데, 당시의 역사를 잘 아시는 분을 만나 뵙고 싶어 찾아왔습니다."

노인이 권하는 나무 의자에 앉아서 내가 찾아온 목적을 설명했다.

"글쎄요, 안악의 역사 연구에 관심을 가진 분들이 한두 사람 있습니다만, 한나라 때의 역사만을 연구하시는 분은 없습니다."

이야기는 점점 더 재미없게 진행되고 있었다. 아무래도 안악에서는 아무것도 얻을 수 없을 것 같은 느낌이 들었다. 그래도 혹시나 하여 물었다.

"그러면 『안악현지』는 출판되었습니까?"

"아직 자료를 모으고 있는 단계입니다만, 워낙 연구하시는 분이 없어서 힘이 드는군요. 그런데 무엇 때문에 한국 분이 하필이면 이 지방사에 관심을 갖고 계십니까?"

마침 그때 엽차가 나왔다. 무더운 방 안에서 뜨거운 엽차를 홀홀 불어가며 나는 촌로에게 수로왕의 탄생과 허황옥과의 결혼, 쌍어문 때문에 밝혀지게 된 인도 아유타국과 가락국 간의 고고학적 관계를 설명했다. 그리고 중국에 와서 만나는 사람마다 몇 번씩이나 반복한 이야기, 곧 허황옥이 시호가 보주이고 촉 땅에서 일어난 허성의 봉기 사건을 찾아내게 된 경위를 또다시 장황하게 설명했다.

"그래서 말입니다, 위원장님. 한나라 때의 역사를 연구하시는 분이 안 계신다면 안악 지방에서 발견된 고고학 유물을 모아놓는 곳이라도 한번 찾아가보면 좋겠습니다. 혹시 옛날 기왓장이나 비석 같은 데 이렇게 생긴 쌍어문이 있는지 찾아보고 싶습니다."

나는 가방에서 한국과 인도에서 찍은 쌍어문 슬라이드를 꺼내 노인에게 보여주었다. 노인은 책상 서랍에서 두꺼운 확대경을 꺼내더니 슬라이드를 햇빛에 비추면서 천천히 살펴보았다.

"글쎄요, 이 지방에서 가끔씩 그런 것들은 사천문물국에서 가져가니까 아마 성도에 있는 사천문물국이나 사천박물관에서 찾아보셔야 할 것 같습니다."

이건 무슨 탁구공이 된 느낌이었다. 성도의 고문 선생은 안악에 가서 찾아보라고 했는데, 정작 안악에 오니 성도에 가보는 게 나을 것 같다니, 이쪽에서 치면 저리 가고 저쪽에서 치면 다시 이리와야 하는 신세가 된 셈이다.

갑자기 처량한 생각이 들었다. 여기에서도 아무런 증거를 찾을 수 없을 것 같아 힘이 쭉 빠졌다. 그래도 또 혹시나 하여 물었다.

"그러면 안악 시내나 안악현 내의 사람들 중에 허씨 성을 가진 분이 있을까요? 만나보고 싶은데 생각나시는 분이 있습니까? 기왕이면 교육을 받으신 분이 좋겠는데요."

"허씨라, 에……. 허씨 말이지요. 한 사람 아는 사람이 있는데 중학교 교장입니다. 그렇지만 그 사람은 역사를 공부하는 사람이 아니고 기술학교 선생인데요."

"아, 좋습니다. 그분이라도 만나겠습니다."

나는 물에 빠져 허우적거리는 사람처럼 지푸라기라도 잡고 싶은 심정이었다. 아무라도 허씨 성을 가진 사람만 있다면 만나봐야지. 안악까지 와서 이 촌로와의 대화로 여행을 끝낼 수는 없는 노릇이 아닌가.

"그러시다면 지금 사람을 보내서 그 사람이 학교에 있는지 알아보겠습니다. 혹시 그 사람이 퇴근했으면 내일이나 돼야 연락이 될 것입니다."

"네, 좋습니다. 우리들은 그동안 초대소에 가 있겠습니다. 그분에게 연락이 되면 초대소로 전화해주시면 좋겠다고 전해주십시오. 꼭 부탁드립니다. 차 잘 마셨습니다."

"네, 연락이 되도록 하겠습니다."

"네, 고맙습니다. 쎄쎄."

밖으로 나오니 눈이 부셨다. 컴컴한 방에서 두 시간 가까이 앉아 있다가 햇빛이 쨍쨍한 밖으로 갑자기 나오니 눈이 부시고 머리가 어지러웠다. 대여섯 발자국 걷다가 나는 그만 그 자리에 멈춰 서고 말았다. 주저앉을 것만 같았다. 땅이 움직이는 것 같았다. 아무것도 안보였다. 누가 무어라고 말했는데 귀에서는 앵앵거리는 모기 소리처럼 들렸다.

의인의 출현

먼 길을 달려 마침내 안악까지 온 나는 끝내 기진했다. 이천석 씨는 내가 사무실에서 나와 몇 걸음 걸어가더니 갑자기 마당에 주저앉아 버리더라고 했다. 무더위 속에 자동차를 여러 시간 타고 온 피로가 한꺼번에 몰린 것 같다면서 빨리 초대소에 가서 쉬자고 했다.

하지만 내가 의식을 잃은 원인은 그보다도 이 멀고 먼 안악까지 와서 현지편찬위원회를 찾았는데도 이렇다 할 성과가 없었기 때문인지도 모른다. 피곤함보다도 실망감이 나를 무너뜨린 것 같았다. 초대소에 와서 짐을 풀고 각자 방에 들어간 후에도 이 선생은 내가 근심스러운지 자꾸 내 방을 드나들며 걱정했다.

"김 선상님, 괜찮으세요? 뭐하믄 내일 아침 일찍 성도로 돌아가시지요. 여행 중에 병이라도 나시믄 큰일 아닙네까?"

이 선생은 고국에서 온 손님을 안내하다가 송장이라 치우는 게 아닌가 불안한 모양이다.

"잠시 쉬고 나면 괜찮을 겁니다. 저녁 식사 때까지 이 선생님도 좀 쉬세요. 이른 새벽에 떠나느라고 많이 피곤하실 테니까요."

이천석 씨가 자기 방으로 돌아간 후 나는 보따리에서 비상용으로 갖고 다니는 등산용 술병을 꺼내 위스키를 두어 모금 들이켰다. 나는 피곤할 때나 잠이 안 올 때 마시려고 외국 여행을 떠날 때마다 술병을 챙긴다. 그 바람에 나는 마누라한테 흥깨나 잡히면서 살고 있지만, 이때처럼 위스키 한 모금이 절실하게 필요할 때도 없었다.

침대에 누워 살펴보니 모기장이 한구석에 매어 있고, 다 낡은 선풍기 한 대가 돌아가고 있었다. 밖에서는 초대소 건물을 증축하느라 시멘트 섞는 삽질 소리가 들려왔다.

잠깐 눈을 붙였다 깨어 보니 어느새 오후 7시가 넘어가고 있었다. 밖은 아직도 한낮처럼 강한 햇살이 내리쬐고 있었다. 선풍기를 틀어 놓은 채 잠이 들었는데도 내복이 흠뻑 젖어 있었다. 욕실에는 맨 시멘트 바닥에 세면대와 수세식 변기가 있고, 샤워를 할 수 있는 물 꼭지가 있을 뿐이었다. 미지근한 물이 나와서 대강 땀을 닦을 수는 있었다. 걸려 있는 수건으로 물기를 닦다 보니 하얀 수건에 붉은색 글씨가 씌어 있었다. 자세히 들여다보니 보주빈관普州宾館이었다.

'普州보주'는 안악의 옛 이름이고, '宾館빈관'은 '賓館빈관'의 중국식 약자로 '여관'이란 뜻이다. 욕실에서 방으로 나와 밝은 햇빛 아래서 다시 수건을 들여다보았다. 붉은 글씨로 선명하게 인쇄된 '普州宾館보주빈관'을 보니 힘이 솟았다.

안악 지방은 지금으로부터 3천 년 전인 주周나라 때부터 송宋나라 때까지 보주라고 불렸다. 그 후 왕조가 바뀜에 따라 땅 이름도 바뀌다가 오늘날에는 안악으로 부른다. 그럼에도 중화인민공화국 때의 초대소에 비치해놓은 수건에 '보주빈관'이라고 인쇄된 것은 무엇을 의미할까. 이 지방 사람들에게는 안악이라는 새로운 지명보다 옛날의 보주라는 이름이 더 친근하게 느껴지기 때문일 것이다.

나는 벌거벗은 것도 잊어버리고 창문을 활짝 열고 밖을 내다보았다. 안악 시가지가 한눈에 들어왔다. 저 사람들 중에는 보주시대의 이야기를 아직도 기억하는 사람들이 있을 것이다. 생각이 여기에 미치자 나는 초대소 방구석에 앉아 있을 수만은 없었다.

급히 바지를 꿰어 입고 카메라를 둘러멘 채 곧장 거리로 나갔다. 몇 시간 전에 기진하여 쓰러진 내가 아니었다.

종아리에 힘이 솟아올랐다. 문을 닫았던 가게들이 저녁이 되자 다시 문을 열고 있었고, 조금 시원해진 거리에는 이제 사람들의 모습도 눈에 띄었다. 담배 가게, 이발소, 철물점 등도 문이 열려 있었다. 1950년대의 한국의 어느 소도시 모습과 비슷한 풍경이었다.

가게들은 모두 2층 이상의 목조 건물이었다. 2층이 아래층보다 넓게 설계되어 있어서 2층 방들은 베란다처럼 튀어나온 집들이 많았다. 그런 집들이 골목 안쪽으로 줄지어 있어 멀리서 보면 위로 올라갈수록 길의 너비보다 하늘이 좁아 보였다.

골목길은 구불구불한 터널 같았다. 게다가 2층에는 울긋불긋한 빨래를 널어놓은 집이 많았다. 그 밑으로 걸어가노라니 빨래가 머리에 떨어질 것만 같아 목이 움츠러들었다. 영화에서 청나라 때 상해나 만주의 아편 장수들이 판을 치던 그 우중충한 모습을 봤을 때의 기분이었다. 우연히 사진관인 듯한 집이 보여 간판을 보니 '보주조상관普州

照相館'이었다.

그러면 그렇지. 지금 안악 땅에 살고 있는 사람들은 이곳을 보주라고 부르고 있음이 분명했다. 잡화상의 이름도 '보주상점普州商店'이었다. 보주는 이곳 사람들의 마음속에 살아 숨 쉬는 이름인 것이다. 가게 이름에는 안악이라는 게 별로 없었다.

나는 카메라를 쉴 새 없이 찰칵거리며 사진을 찍어댔다. 가게를 찍고, 간판을 찍고, 보주 사람들을 찍었다. 힘이 솟아오르고 눈빛이 빛나는 것을 느끼며 시내를 돌아다녔다. 어둑어둑해서야 나는 빈관으로 돌아왔다.

"어드메 가셨드랬시오?"

이 선생이 걱정스러운 눈빛으로 내게 물었다.

"시내 구경을 좀 했는데 가게 이름에 보주가 들어간 것이 많습니다. 이 초대소의 수건에도 보주빈관이라고 씌어 있구요. 보주에 대하여 좋은 연구 자료가 나올 것 같은 예감이 듭니다. 여기저기서 보주가 보이고 있으니까요."

저녁을 먹고 나니 매우 졸렸다. 그러나 잠을 잘 수는 없었다. 혹시 그 중학교 교장 선생님이 찾아올지도 모르기 때문이었다. 이천석 씨도 하품을 하며 졸음을 참고 있었다. 밤이 되자 모기들이 덤벼들어 문을 열 수가 없었다. 선풍기를 켜봤자 더운 바람만 불어올 뿐이었다.

밤 10시가 넘어선 시간에 중년 남자가 찾아왔다. 바싹 마른 체구에 안경을 낀 남자였다. 이 남자가 바로 현지편찬위원장이 수소문한 중학교 교장이었다. 내 명함을 주고 나서 그 사람의 이름을 물으니 허표병許彪柄이라고 했다. 그는 안악현의 악양진岳陽鎭이라는 시골에 있는 성진직업중학의 교장이라고 했다.

내가 위스키를 권했더니 마시고 나서 빙그레 웃었다. 맛있다고 했다. 생전 처음 위스키를 마셔본다고 하여 한 잔 더 권했다. 그랬더니 작은 휴대용 술병이 금세 바닥이 나고 말았다. 아깝지만 할 수 없었다. 이 사람에게서 기막힌 사연이 나올지도 모르는 판국에 그까짓 위스키 한 잔을 아껴서야 되겠느냐는 생각에서였다.

술잔을 만지작거리는 그의 바싹 마른 손등을 보면서 나는 김수로왕과 허황옥의 만남을 처음부터 설명해나갔다. 이 선생도 이제는 그 이야기를 모두 외우다시피 되었는지 내가 이름이나 지명을 한자로 써주지 않아도 자기가 종이에 써가며 허표병 씨에게 나의 안악 방문목적을 설명했다. 30분쯤 설명을 듣고 나서 허표병 씨가 우리에게 말해준 내용은 매우 희망적이었다.

허가압원許家鴨原

안악현 시내에는 허씨 성을 가진 사람이 천 명가량 살고 있는데, 대부분 농업이나 상업에 종사하고 있으며 학자는 한 사람도 없다고 했다. 안악 현청 소재지에서 좀 떨어진 시골에 허씨들만이 모여 사는 곳이 있다고 했다.

동네 이름은 민주향民主鄕인데 이 이름은 최근의 지명이고 그 전에는 허가패[許家珼]나 허가압원許家鴨原으로 불렀다고 했다. 허표병 씨도 그곳에서 태어났지만 어렸을 때 고향을 떠나 도시로 온 후 한 번도 고향에 가보지 않아서 가는 길을 모른다고 했다.

나는 허 교장의 설명 중에서 현 내에 허씨가 천 명이나 살고 있다는 사실과 허씨들의 마을이 있다는 이야기를 듣고 무슨 대단한 단서가 발견될 것 같은 예감이 들었다.

"고향에 가보신 적이 없어서 가는 길을 모른다면, 혹시 일가친척 중에 누구라도 고향 가는 길을 아시는 분은 없을까요?"

"네, 저의 삼촌이 고향에 가끔 가시는데 그 민주향이라는 곳이 워낙 시골구석인 데다가 자동차길이 없어서 걸어서 가실 수밖에 없습니다."

"걸어서라도 가보면 좋겠습니다."

집요하게 가보겠다고 주장하자, 이 선생이 대안을 제시했다.

"무슨 박물관이라도 있으면 모를까 아주 시골인 모양이니끼니 별 볼일 없을 것 같습네다. 차라리 성도에 가셔서 박물관과 문물국에 있는 자료를 살펴보시는 게 편할 껍네다. 안 그래요?"

이 선생도 생전 처음 와본 안악이 너무 보잘것없는 마을인 데다 여기서 한참을 걸어가야 한다는 데 좀 질린 듯한 눈치였다. 하지만 나는 여기까지 와서 물러날 수 없는 입장이었다.

대학 시절부터 시작된 쌍어문 추적은 그동안 많은 세월을 보내며 상당한 양의 자료를 축적할 수 있게 되었고, 나는 쌍어문의 비밀을 찾아서 인도를 두 번이나 답사했다. 또 북경의 밀교 사원에서 팔보 중의 하나로 쌍어가 있는 것을 본 뒤로 몽골인들의 가슴속에 살아 있는 토템으로서의 쌍어가 결국은 자동차 열쇠고리에 안전 운행을 기원하는 부적으로까지 발전해 있음을 보고 한없이 기뻐하기도 했다.

그뿐인가, 네팔·파키스탄뿐만 아니라 영국·독일·미국 등지까지 여행하면서 그 신비스러운 동물의 의미를 연구해온 나 아닌가, 아무리 희망이 없어 보이기로서니 안악까지 와서 허씨들이 집단으로 살아가고 있다는 곳을 목전에 두고 돌아설 수는 없는 일이었다. 무슨 일이 있어도 그곳에 직접 가보아야 한다고 속으로 다짐했다.

"그러면 내일 하루는 쉬더라도 모레쯤엔 민주향에 꼭 한 번 가보면 좋겠습니다. 저는 이 문제를 풀기 위해서 여러 나라를 돌아다녔고, 안악보다 더한 시골구석까지도 찾아다녔습니다. 이 선생님은 저를 도와주시려고 직장에서 휴가까지 얻어놓으셨으니까 하루만 더 고생하십시다."

나는 결연한 마음으로 이천석 씨를 설득하는 한편 허 교장에게 그분 삼촌의 안내를 간곡하게 부탁했다. 허 교장은 위스키의 마지막 모금을 맛있게 마시고 나서 흔쾌히 대답했다.

"삼촌을 모시고 내일 새벽 다시 오겠습니다. 혹시 삼촌과 연락이 안 되더라도 저 혼자 길을 물어가며 안내를 해드리겠습니다. 우리 허씨 조상의 역사를 연구하시는 분의 성의를 생각해서라도 힘껏 도와드리겠습니다."

허 교장의 이 말 한 마디는 목마른 자에게 내리는 감로수 같은 것이었다. 과연 학교장다운 사람이었다. 교육자가 연구하는 사람을 이해해주지 않으면 어떻게 하랴. 나는 허 교장에게 가슴에서 우러나오는 감사의 말을 하고 내일 아침에 다시 만나자고 했다.

"그럼 아침 6시까지 이리로 오겠습니다. 자동차도 대기시켜주십시오. 차도가 있는 곳까지는 자동차로 가고 정 어려운 길은 걸어갑시다."

허 교장은 인사를 마치고 돌아갔다. 이천석 씨도 동행하기로 했다. 이 선생이 같이 가주지 않으면 의사소통이 어려울 것은 뻔했다.

자리에 누워 보주빈관이라고 쓰인 수건을 배 위에 올려놓고 민주향에 대하여 좋은 꿈 꾸기를 기원하면서 잠을 청했다. 오랫동안 찾아 헤매던 허황옥의 고향을 찾아 떠난다는 설렘에 잠도 잘 오지 않았다.

비몽사몽간에 잠깐 잠이 들었다가 깨어 보니 새벽 2시. 또다시 잠을 청했다가 눈을 뜨니 3시. 더위와 모기장 속의 답답함을 이기지 못하여 아예 일어나 앉아서 새벽을 기다리기로 했다. 보온 통에 남은 더운물로 주전자 속에 마시다 남은 중국 엽차를 우려내어 적막한 밤 중에 혼자 마셨다.

시간이 왜 그렇게 더디게 흐르는지 한 시간이 1년 같았다.

새벽 6시 10분쯤에 초대소 쪽으로 걸어오는 발소리가 어둠 속에 들렸다. 허 교장과 그분의 삼촌이었다. 드디어 길을 아는 사람이 나타난 것이다. 나는 허 교장 삼촌의 두 손을 잡고 '쎄쎄[謝謝]'를 연발하며 와주셔서 감사하다는 뜻을 표했다.

길을 잘 아는 허 교장의 삼촌이 운전사의 옆자리에 타고 나, 이천석씨, 허 교장은 뒷자리에 자리를 잡았다. 체로키 지프는 어둠 속을 뚫고 힘차게 출발했다. 비포장도로를 덜컹거리며 20분쯤 가더니 웬 시골 장터 같은 곳에서 차가 섰다. 여기가 장하長河라는 곳이었다. 우리 다섯 명은 간단히 아침을 사 먹을 생각으로 장터를 기웃거렸지만 너무 이른 새벽이라 가게를 연 곳이 없었다. 여기서부터 우리는 약 4킬로미터를 걸어야 한다고 했다.

아침 식사도 못 한 채 우리는 갈 길을 재촉했다. 모든 일을 오전 중에 마치지 않으면 곤란해지기 때문이다. 오후가 되면 섭씨 40도의 불볕더위가 된다. 자동차와 운전사를 장하에 놔둔 채 우리 네 사람은 걷기 시작했다. 길은 강을 따라 깎아지른 언덕 중턱에 나 있었다. 맨 앞에 허 교장 삼촌이 서고 다음에 이천석 씨, 그리고 나와 허 교장이 뒤를 따랐다.

길은 넓었다 좁았다 하면서 계속 구불구불했다. 어둠 속에서 나는 허 교장의 삼촌이 걷는 속도를 맞추어가며 걸어갔다. 앞사람의 발자국만을 골라 밟으며 걸어 나갔다. 벌써 더워져서 등에 땀이 많이 흘렀다.

장하를 떠난 지 한 시간이 지났는데도 마을은 나타나지 않았다. 농가로 보이는 외딴 집들만이 띄엄띄엄 보였다. 날이 차차 밝아지면서 우리가 걷고 있는 길이 조금씩 보였다. 길은 강을 따라 나 있었다. 오른쪽으로 흐르는 강물의 폭은 넓은 곳에 100여 미터이고, 곱은 곳은 그 절반 정도인 데도 있었다. 길은 강변 벼랑을 끼고 나 있는 곳도 있고, 하안대지河岸臺地에 일궈놓은 논이나 밭 사이를 지나가는 곳도 있었다. 물안개가 피어오르는 강 위로 가끔씩 노 젓는 배가 지나갔다.

"저 배들은 나룻배입니까?"

"나룻배라니요, 그게 무슨 뜻네까?"

이천석 씨는 중국 내 조선족 2세라 한국말은 불편 없이 해도 토속어는 모르는 모양이었다.

"사람들을 강 건너에 실어다주고 삯을 받는 배 갈입니다."

나의 질문을 이천석 씨가 통역했다.

"저건 낚시하는 어부들의 배입니다. 밤에 긴 줄에 낚시와 미끼를 여러 개 매달아놓았다가 새벽에 걷는 사람입니다. 그러니 배가 저렇게 작지요."

우리나라에도 있는 담수 어업의 일종인 줄낚시인 모양이었다. 허 교장 삼촌의 설명에 의하면 이 지방에는 큰 강과 지류들이 거미줄처럼 많아서 사람들의 이동과 곡물의 수송은 모두 강을 이용한다고 했다.

　잠시 후 우리는 강이 내려다보이는 곳에서 휴식을 취했다. 다리도 아팠지만 우선 땀을 좀 닦아야 했다. 물을 마시고 싶었지만, 아무도 수통을 준비한 사람이 없는 모양이었다. 빈 술병에 물을 담아 올 수도 있었다. 하지만 설마 사람 사는 동네에 무슨 구멍가게라도 있겠지 하는 생각에서 물통을 가져오지 않은 것이 큰 실수였다.

　나는 일찍 일어나 엽차 한 잔이라도 마셨지만 이 선생은 늦게 일어나 물 한 모금 못 마신 채 땀을 흘리며 걸어왔으니 목이 타서 죽을 지경이라고 했다. 아무리 촌이라지만 이런 벽촌일 줄은 몰랐다.

　날이 환하게 밝았다. 강에는 짐을 실은 배들이 한두 척씩 보이고 배를 젓는 사공들의 이야기 소리가 아주 가깝게 들려왔다. 강변의 논두렁 밭두렁 길은 아주 흙탕이었다. 게다가 아침 이슬에 바지 아랫도리가 푹 젖었고, 신발은 진흙탕 속에서 꿀쩍거렸다. 우리는 묵묵히 한참 동안을 더 걸었다. 앞서 가는 허 교장 삼촌은 환갑이 지난 사람 같지 않게 쉬지 않고 비탈길을 걸었다. 나는 그분이 허씨족의 내력을 연구하러 온 이방인을 위해 하늘이 내리신 의인義人이라고 느꼈다.

보주의 허씨 집성촌

　"이제 거의 다 왔습니다. 여기서부터 이제 우리 동네입니다."

　허 교장 삼촌이 오랫동안의 침묵을 깨고 마을을 가리켰다. 장하의 상류는 얕은 개울로 변해 있었고, 개울가에는 작은 목선木船들이 매어져 있었다. 작은 개울들이 모여 본류로 흘러들어가는 입구에 돌다리가 놓여 있었고, 돌다리 밑에는 물오리 떼가 떠 있었다.

얕은 산자락 밑에 띄엄띄엄 스무 채 남짓한 집들이 보였다. 유월달의 논에서는 벼가 푸르다 못해 검은 빛으로 잘 자라고 있었고, 논두렁에는 논둑을 따라 콩을 심어놓은 게 보였다. 밭에는 옥수수와 뽕나무들이 있었다. 닭 우는 소리와 거위가 꽥꽥거리는 소리도 들렸다.

누가 이런 곳을 중국의 서남쪽에 있는 마을 풍경이라고 생각할 수 있을까. 여기는 마치 우리나라 어느 강변의 농촌과 똑같은 풍경이었다. 마치 내가 한국의 어느 강변에 새벽 낚시를 하러 나온 것으로 착각할 정도였다. 그러나 이곳은 한국에서 수만리 떨어진 중국 서남쪽 끝에 있는 양쯔 강 상류의 안악현 민주향이다. 그런데도 산의 모양이나 농촌의 모습이 한국인인 내게 전혀 낯설지 않은 것이 무엇 때문일까?

우리나라에서 볼 수 없었던 풍경이라면 새벽에 논두렁에서 풀을 뜯는 소가 누렁소가 아니고 열대 지방의 커다란 뿔이 난 검은 물소라는 사실뿐이었다.

허 교장 삼촌은 우리를 어느 집 앞에 세워놓고 안으로 들어갔다. 밖에서 기다리는 동안 나는 집 안을 기웃거려 보았다. 양철 대문 안 왼쪽에 헛간 같은 것이 있고, 그 속에 디딜방아가 보였다. 이천석 씨에게 물어보니 용미舂米라고 적어주었다.

벼농사를 짓는 풍습이 어쩌면 한국으로 옮겨 가더라도 아무런 문제없이 농사를 지으며 살 수 있을 것 같았다. 그렇다면 지금부터 2천년 전에 이곳 출신 여인 하나가 가락국에 시집갈 때 이곳 뽕나무 잎을 먹여 기른 누에로 만든 비단을 가져왔기로서니 무엇이 이상한가. 허황옥이 수로왕에게 바친 결혼 예물 중에는 필단正緞이 있다고 「가락국기」에 명기된 것이 생각났다.

거의 30분이 지나서야 주인이 나왔다. 대문에는 허영선許永宣이라는 문패가 달려 있었다. 허영선 씨는 팔십대의 노인으로 지금 병으로 누워 있고, 그 아들인 오십대의 허태순許太恂 씨가 우리를 맞았다. 허태순 씨는 키가 160센티미터쯤으로 나보다 작았고, 얼굴색이 약간 검은 중국 남쪽 지방의 묘족苗族과 비슷한 인상이었다.

그는 집이 누추하고 가세가 어려워서인지 우리를 집 안으로 안내하지 않고 아랫마을로 데리고 갔다. 집과 집을 잇는 길들이 어떻게 좁은지 손수레 하나도 다닐 수 없었다. 모든 길이 다 그 모양이었다. 아마도 이 동네에서는 물건이나 농작물을 나르려면 사람이 등짐을 지든지 소잔등에 실어 나르는 수밖에 없겠다고 생각했다. 마침내 어느 큰 집 마당에 도착했다. 지붕은 돌기와로 덮은 벽돌집인데 집 뒤에는 무너진 채 방치된 집이 또 한 채 있었다.

허태순 씨의 아버지 허영선 씨가 이 동네의 촌장이라고 했다. 허태순 씨의 설명에 의하면 이 동네는 행정 구역 이름이 역사적으로 얼마나 자주 바뀌었는지 몰라도 자기네들은 허가패라고 부른다는 것으로 시작하여 동네 인구는 80명 정도이고 가구 수는 20호라고 했다. 호주는 모두 허씨뿐이고 타성他姓은 이 마을로 시집온 여자들뿐이라고 했다.

이곳이 바로 사회 인류학적 용어로 집성촌集姓村이다. 우리 눈 앞에 쓰려져 있는 폐가는 여염집이 아니라 허씨들의 사당祠堂이었다고 한다. 허씨들은 불과 30, 40년 전만 해도 훨씬 더 많은 인구가 이 마을에서 살았다고 했다.

그런데 모택동毛澤東이 이끈 문화혁명 당시 씨족들이 모여 살면서 사당을 중심으로 세력을 키우는 것을 뿌리 뽑기 위해 홍위병紅衛兵을 시켜 사당에 불사르고 씨족들을 강제로 분산·이주시켰다. 그의 설명대로 큼직해 보이는 사당 건물의 처참한 잔해가 공룡의 시체처럼 엎드려 있었고, 그 사이를 비집고 잡목들이 어지럽게 자라나 있었다.

허태순 씨는 나를 데리고 뒷산으로 올라갔다. 나무 가시에 찔려가며 겨우 찾아간 곳에는 크고 작은 무덤들이 산줄기를 따라 위에서 밑으로 수십 개가 만들어져 있었다. 나는 한 무덤 앞에 쓰러져 있는 넓적한 돌을 뒤집어 보았다. 묘비墓碑였다. 흙을 털고 보니 '허응봉지묘許應鳳之墓'라고 씌어 있었다. 그 비석의 글씨를 확인하는 순간 내 가슴은 쿵쿵 뛰기 시작했다.

바로 내가 찾던 허씨들의 종산宗山임에 틀림없었다. 허씨들이 수백 년 전부터 대대로 살아온 땅이 바로 여기다. 여기가 허황옥의 고향 땅인 것이다. 여기가 바로 그 옛날 허성 등이 봉기한 진원지가 틀림없다는 물증을 확인하는 순간이었다. 그 후손들은 그 옛날 자기네 조상들이 일으킨 남군의 민중 봉기 사건을 전혀 모른 채 살아가고 있었다. 집요하게 고향 땅을 지키며 살아오느라고 2천 년이 지나 20세기에 와서도 문화혁명이라는 정치적 소용돌이에 허씨족들은 또다시 짓밟힌 것이다. 그런 현장을 확인하는 순간이었다.

폐허가 된 허씨 사당

나는 뛰는 가슴을 진정시키며 허태순 씨와 동네 노인들에게 『후한서』에서 찾아낸 허성의 봉기 사건을 자세하게 설명했다. 기나긴 이야기를 마치면서 허응봉의 묘비 글씨를 카메라에 담으려고 했다. 그랬더니 허태순 씨가 놀라서 두 손을 가로저으며 안 된다는 몸짓을 하더니 묘비를 땅에 엎어놓았다. 나는 허태순 씨의 태도를 이해할 수가 없었다. 자기네 조상들의 역사를 연구하러 이국 만리에서 찾아 온 사람이 묘비 사진 한 장 찍으려는데 안 된다고 말리다니, 이 무슨 해괴한 짓인가.

"왜 사진을 못 찍습니까?"

항의조로 말했더니 허태순 씨의 대답이 기가 막혔다. 홍위병들의 난동 때 그들은 사당만 불태운 게 아니라 여러 대에 걸쳐 조성된 조상의 묘까지 파헤치려 했다고 했다. 이에 마을 사람들이 결사적으로 반대하여 가까스로 화를 면했는데 그 대신 묘비는 모두 뽑힌 신세가 되었다는 것이다. 그 일이 있은 지 한참 후에 마을 노인들이 뽑힌 묘비들을 주워 원래 주인 앞에 묻어놓은 것이므로, 묘비가 있다는 사실이 알려지면 절대로 안 된다고 했다.

이야기를 듣고 나서 나는 폐허가 된 사당 터를 더욱 들춰보고 싶었다. 사당 건물을 들춰보면 그때까지 사용되던 제기祭器나 기왓장 몇 개라도 찾을 수 있을 것 같았기 때문이다. 그러나 그 일은 참았다. 다시 한 번 허씨들의 가슴에 상처를 주고 싶지 않아서였다.

허씨들은 2천 년 전에 한군漢軍에 의해서 이곳으로 내쫓기고 다시 모택동의 문화혁명 때 갖은 고초를 당하면서도 모질고도 기구한 운명을 살아가고 있는 것이다.

나는 우리 일행의 허씨 집성촌 방문을 구경하러 모여든 사람들과 함께 기념 촬영을 하면서 가슴속으로 흘러내리는 눈물을 참을 수가 없었다. 나의 먼 외가 할머니의 후손들이 오늘날까지 살아오느라고 겪은 고초를 나는 알고 있다. 조직과 국가, 이념이라는 것들이 죄 없는 민생들을 들볶고 탄압해온 역사를 알고 있다. 기가 막히고 울분이 치솟아서 나는 아무 말도 할 수가 없었다. 이들이 왜 탄압당해야 하는지 이해가 안 되었다.

허성이 봉기했을 때도 그 원인은 정부가 토착민에게 과중한 세금을 물렸기 때문이었다. 농민들에게 무거운 세금을 물리는 정치는 악정惡政이다. 뿐만 아니라 인간의 신앙을 속박하는 것은 더욱 나쁜 일이다. 신앙은 인간의 사유 세계인데, 자유로워야 할 사유 세계를 속박한다는 것은 인간의 기본 권리를 속박하는 것이다.

이념을 앞세워 씨족의 사당을 불사르고 종산을 파헤치려는 정책은 순진무구한 농부들에게는 하늘의 저주처럼 생각되었을 것이다. 그런 시련을 겪으며 들꽃처럼 살아온 허황옥의 후예들과 함께 사진을 찍고 나서 허태순 씨에게 몇 가지 질문을 더 던졌다.

"언제부터 이 땅에서 살아오셨는지 혹시 알고 계십니까?"

"그건 잘 모르겠어요. 족장이 되는 사람은 종산에 묻혀 있는 묘들의 주인공들을 모두 기억해야만 합니다. 아버지의 대를 이어서 족장을 맡아야 할 저는 산소 주인의 이름과 그분들의 자휘字諱(항렬)를 모두 암기하도록 교육받고 있습니다."

그러면서 내 수첩에 30대 조상들의 항렬을 순서대로 써주었다.

奇念祖德世 文運正茂朝 仁應尙顯紹 宗功永太虛 元哲善述記 英己后舞堯

30대면 약 천 년의 역사 아닌가. 그 기나긴 인명사를 암기하는 것이다. 이것이 바로 구전역사口傳歷史(Verbal History)다.

"족보 같은 것은 없습니까?"

나는 내친 김에 뿌리를 뽑아야겠다는 심정으로 물었다.

"우리는 원래 족보가 없습니다. 족장이 조상님들의 이름과 업적을 암기하여 후손들에게 전해주는 것이 관습입니다. 매년 봄 청명淸明때면 멀리 사는 허씨 친족들이 이곳에 모여 제사를 지내는데, 그때는 족장이 암기하고 있는 허씨의 역사를 말로 강연했죠. 하지만 중국 정부가 여행과 주거를 제한하는 정책을 쓰고 있어서 요즘엔 모이지 못하고 있습니다. 보시다시피 사당도 저 모양인데 바로 세우지 못하고 있는 형편이니까요."

"저 사당을 다시 세울 수 있을 때가 반드시 올 것입니다. 새로 사당을 지을 때에는 저에게 연락을 주십시오. 어떻게든 도움을 드리도록 노력하겠습니다. 한국 허씨들의 종친회는 매우 활발합니다. 어쩌면 허씨 문중에서 이 마을을 찾아보러 올지도 모릅니다. 사당을 재건할 때는 기왕에 쓰였던 벽돌이나 기와를 골라서 쓸 만한 것은 다시 쓰도록 하십시오. 그래야만 더욱 뜻이 깊은 재건 사업이 될 것입니다."

나는 허태순 씨와 마을 사람의 손을 잡고 아쉬운 작별을 했다. 언제 이곳을 또 올 수 있을까 생각하니 발걸음이 떨어지지 않았다.

6부

세계에 흩어진 쌍어문 조각들을 찾아

6부
세계에 흩어진 쌍어문 조각들을 찾아

대영박물관

쌍어문이 집중적으로 발견되는 인도, 파키스탄, 방글라데시의 식자들은 그 의미를 모른다. 그렇다면 미스터리의 뿌리를 뽑기 위해서는 서아시아의 문화재를 다량으로 보관하고 있는 대영박물관에 가야만 했다. 거기 가면 서아시아 고고학이나 미술사를 공부하는 전문가를 만날 수 있지 않을까 하는 기대가 있었다.

1991년 여름에 런던에 도착했다. 전화번호부에서 대영박물관의 번호를 찾아 동양부장으로 있는 제시카 로슨 박사를 찾았다. 제시카는 내가 영국에서 공부할 때 만났는데 대영박물관에서 일하는 중국학 전문가다. 동양부 내에 이라크가 포함된 서아시아 과課가 있기 때문에 그녀를 만나야 했다. 서아시아 과에 가면 메소포타미아에서 발견된 쌍어문 자료를 볼 수 있을 것 같아서였다.

다음 날 제시카를 만났다. 중년 여인으로 변해 있어서 옛날 모습은 거의 없었다. 제시카는 나를 보더니 반가워했다.

"킴, 오랜만이야. 예나 지금이나 같은 모습이네."

"당신도 마찬가지인데 아주 우아해졌군, 제시카. 메소포타미아 전문가 한 사람을 내게 소개해줘"

"메소포타미아 무슨 전문가를 말하는 거야? 역사학자야, 고고학자야?"

"글쎄, 미술사가이면 알 듯한 문제인데. 저 말이지, 메소포타미아에서 발견된 옛 유물 중에 쌍어가 새겨진 물건이 있어. 물고기 두 마리가 마주 보는 모습인데 그런 거 본 적 있어?"

"나는 잘 모르겠고, 우리 박물관 서아시아 과의 전문가를 소개해줄 테니 한번 만나봐."

그러고는 전화로 누굴 불러내어 한참 설명하고 나서 내게 말했다.

"내일 다시 올 수 있어? 2시쯤 어때?"

내가 좋다고 하자 제시카는 메모지에 내일 내가 만날 사람의 전화번호를 적어주었다. 제시카와 헤어져 구식 건물의 꾸불꾸불한 통로를 나오면서 다시 영국인의 기질을 생각했다. 영국인은 중국 사람들처럼 무슨 일을 빨리 처리하지 않는 경향이 있다. 사람과 사람이 만나는 데 무슨 격식이 그렇게 많은지 모를 일이었다. 외국인인 내가 여행 도중에 잠시 들렀는데, 자기 휘하에 있는 한 젊은 박사를 소개 해주면서 무슨 약속을 한단 말인가. 한국 사람의 의식 구조로 보면 참으로 독특한 민족임에 틀림없다고 생각했다.

다음 날 오후 2시에 나는 박물관으로 가서, 그 전날 제시카가 소개해준 사람을 찾았다. 서아시아 과장 존 커티스J. Curtis 박사라는 사람이었다. 커티스 박사는 부장에게서 자세한 얘기를 들었다면서 책에서 복사한 자료를 몇 장 주었다.

"김 교수님, 물고기 상징에 관한 자료입니다. 자세한 것은 돌아가셔서 천천히 읽어보십시오. 연구에 도움이 되길 바랍니다."

"그럼 이 자료는 어디서 복사한 것입니까, 커티스 박사님?"

"아 참, 그걸 써드려야겠군요. 미국 캘리포니아의 말리부라는 곳에서 찍은 1978년 판「고대 서아시아 출토 자료」에서 복사한 것도 있고, 우리 박물관 소장 자료도 있습니다. 우리 박물관 소장품에는 고유 번호가 있습니다."

그 자리에서 대강 들추어보니 머리와 다리는 사람, 몸은 물고기로 된 형상이 있었다. 발견지는 바빌로니아. 석회석으로 된 인장印章에 그려진 그림이라고 되어 있었다. 그리고 설명이 길게 붙어 있었다. 이 정도 자료들이면 대강 된 듯했다. 커티스 박사는 덧붙였다.

"사실 우리 박물관에는 쐐기문 자료가 많지 않습니다. 좋은 자료들은 베를린의 페르가몬 박물관에 있습니다."

페르가몬 박물관은 그동안 동베를린에 있었기 때문에 서방국가 사람들은 함부로 가볼 수 있는 곳이 아니었다. 그런데 그 전해에 독일이 통일되어 아무나 가볼 수 있게 되어 천만다행이었다. 나는 김해의 수로왕릉에서 찍은 쐐기문 슬라이드 한 장을 그에게 주었다. 일종의 자료 교환인 셈이었다.

나는 곧 진열실로 갔다. 서아시아 진열품을 좀 더 자세히 살펴보기 위해서였다. 전시품이 10여 년 전에 비해 많이 바뀌어 있었다. 진열장에 있는 물건 몇 개가 내 눈을 사로잡았다. 금제 쌍어였다.

　길이가 2센티미터쯤 되어 보이는 아주 작은 물건이었다. 작지만 분명히 물고기였다. 안경을 꺼내 쓰고 자세히 보았다. '메소포타미아 출토 WA 121407'이라고 씌어 있었다. WA는 서아시아West Asia를 뜻할 것이다.

　거기에 또 하나의 쌍어가 있었다. 이번 것도 금제였다. '님루드 Nimrud 출토. B. C. 9세기'라는 설명서가 붙어 있었다. 님루드는 메소포타미아의 한 지방 이름이다. 수첩을 꺼내 출토지와 번호들을 적었다. 기원전 9세기면 지금부터 거의 3천 년 전이다. 대략 허황옥이 시집오기 천 년 전이데, 그때 메소포타미아 사람들은 이미 쌍어문을 어떤 상징으로 사용했다는 이야기인 셈이었다. 갈수록 복잡해졌지만 쌍어문의 발생지를 찾은 듯하다는 확신이 서기 시작했다. 불원천리하고 런던까지 찾아온 보람이 있었다.

페르가몬 박물관

　며칠 후 런던을 떠나 베를린으로 날아갔다. 북유럽의 여름 날씨는 뜨겁지 않아서 좋다. 반팔 셔츠를 입은 독일 젊은이들은 활기차 보였다. 한해 전에 있었던 통일의 기쁨이 그들의 눈을 통하여 내 가슴까지 전달되는 듯했다.

　대영박물관에서 얻은 자료에 소개된 사전에 의하면 머리와 다리는 사람이고 몸통은 물고기 모양이었다. 그런데 어느 정도 크기의 조각인지, 그 조각이 어디에 새겨져 있는지는 불분명했다. 실제로 내가 보지 않고는 해석하기가 어려워서 여기까지 찾아온 것이었다.

마침 그때 시인 김광규 교수와 그의 부인 정혜영 교수가 독일 지겐 대학에서 연구 중이었다. 그 부부는 나와는 매우 가까운 사이였다. 나를 만나러 기차를 타고 베를린까지 온 두 사람을 호텔에서 반갑게 만났다.

우리 세 사람은 통독統獨 축하 대연주회가 열렸던 브란덴부르크 문을 지나 동베를린으로 갔다. 우선 베를린 장벽이 무너져 폐허가 된 참상이 눈에 들어왔다. 콘크리트 장벽은 대부분 없어졌고, 군데군데 남아 있는 벽돌은 울긋불긋한 색깔로 칠해져 있었다. 아직 남아 있는 벽에는 이상야릇한 그림들이 그려져 있었다.

우리는 페르가몬 박물관으로 갔다. 동베를린 시민들의 빈곤한 생활을 측은해하기보다는 내가 해야 할 일이 더 중요했기 때문이다. 이제 나는 나의 일을 충실히 하면 되고, 충실히 할 수 있는 사회적 여건이 마련된 것이다.

오아네스 신의 사제들

페르가몬. 기원전 3세기 때 번영했던 소아시아의 나라 이름이다. 그리스 로마 시대에 지중해 문화를 받아들여 아름다운 헬레니즘 미술품들이 많이 남아 있는 곳이다. 독일에 있는 박물관이면서도 페르가몬이란 이름을 빌려 쓴 것으로 보아 대번에 소아시아 지역의 미술품을 소장하고 있는 박물관임을 짐작할 수 있다. 그렇다면 페르몬에서 가까운 메소포타미아 문물도 많이 소장되어 있을 것이 아닌가.

페르가몬 박물관은 냉전시대의 희생물 중 하나였다. 박물관이 동베를린 시에 있어서 서베를린 사람들은 지척 간인데도 수십 년 동안 가볼 수 없는 곳이었다. 나는 이 박물관을 꼭 가보아야 하는 사람 중 하나로 오랫동안 기다린 터였다. 계단을 올라가면서부터 가슴이 두근거리는 것을 느끼며 안으로 들어갔다. 돌집이라 입구는 우중충 해 보였다. 첫 번째 넓은 방이 나타났고, 그리스 열주식列柱式 건물의 전면을 송두리째 뜯어 진열해놓은 모습이 내 눈앞에 우뚝 나타났다. 그 옆에는 서아시아 고대 문명에서 사용하던 옛날 그림 문자가 가득하게 쓰인 돌 비석과 조각물들이 방 안을 채우고 있었다. 모두 희귀하고 중요한 연구 자료임이 분명했다. 전시품 하나하나를 자세하게 살펴보고 싶은 마음이 굴뚝같았지만 참았다. 내가 찾아내고자 하는 물건을 빨리 보고 싶어서였다.

메소포타미아의 수메르 문화를 그대로 보여주는 방으로 들어갔다. 방 한가운데에 커다란 공중목욕탕 같은 석제 구조물이 나를 기다리고 있었다. 높이가 사람 키만 한 큰 수조水槽로 평면이 직사각형인데 긴 쪽이 내 걸음으로 아홉 발짝이나 되는 대형 물통이었다. 수조 바깥벽에 그 유명한 쌍어문이 조각되어 있었다. 나는 기쁨으로 뛰는 가슴을 억제하며 찬찬히 설명문을 읽어나갔다.

아수르 Assur 출토 수조 : 아시리아의 센나케리브Senacherib 왕(기원전 705~681년 재위) 통치 기간에 제작됨. 수조는 원래 한 덩어리의 큰 현무암basalt를 깎아서 만든 것으로 완전히 부서진 파편 상태로 발견됨. 발견 장소는 아수르 신을 모시는 사당의 중정中庭. 바깥 양 벽과 구석에 넘쳐흐르는 물병을 손에 든 수신水神이 조각되어 있다.

이 수신水神이 구약성서에 등장하는 오아네스 신이다. 물줄기가 하늘에서 흘러내려 수신의 양 어깨를 타고 가슴 앞에 있는 물병으로 들어갔다가 넘쳐흐른다. 다시 그 물이 수신의 겨드랑이를 지나 양 옆으로 흘러내려 땅을 적신다. 수신의 양 옆에는 물고기 껍질 모양의 옷을 입은 사제司祭가 서 있다. 설형문자楔形文字로 센나케리브왕을 축복하는 문구가 여러 번 반복되어 씌어 있다. 수조의 내면에는 장식이 없었다. 이 수조는 신도들의 세례의식에 사용된 듯하다.

　원래는 큰 돌을 파내서 수조를 만들고 표면에 조각을 하여 만든 한 몸체인데, 부서진 파편을 주워 박물관에서 새로 짜 맞춘 것이다. 없어진 부분은 비슷한 재료로 복원한 것으로 보였다. 대부분의 조각이 대칭으로 되어 있어 한쪽만 있으면 반대쪽은 만들기가 쉬웠을 것이다.

　가운데 서 있는 수신은 정면을 바라보고 있었다. 머리에 둥근 모자

페르가몬 박물관의 수조 높이가 사람 키만 한 직사각형 수조水槽는 긴 쪽이 어른 걸음으로 아홉 발짝이나 되며, 바깥 양 벽과 구석에 넘쳐흐르는 물병을 손에 든 수신水神이 조각되어 있다.

6부 세계에 흩어진 쌍어문 조각들을 찾아　215

를 쓰고 턱에 곱슬곱슬한 수염을 길렀는데, 네모나게 다듬은 전형적인 아시리아·바빌로니아 턱수염이었다. 두 손으로 받쳐 든 물병을 턱수염 밑의 가슴에 대고 있고, 물병을 중심으로 물줄기가 X자 모양으로 흘러들어왔다가 흘러나가게 되어 있었다. 수신은 발끝까지 내려오는 반소매의 긴 원피스를 입고 있었다. 양 옆에 서는 사제들은 가운데 있는 수신을 향해 서 있는 측면상으로, 큰 물고기 껍질 속에 사람이 들어가 있는 복장이었다. 마치 어린이들의 가면극에나 사용될 듯한 물고기 모양의 복장을 사람이 뒤집어쓰고 있는 모습이었다(魚皮服). 사제의 얼굴은 노출되었으나 물고기가 머리를 위로 하고 걸어가는 듯했다.

사제의 턱수염도 수신의 것과 같은 네모진 모양이었다. 한 손에는 물통 같은 것을 들고 다른 손에는 빗자루 같은 것을 들고 있었는데, 가운데 있는 수신을 향해서 물을 뿌리는 듯한 몸짓을 하고 있었다. 빗자루 같아 보이는 것이 예배기구Kaltgerate라고 설명되어 있었다.

물의 신과 물고기 복장의 사제, 도대체 무엇을 의미하는 것일까? 하늘에서 물이 내려오는 것을 맞이하는 듯한 신은 누구일까? 혹시 가뭄 때 기우제를 지내는 신관을 의미하는 것은 아닐까? 메소포타미아 지방은 지금 사막이어서 비가 많이 오는 곳이 아니다. 그래서 초목들이 가뭄에 목말라 자랄 수가 없는 곳이다. 어쩌다 강이 있어도 그 수량이 많지 않다. 그런 곳에 사는 사람들에겐 물은 생명을 의미한다. 그래서 하늘에서 단비가 내리도록 영험한 주력呪力을 발휘하는 수신이 필요한지도 모른다. 그런 중요한 물을 구하는 신관神官의 기우행위祈雨行爲를 옆에 서 있는 두 사제가 거드는 모습같이 보였다.

설명서에는 이 수조가 세례Purification에 사용된 것 같다고 씌어 있다. 그럴지도 모르겠다. 그런데 세례의식을 집행하는 사제들이 하필이면 왜 물고기 복장을 했을까? 한 가지 분명한 것은 물고기는 물을 떠나서 살 수 없다는 사실이다. 따라서 물고기는 물속의 세계를 상징하는 것이다. 그런 물고기가 인간의 모양을 한 신관을 양 옆에서 호위하고 있는 것은 분명히 지상 세계에서 일어나는 일이다. 그렇다면 이 물고기 상징의 복장을 한 사제의 모습은 지상에서도 살 수 있는 물고기를 의미하는 것으로 보아야 한다. 곧 초자연적 능력을 갖춘 물고기다. 그렇다면 신어神魚가 아니고 무엇이겠는가.

그렇다. 쌍어는 어떤 신을 보호하는 초자연적 능력이 있는 신어들이다. 신어에게는 초자연적인 능력이 있다고 믿는 사상이 메소포타미아에서 생겨난 모양이다. 그런 사상이 인도와 중국을 거쳐 한국까지 들어왔을 것이다. 이 사상을 전파한 사람들의 이동 흔적이 세계 곳곳에 쌍어문으로 남아 있는 것이다. 따라서 쌍어문을 신앙의 내용으로 하고 있던 사람들의 이동 경로가 밝혀지는 셈이다.

메소포타미아와 가락국은 그런 점에서 보면 멀고도 가까운 땅이었다. 이라크와 한국은 거리상으로는 매우 멀리 떨어져 있지만, 옛날 사람들은 오히려 가깝게 느꼈는지도 모른다. 다만 아시리아의 쌍어문이 가락국의 쌍어문보다 몇백 년 먼저 나타났다는 차이점이 있을 뿐이다.

나는 전시실에 오래 머물 거라는 생각이 들었다. 이 수조 말고도 크고 작은 진열품들과 설명문을 자세히 들여다보아야 할 것 같아서였다. 어깨에 메고 있던 카메라 가방을 바닥에 내려놓고 그때까지 입고 있던 여행용 조끼를 벗었다. 몸이 홀가분해졌다.

벽을 따라 만들어놓은 진열장들을 꼼꼼히 들여다보았다. 벽돌만 한 작은 돌에 또 다른 쌍어문이 양각陽刻된 것이 보였다. 수조의 조각과 똑같은 모양새였다. 좌우에 쌍어가 있고, 중앙에는 수신이 아니라 나무 한 그루가 있는 모양이었다. 양 옆에 물고기 모양의 복장을 한 사제들은 한 손에는 물통, 또 한 손에는 솔방울을 들고 있었는데, 중앙에 있는 나무는 생명나무Lebensbaum라는 설명이 씌어 있었다. 벽돌만 한 돌에 새겨진 조각이라 아주 작았지만, 쌍어문만은 분명하게 보였다.

여기서는 쌍어가 보호하는 것이 사람 모양의 신이 아니라 나무라는 것이 다를 뿐이었다. 뉴욕 메트로폴리탄 박물관에서 본 인장에 새겨진 쌍어와 똑같은 것이었다. 그러니까 쌍어가 보호하는 것은 신관神官만이 아니었다. 나무 같은 식물도 보호하는 것이 분명했다. 수로왕릉의 쌍어는 가운데 탑塔을 보호하고 있으며, 김해의 은하사에 있는 쌍어는 가운데 꽃을 보호하고 있었다.

인도의 아요디아나 파키스탄의 간다라 지방에서 본 쌍어문들은 중앙의 탑이나 꽃, 코끼리(가네쉬 신) 같은 힌두교의 신물神物들을 보호하고 있지 않던가. 그렇다면 쌍어의 기능은 보호자나 수어자守禦者 역할을 하는 것임이 분명해진 셈이다.

나는 돋보기를 꺼내 쓰고 설명서를 읽어보았다. 이 조각품은 님루드에서 발견된 것이었다. 님루드 메소포타미아의 고대 도시 유적 중 하나다. 발견 장소는 '아수르 나시르팔 2세'의 궁전이었다. 아수르 나시르팔 2세는 기원전 883년부터 859년까지 24년 동안 재위한 인물이다. 도대체 쌍어를 수호신으로 믿기 시작한 때가 언제부터이기에 이렇게 이른 시기의 유물들이 자꾸 나타나는 것일까.

한국의 쌍어문은 가락국 수로왕의 무덤에 새겨진 것을 제일 오래된 것으로 보더라도, 수로왕의 전설적 통치 기간이 서기 42년부터

199년까지이므로 빨라야 1세기에 나타났다. 그러니까 메소포타미아의 쌍어문은 한국 것보다 적어도 몇백 년, 아니 천 년 가까이 빠른 것이 분명하다.

'도대체 물고기가 수호신의 기능을 가졌다는 생각이 언제부터 시작되었을까?'

이런 생각을 하며 진열장에 놓인 크고 작은 물건들을 하나하나 자세히 살펴보았다. 혹시 쌍어문이 그려진 물건이 더 있을까 해서였다.

물건 중에 청동기 시대에 만든 조각이 있었다. 동물의 뿔에 온갖 동물들의 모습이 아주 세밀한 부조로 새겨져 있었다. 뱀·맹금猛禽·소·사자·양·개구리, 그리고 쌍어가 있었다. 당시는 그런 동물들에게도 인간과 같이 영혼이 있다고 믿던 애니미즘(만유영혼설萬有靈魂設)의 세계였다. 제작 시기는 기원전 2800~2700년이었다. 곧 청동기 시대부터다. 그렇게 옛날부터 메소포타미아 사람들은 물고기 두 마리, 곧 쌍어여야 어떤 기능을 발휘한다고 생각했고, 쌍어는 좌우 대칭으로 배치되어 중앙에 있는 어떤 것을 보호해야 한다고 생각한 모양이다.

그 조각품에 그려진 여러 가지 동물 중에 후세까지 그 중요성이 인정되어 미술품에 살아남은 동물이 바로 쌍어라는 것은 매우 중요한 사실이다. 조금 전에 본 수조의 조각에는 사람과 쌍어 이외에는 어떤 동물도 등장하지 않는 것으로도 그 점은 분명했다.

내가 물었다.

"김 시인, 독일 문학에서 물고기는 무슨 상징으로 비유됩니까?"

"글쎄요, 독일 사람 나름이겠죠. 바닷가에 사는 사람에게는 어업은 생계의 수단이고요……."

"그러면 내륙에 사는 사람들은 물고기를 어떻게 생각합니까?"

이 질문에 김 시인은 잠시 대답을 잃고 뜸을 들이다가 말했다.

"독일 내륙에 사는 사람들 중에는 물고기를 전혀 먹지 않는 사람들도 있습니다. 아마도 바닷가에서 멀리 떨어진 곳까지 물고기가 운반되어 오는 동안 쉽게 부패하기 때문인지도 모르죠."

김 시인의 이야기를 들으면서 나는 독일인들이 다른 문화와 접촉했을 때를 떠올려보았다. 독일이 페르가몬 지역의 문화 유물을 가져온 것은 19세기 말 영국을 주축으로 한 연합군 세력에 대항하여 베를린과 바그다드를 잇는 긴 철도망 겸 방어망을 구축했을 때일 것이다. 그때 메소포타미아 사람들의 물고기 숭배 문화를 배워서 지금 독일인 중에 물고기를 먹지 않는 풍습이 수용되었다고 보면 무리한 해석일까?

물고기 숭배는 인도를 중심으로 하는 힌두교권·불교권에서도 보인다. 힌두교의 전쟁 영웅 라마는 마누의 후손이다. 마누는 전설상의 인물로 대홍수 때 물에 빠져 허우적거리다가 큰 물고기의 도움으로 살아났다. 그래서 그의 후손인 라마는 물고기를 매우 귀한 존재로 여겼다. 그 후부터 물고기는 힌두교의 여러 신 중 하나가 된 것이다.

불교와 불교에서 파생한 라마교에서는 물고기 두 마리, 곧 쌍어를 팔보八寶 중 하나로 모시고 있다. 그래서 라마교를 신봉하는 몽골 사람들은 물고기를 절대로 먹지 않는다고 앞에서도 설명했다.

역사적으로 독일인과 접촉한 민족은 흉노의 일파인 훈족Huns이다. 아틸라Attila(서기 406년~453년) 왕이 이끄는 훈족이 서쪽으로 진격하여 동유럽 주민들과 접촉했고, 오늘날 시베리아 원주민이었던 시비르Sibir족도 한때 유럽을 유린했다. 그리고 13세기 몽골족의 원元

제국이 유라시아 대륙을 통치했을 때 오늘날의 유럽은 모두 몽골족의 지배하에 있었다.

우세한 집단의 문화는 열세한 집단의 문화에 영향을 끼치는 법이다. 힘으로 서양인을 지배한 동양의 여러 민족들에게는 모두 불교나 라마교가 그 민족에 퍼져 있었다는 공통점이 있다. 그러므로 불교와 라마교에 있던 물고기 숭배 사상이 훈족, 시비르족, 몽골족의 서방공략을 통하여 유럽인들에게 영향을 끼쳤을 가능성은 얼마든지 있어 보였다.

내가 이런 내용을 김 시인에게 설명하자 김 시인이 말했다.

"그 말씀을 듣고 보니 생각나는 독일 문학 작품이 있네요."

"그게 어떤 내용입니까?"

"귄터 그라스라는 독일 작가가 있습니다. 원로 소설가이고 노벨문학상을 받게 하려고 독일이 노력하는 작가입니다."

"그 사람의 무슨 작품이 물고기와 관련이 있습니까?"

"『넙치가자미류』라고 번역된 작품입니다. 이 작품에서 그라스는 인간이 물고기를 식용하는 것을 비판적인 시각으로 보고, 인간이 자연을 약탈하는 행위를 경고하고 있습니다."

"한마디로 자연의 일부분으로서 물고기를 경외하라는 메시지 같이 들리네요."

"꼭 물고기만을 꼬집어내어 경외하는 게 아니라, 인간과 자연의 조화를 논하는, 생태계 파괴를 걱정하는 철학적 작품입니다. 그런데 그 책 제목에서 알 수 있듯이 그라스는 넙치라는 물고기를 등장시켜 인간에게 경종을 울리는 독특한 문학 기법을 쓰고 있습니다."

이 이야기는 독일인 중에도 물고기 숭배 사상이 있음을 나타낸다.

그것은 독일 지식인이 동양의 정신세계를 깊이 연구한 결과일 것이다. 독일 사람인 헤르만 헤세의 작품 중에 불교의 창시자를 주인공으로 그린 『싯다르타』나 배화교拜火敎 창시자인 조로아스터Zoroaster를 다룬 니체의 『차라투스트라는 이렇게 말했다』 등이 이미 고전이 되었음을 우리는 알고 있다.

우리는 전시실 경비원의 눈을 피해 가며 사진을 몇 장 찍었다. 박물관이나 미술관 안에서 사진을 찍으려면 허가를 받아야 했지만, 그날만은 그럴 시간이 없었다. 또 돌로 된 조각품 정도는 플래시를 써서 촬영해도 크게 손상이 가지 않을 것이라는 판단이 섰기 때문이다. 다행히 경비원은 우리의 촬영 장면을 보지 못했다.

촬영까지 성공했으니 나는 페르가몬 박물관을 방문한 목적을 달성한 셈이었다. 가방을 싸들고 박물관을 나서니 오후 1시였다. 우리는 꼬박 세 시간을 서 있었던 것이다. 갑자기 다리가 아파오고 시장기를 느꼈다.

택시를 타고 서베를린 쪽으로 넘어간 우리 일행은 큼직한 맥줏집에 들어갔다. 장화처럼 생긴 커다란 맥주잔에 술을 철철 넘치게 따라 우리는 축배를 들었다.

"퓌어 페르가몬(페르가몬을 위하여)!"

"퓌어 쌍어문!"

뉴욕에 숨어 있는 쌍어

1992년, 갑자기 캐나다 퀘벡에 갈 일이 생겼다. 유네스코 산하의 국제박물관협의회(ICOM)에서 3년에 한 번씩 여는 총회에 참석하기 위해서였다. 먼 훗날 총회를 한국에 유치해보려고 여러 사람이 총회를 경영하는 방법을 배우기 위해 참가했다.

회의는 토요일에 시작되어 다음 주 토요일까지 여드레 동안 계속되었다. 한국에서 같이 간 일행들은 먼저 귀국하고, 나는 아시아·태평양 지역 이사를 맡고 있는 터여서 차기 회장 투표날까지 남아 있어야 했다.

어느 날 저녁 호텔 방으로 전화가 왔다.

"오빠, 나 인모야."

뉴욕에 살고 있는 여동생이었다.

"인모냐? 내가 여기 있는 줄 어떻게 알았니?"

"서울로 전화했더니 오빠가 캐나다로 회의하러 갔다고 해서 언니한테 전화번호 알아가지고 연락한 거야."

이렇게 되어서 회의가 끝난 토요일 밤 뉴욕의 라과디아 공항에 도착했다.

다음 날 나는 인모와 여덟 살짜리 조카와 함께 메트로폴리탄 박물관으로 갔다. 박물관을 오르는 계단에는 많은 젊은이들이 가을 햇살을 받으며 앉아 있었다.

하필이면 그날따라 극동 미술부는 문이 닫혀 있었다. 인건비 때문에 오전에만 열고, 오후에는 각 부서별로 돌아가며 문을 닫는다고 직원이 설명해주었다. 아니, 이 박물관은 자원 봉사 제도도 모르나?

참으로 한심한 현실이었다. 만약 내가 중국 미술품이나 일본 미술품을 보러 갔다면 허탕 칠 뻔했다. 할 수 없이 우리는 서아시아 미술부로 갔다.

다행히 메소포타미아 미술품은 전시되고 있었다. 그 전시실에는 이라크와 이란에서 가져온 대형 조각품들이 있었으며, 진열장에는 조그만 장신구들이 놓여 있었다. 한 진열장을 들여다보니 수십 개의 인장印章이 가지런히 놓여 있었다. 너무 작은 것들이어서 그 속에 새겨진 그림이 아물아물했다.

무심코 진열장 한구석으로 향하던 나는 순간 멈칫했다. 원형 인장, 타원형 인장들 사이에 원통형 인장 하나가 있고, 그 인장으로 찍은 그림이 전시되어 있었다. 너무 작아서 뿌옇게 보였지만, 어디서 본 듯한 그림이었다. 혹시 옛날에 책에서 본 그림인가 하고 숨을 죽이며 주머니에서 돋보기를 꺼내 쓰고 들여다보았다.

그림 속에는 내가 여러 해 동안 행방을 찾던 아시리아(이라크 지역)의 쌍어문이 새겨져 있었다. 물고기 모양의 사제복을 입은 두 사람이 마주 서서 가운데 있는 나무 모양의 물체에 물을 뿌리고 있었다. 그 주위에는 작은 동물들이 몇 마리 서 있었다. 나의 논문에 인용한 그림의 실제 모습을 직접 보는 순간이었다. 나는 기쁨에 떨리는 손으로 수첩에 설명을 적어나갔다.

아시리아 원통형 인장 : 산양山羊들에게서 성수聖樹를 지키는 영웅들. 시기는 기원전 13세기 아시리아 중기中期, 적회색 벽옥碧玉(Jasper) 제품. L 1991. 8. 5.

아시리아 인장에 나타난 쌍어

복잡한 숫자는 이 박물관이 개인에게서 대여한 번호라고 한다. 아무튼 나는 이 설명으로 물고기 모양의 사제복을 입은 사람들은 귀중한 나무 한 그루를 양들이 먹어 치우지 못하도록 막는 보호자임을 알게 되었다.

오래전에 책에서 이 그림을 보았을 때는 이 물건이 어디 있는지 명기되어 있지 않았다. 좀 더 자세한 것을 알고 싶었지만 알아낼 도리가 없던 터에 바로 뉴욕의 박물관에서 그 물건과 우연히 맞닥뜨린 것이다. 설명도 내가 바라던 내용보다 훨씬 충실했다. 독일의 페르가몬 박물관의 물건에 필적하는 명품이었다. 적어도 나에게는 최고로 중요한 자료 중 하나다. 우연히 뉴욕에 오게 되었지만 비행기 값을 내고라도 꼭 와서 보아야 할 물건이었다. 바빌로니아보다 더 이른 시기의 쌍어가 나타난 것이다.

7부

중국에 이민 온 인도인들의 후손

7부
중국에 이민 온 인도인들의 후손

서운향

안악을 방문한 이후 나는 『김수로왕비 허황옥』이라는 책을 조선일보사에서 출판했다(1994년). 그 책은 의외로 반응이 뜨거웠다. 나는 단순히 내 검은 피부의 콤플렉스를 푸는 과정을 기술했는데 독자들 중에는 검은 피부를 타고난 사람들이 많은 모양이었다. 한국 최대의 성씨 그룹인 김해 김씨나 김해 허씨들과 여기서 파생한 인천 이씨의 종친회에서 나에게 강연을 해달라는 초청이 많아 나는 아주 바빠졌다.

한편 안악에서는 자기네 땅 출신이 한국에 건너가 왕비가 되었다는 이야기에 흥분했다. 2002년에는 안악 출신 인사들을 중심으로 결성한 '보주태후 연구회'에서 나를 명예회장으로 추대하겠다고 연락이 왔다. 이어서 안악현의 관리 여섯 명과 역사학자들이 한국에 와서 수로왕릉과 허비許妃의 능을 참배했다. 그들은 김해 시장을 면담하고 김해시와 안악현의 관계를 경제 협력으로 발전시킬 방안을 논의했다고 한다.

그해 가을 부산에서 개최된 아시아 경기 때 화려한 입장식이 있었다. 이때 인도 공주가 가락국에 시집오는 과정이 연출되었다. 텔레비전 감독이 내게 전화를 하여 입장식에 참석해달라고 했다. 인도 공주가 어떤 과정으로 한국에 시집오게 되었는지 해설을 부탁했다. 나는 마침 중요한 약속이 있어서 참석하지는 못했지만 한 고고학자의 연구 내용이 국제 체육행사에 채택되어 텔레비전을 통하여 한국인 모두에게 알려지는 현상에 마음이 뿌듯해졌다. 전설이 역사로 굳어가기 때문이었다.

조선시대에 하와이로 농업 이민을 간 사람들이 세월이 많이 지나서도 자기네들은 '조선 사람'이라고 주장하는 것처럼, 보주에 옮겨와서 몇 대를 살던 인도 사람들도 자신들을 '아유타국 사람'이라고 주장했을 것이다. 그러다가 그만 서기 47년 남군의 반란사건이 터져 보주를 떠날 수밖에 없었던 사람들 중 일부가 가락국에 도착했는지도 모른다. 이 이야기는 픽션 같지만 실제로 지구상에서 신어상이 나타나는 지역들을 지도를 그려가며 살펴보면 바빌로니아에서 인도로, 인도에서 중국 양쯔 강 유역으로 퍼져 있고, 다시 황해를 건너 한국의 김해 지방에 이른다. 이 현상은 어쩌면 고대 세계에서 일어난 집단 이민의 한 루트일지도 모른다. 유대인들은 바빌로니아에 노예로 잡혀가 있는 동안에 신어사상을 접하여 이스라엘로 귀환한 다음 로마의

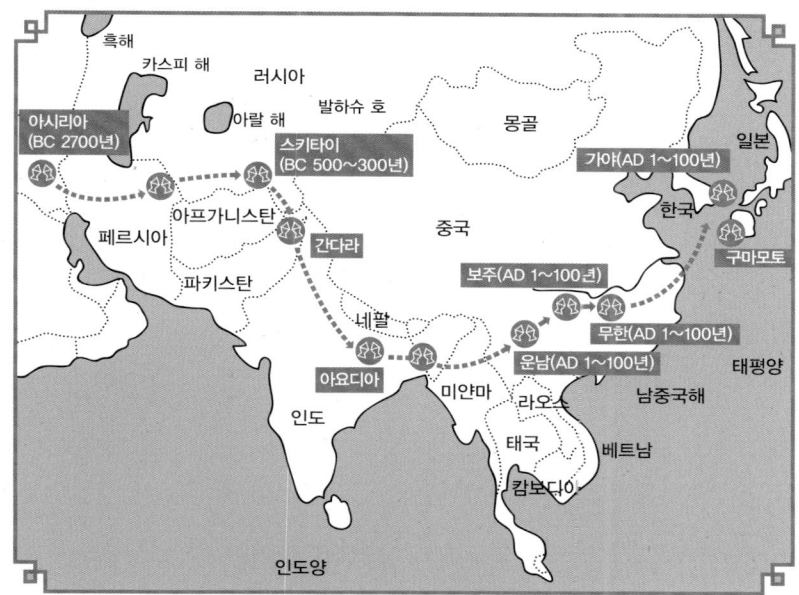

유라시아 대륙에서 신어사상을 믿는 사람들의 이동 루트
: 한국과 일본도 고대 바빌로니아에서 시작된 신어사상 문화권에 포함된다.

기독교 박해 기간에 세운 지하교회인 '카타콤'에 신어를 그렸다. 예수님이 떡 다섯 개와 물고기 두 마리로 많은 사람의 기아를 면해주었다는 내용인 오병이어五餠二魚다. 곧 신어사상을 가진 사람들이 옮겨 다닌 증거로 쌓어 그림이 남는다.

2003년 7월에 '한국사천위원회' 조흥윤 교수가 주축이 된 사천지방 탐방여행에 필자와 양천陽川 허씨 대종회장인 허덕행 씨가 동행할 기회가 있었다. 안악에 도착하니 미리 연락해놓은 현지 학자들과 지난번에 김해를 다녀간 안악현 사람들이 환대해주었다. 1991년 나 혼자 왔을 때에 비하면 너무도 융숭한 안내를 받으며 서운향瑞雲鄕이라는 농촌을 방문했다. 그곳은 지난번에 가본 민주향民主鄕보다 더 많은 보주 허씨들이 살고 있었다. 종산宗山과 사당祠堂도 보존되어 있었다. 수백 명의 보주 허씨들이 한국에서 찾아온 우리 일행을 현수막까지 달아놓고 환영했다. 오래되어 퇴락한 사당 대문에는 한 쌍의 신어가 선명하게 새겨져 있었다. 붉은색과 푸른색의 물고기는 다정하게 마주 보고 있었다. 가락국과 보주의 역사적인 관계를 암시하는 증거였다. 사당 내 중앙 벽면에 보주 허씨 제10대 족장인 허창서許昌書 씨의 영정이 걸려 있었다. 한국에서 간 우리들은 허씨, 김씨를 막론하고 모두 영정에 경배했다.

우리들을 환영하는 행사는 보주 허씨 족장의 환영사, 한국 측 답사, 서울대학교 이애주 교수의 살풀이춤으로 이어지는 동안 온 동네 남녀노소가 모두 나와 멀리 한국에서 찾아온 손님들을 구경했다. 행사를 구경 온 동네 사람들의 모습을 디지털 카메라로 스케치하다가

중국 사천성 서운향의 보주 허씨 사당 대문에 선명하게 새겨진 쌍어문

아주 낯이 익은 소녀 한 사람이 눈에 띄었다. 십대의 귀여운 얼굴이었다. 우선 사진을 몇 장 찍어두었다.

허덕행 회장이 갖고 간 『양천허씨대동보陽川許氏大同譜』 한 질을 보주 허씨 족장인 허대배許大培 씨에게 전달하는 것으로 행사를 마쳤다.

보주 허씨들도 옛날에 보주 출신 한 처녀가 한국 땅으로 시집가서 왕비가 되었다는 전설 같은 이야기에 들떠 있었다. 현재 안악현 내에는 14개의 보주 허씨 집성촌이 있으며 그 인구는 15만 명이라고 보주 허씨 종친회 집사가 귀띔해주었다. 그들은 한국에서 간 우리들을 마치 오랜만에 만나는 친족처럼 대했다.

마을 뒷산에는 깎아지른 바위산을 뚫고 동한東漢 때의 무덤이 하나 있었다. 후대에 누가 완전히 도굴하여 유물은 없으나, 동굴 입구 안 벽 오른쪽에 신어상 한 조組가 새겨져 있었다. 누가 보아도 바빌로니아의 신어상처럼 수직으로 마주 서 있는 물고기 한 쌍이었다. 이곳은 신어사상과 깊은 관련이 있는 땅이었음을 직감하게 하는 조각이었다.

내려오는 비탈길에 암벽 앞으로 작은 우물이 하나 있었다. 암벽에 신정神井이라고 음각陰刻되어 있고 그 바로 아래 신어상 한 조가 또 새겨 있었다. 신정의 유래를 설명하는 내용이 희미하게 음각되어 있어서 잠시 서서 읽다가 나는 깜짝 놀랐다. 아주 긴 내용 중에 '허황옥'이라는 이름이 분명히 새겨 있었다. 나는 얼른 수첩을 꺼내 들고 내용을 베끼기 시작했다. 중간 중간에 판독이 안 되는 글자도 있었으나 이야기는 동한 때가 분명했다. 물고기 이야기도 있었다. 7월 달의 사천성의 찜통더위 속에서 한참 동안 끙끙거리며 적고 있는데, 마지막으로 내려오는 안내인이 그만 가자고 재촉한다. 나는 할 수 없이 사

서운향의 허씨 소녀

보주 허씨 족장의 환영사에 이어 한국 측 답사를 하는 양천 허씨 대종회장 허덕행 씨

서운향 보주 허씨 서당 앞 서울대
이애주 교수의 살풀이 춤

허황옥의 모습을 연상시키는 보주 허씨 마을의 십대 소녀들과 필자(가운데)

보주 허씨 집성촌 뒷산의 암벽에 음각된 신정神井의 탁본 : 신정의 유래를 설명하는 내용 중에 '허황옥'이라는 이름이 나오며, 음각 바로 아래 쌍어문 한 조가 새겨져 있다.

진을 찍고 내려오면서 안악현 관리에게 나중에 탁본 한 장을 보내달라고 부탁했다.

우리가 서운향을 다녀온 후 김해시의 송은복 시장과 소설가 최인호 씨가 안악을 방문하고 귀국하면서 내가 부탁해놓은 탁본을 들고 왔다. 탁본의 내용은 보이는 글자마다 더듬어 읽어보면 다음과 같다.

신정神井

보주 땅 동쪽 마을 종지란 곳에 신령스러운 기운이 솟아 인걸이 떨치고 영명한 역사가 있다. 허씨족은 일찍부터 이곳에 살았는데 훌륭한 이야기가 오랫동안 전한다. 그 집 뒷산은 사자와 같고 앞뜰은 비단과 같았다. 바위 아래 우물이 있어 맑은 물이 넘쳐흘러 긷는 즉시 가득 차 큰 가뭄에도 마르지 않았다. 동한 초에 허황옥이라는 소녀가 있어 용모가 수려하고 지략이 뛰어났다. 어릴 때부터 어른들의 이야기

듣기를 좋아했다. 일찍이 할아버지 말씀에 의하면, "정묘년에 기근이 있어 많은 사람들이 고향을 떠나게 되었을 때, 마침 어머니(증조모)가 산기가 있어 떠나는 사람들과 헤어져 남게 되었다. 아버지(증조부)가 구걸을 해서 살아가게 되었다. 그때 내(조부)가 이 땅에 태어났으나, 먹을 젖이 없었다. 증조부가 우물가에서 경건히 하늘의 도움을 빌자, 이윽고 우물 속에 물고기가 뛰어올랐다. 나뭇가지를 꺾어 낚시를 드리워 하루에 두 마리씩 낚았다.

(물고기를) 쪄서 죽을 만들고 유즙을 만들어서 여러 해를 지낼 수 있었다. 너의 할아버지는 이리하여 살아남았다. 후손들이 그 우물의 신령스러움에 감복하여 '신정'이라고 높여 불렀다. 그래서 허씨족이 오늘날과 같이 번창하고 위대한 씨족이 되었다."

을유년 춘삼월 상순 의단 세움

이런 내용이었다. 비록 전설이지만 동한 때 허황옥이라는 여인이 보주 땅에 살았다는 내용이 분명했다. 그것도 신령스러운 물고기 두 마리가 허씨족의 조상을 어려움에서 구해주어 씨족이 계승될 수 있었다는 내용과 함께였다. 보주의 물고기 두 마리가 기근에서 사람을 구해주었다는 이야기와 인도 코살국 라마 왕의 선조인 '마누'가 홍수 때 '마찌'라는 물고기의 도움으로 살아났다는 이야기가 어떻게 이토록 유사할 수 있을까. 이로써 허황옥이 태어나 성장한 곳은 아요디아가 아니라 한나라 때의 보주라는 사실만은 확실해졌다. 그래서 그녀가 가락국의 제도를 중국식으로 개편하도록 왕에게 건의한 것이다. 결혼 예물도 한사잡물漢肆雜物(한나라의 상품들)이 아주 많이 있었다고 「가락국기」를 읽은 수많은 사람들에게 의문이었던 부분이 깨끗하게 해결된 셈이다.

영구미제 사건이란 없는 법이다.

여기서 내가 또 한가지 알아낸 것이 있다. 허황옥이라고 쓰지 않는 이유는 '허'는 사람이 성씨가 아니고 소수민족의 무사巫師 즉 신앙지도자를 뜻하는 것이라고 후한서의 주註가 설명하고 있지 않던가?

전설의 무대는 이동

전설의 무대는 사람의 이동에 따라 옮겨 다니는 법이다. 한 가지 이야기 내용이 장소를 바꾸어 나타난 것뿐이다. 아요디아의 전설에 물고기 '마찌'가 라마 왕의 선조인 '마누'를 구해주었다는 이야기가 보주에서는 대代가 끊어질 뻔했던 어려움에서 허씨족許氏族을 구해주는 신령스러운 물고기 이야기로 나타난다. 고구려의 주몽이 정적을 피해 도망하다 큰 강에 막혔을 때 물고기와 자라가 떠올라 다리를 만들어주어서 무사히 건너갔다는 이야기도 유사한 내용이다. 장소와 내용이 약간 윤색된 것뿐이다. 모두 신어사상에 기초하고 있다. 여러가지 정황을 종합하면 허황옥의 선조先祖가 고향인 아요디아를 떠난 까닭은 다음과 같이 재구성될 수 있다. 허황옥의 할아버지는 정묘년丁卯年에 태어났다. 허황옥은 가락국에 시집올 때인 서기 48년에 16세(二八矣)였으므로 역산하면 서기 32년생이고 그 할아버지가 태어난 정묘년은 60갑주에서 기원전 54년에 해당한다. 그때 중국은 서한西漢 곧 전한前漢 선제宣帝 때다. 나는 당시의 기록인 『한서漢書』를 찾아 그해에 일어난 사건을 읽어나갔다.

선제宣帝 오봉五鳳 4년(기원전 54년 정묘년) 하夏 4월 신축辛丑
그믐날 일식日蝕이 있었다. 황천荒天이 현이[異常]함을 보이니…….
무슨 천재지변이 일어나고 있었다. 계속 읽어내려갔다.

짐朕을 경계하는 것이어서 짐이 백성을 제대로 다스리지 못함이요, 관리들이 직무를 제대로 하지 않음이다. 이전에 사자使者를 보내 백성들의 질고를 물은 바 있었는데, 다시 승상丞相과 신하 24인을 보내 천하를 순행하게 하여 억울한 옥살이를 밝혀내고 멋대로의 행동을 밝혀내 뉘우치지 않는 자들을 엄히 다스렸다.

고대 사회에서 일식이 발생하면 커다란 변고다. 고대인들은 왕이나 천자가 부덕하여 일식이 일어난다고 믿었기 때문이다. 아마도 정묘년 일식은 보주 땅 「신정」에 씌어 있는 대로 오랜 가뭄과 깊은 관계가 있는 듯하다. 그래서 중앙관리들을 지방에 파견하여 지방관들의 가렴주구를 막고 대사면을 행하여 흉흉한 민심을 수습한 모양이었다.
 이 사건을 아유타국이 있던 인도사史와 관련하여 살펴보면 기원전 70년 박트리아를 중심으로 일어난 대월지[大月氏], 곧 쿠샨 세력이 인도의 갠지스 강 유역을 점령했고, 숭가 왕조는 주저앉았다. 아요디아 사회도 붕괴했다. 쿠샨은 평등주의 불교로 단결되어 있었고 아요디아는 그때까지도 브라만을 정점으로 하는 계급사회였기에 취약한 구조였다. 이민족에게 침략당한 역사의 혼돈기에 살아야 했던 아유타국(아요디아) 주민들은 역사적 혼란기의 희생물이 되었을 것이고, 이민족의 침입으로 붕괴되어가는 고향을 떠나 어디론가 이주할 수밖에 없었을 것이 쉽게 추리된다. 혹시 이때 인도를 떠난 허황옥의 선조들이

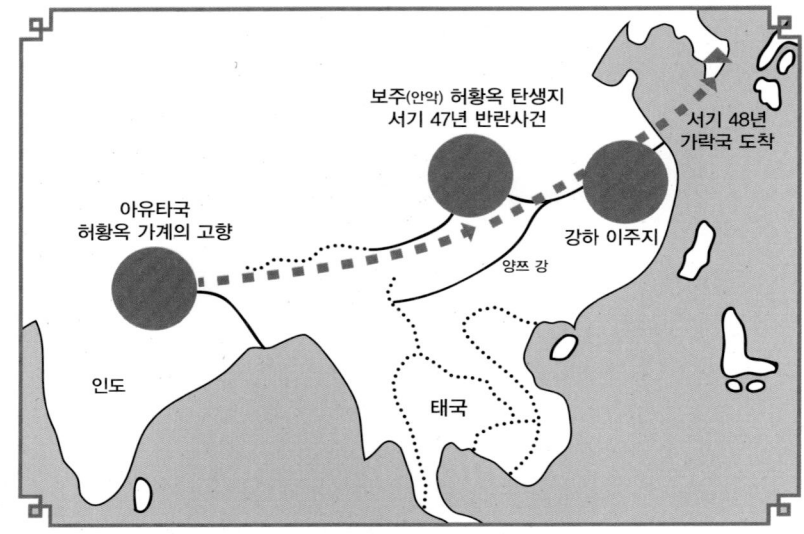

허황옥 일가의 이동 경로

중국 보주 지방에 자리를 잡게 된 것은 아닐까. 보주에서 몇 대를 살아가면서도 자기네들은 아유타국 사람으로 브라만(허許) 계층의 신앙생활을 했던 모양이다. 브라만식 신전을 세우고 신어상을 조각해서 붙였을 것이다. 그래서 신어가 인류에서 재난에서 구해준다는 이야기가 운남-사천에서 태어난 후손들에게 구전되었는지도 모른다.

아유타국 왕손

김종필 씨가 총리 시절 인도를 예방했다. 그때 아유타국인 아요디아를 예방하려는 희망을 인도 정부에 미리 통보했다. 김 총리는 김해 김씨로 당연히 아유타국 공주 이야기를 알고 있었고 그 때문에 인도

총리와 대화하다가 자연스럽게 자신의 몸에는 인도인의 피가 흐른다고 이야기했다고 한다. 이런 사실을 모르던 인도 총리도 흥미를 갖게 되어 김 총리가 아요디아를 방문할 가능성을 모색했다. 그러나 그때도 아요디아는 힌두교와 이슬람교도의 충돌이 심각하여 김 총리의 아요디아 방문 계획은 안전상의 이유로 무산되었다.

1994년 3월, 내가 세 번째로 아요디아에 갔을 때 아유타국 왕손王孫인 미시라 씨를 만난 것은 아주 우연이었다. 1991년에 갔을 때만 해도 아요디아에는 외국인이 잘 수 있는 호텔이 없었다. 그래서 150킬로미터나 떨어진 러크나우 시에 있는 호텔에 묵으면서 아요디아를 답사했으니 불편이 말이 아니었다. 이번에는 천정에 선풍기가 달린 호텔이 있어서 짐을 풀고 며칠간 느긋하게 시내를 둘러볼 수 있었다.

박물관 대문에 신어가 커다랗게 그려져 있었다. 신어 두 마리가 보호하고 있는 중앙의 도안은 꽃 모양이었다. 자세하게 관찰하니 물고기 여섯 마리가 국화꽃의 화판처럼 배열되어 있었다. 물고기가 보호하는 꽃이었다.

"꽃을 보호하고 있는 신어는 무슨 의미입니까?"

내가 박물관장에게 물었다.

"이요디아 시市의 문장紋章입니다."

"그런데 수많은 신 가운데서 하필 물고기 신을 각 건물 대문에 붙었습니까?"

"그냥 오래된 전통입니다. 아요디아 시가 속해 있는 유피 주의 문장에는 신어가 활과 화살을 보호하고 있고요. 신어는 보호자니까요."

관장은 연구직이 아니고 행정직 출신이라서 더 이상 설명할 수 없다고 미안해했다. 이거 정말 한심한 일이었다. 한국의 어느 박물관장이 외국인에게 태극기의 음양陰陽을 설명하지 못한다면 큰 문제가 될 터인데 아요디아 시내에 굴러다니는 자동차의 번호판에서부터 경찰 모자의 배지, 신전의 대문에 이르기까지 온갖 곳에 그려진 신어의 의미를 인도의 지도자급 인사가 명쾌하게 설명하지 못하는 현실이 이 나라 고등교육의 수준인가.

1991년에도 방글라데시의 수도인 다카에서 국립박물관 입구 바닥에 그려진 신어 두 쌍을 발견하고 박물관장에게 신어의 의미를 물었지만 그때도 대답을 하지 못하고 우물쭈물하더니 여기서도 또 이런 지경이었다. 이 이야기는 1985년 인도에 처음 왔을 때부터 만난 대학 교수, 힌두교 사제 등에게 묻기 시작하여 지금까지 수백 번도 넘게 질문했지만 아무도 속 시원한 대답을 해주지 못했다. 나는 그만 인내의 한계를 느꼈다. 이스람 아바드 대학의 아크메 다니 교수도 모르고, 그가 추천한 캘커타 대학의 무커지 교수를 1991년 찾아가서 물었더니 그도 몰랐다. 도대체 인도, 파키스탄, 방글라데시에 사는 사람들은 자기네 민속 중 큰 비중을 차지하는 신어상에 대하여 알고 있는 사람이 한 사람도 없단 말인가. 그러면 이 세상 어느 나라의 누가 이 신어상에 대하여 알고 있단 말인가. 나는 심연에 빠져 처절하게 몸부림치는 사람의 심정이 되었다.

좋다. 나 혼자 해보자. 가다보면 끝이 보이겠지. 그래서 나의 쌍어 연구는 다시 고독하게 계속되었다. 끝없는 길을 혼자서 묵묵히 순례의 길을 걸어가는 라마교의 신도들처럼 한발자국씩 걸어 갈 수 밖에 없었다.

힌두교도의 결혼식

어두워지는 아요디아의 어느 골목길에서 요란한 민속악기 소리가 들려 따라가 보니 결혼식을 하는 것이라고 했다.

광장에 천막이 쳐 있고, 신랑이 도착할 때 요란하게 밴드소리가 났다. 식장에는 맷돌, 방앗공이, 곡식, 밀가루, 기름, 물 컵, 물동이, 등장이 놓였다. 기둥에 나무로 깎은 새 다섯 마리가 앉아 있다. 한 노파가 신랑을 향하여 갈돌, 절굿공이를 차례로 세 번씩 흔들었다. 풍요를 비는 기원행위라고 했다.

신랑 친구들이 춤을 추며 신랑에게 꽃을 던졌다. 승려복 차림의 노인이 신랑에게 떡을 먹이고 동전을 주었다. 부자가 되라는 뜻이란다. 사진을 찍느라고 구경꾼들 틈에 서 있다가 키가 크고 흰색 양복을 입은 남자를 보게 되었다. 첫 눈에 고귀한 신분의 사람으로 보였다. 인도에서 하얀 옷은 부富의 상징이다. 그래서 부잣집 자녀들이 다니는 학교의 교복이 흰색이다. 그 남자는 어쩐지 영어를 할 것 같아서 내가 물었다.

"실례합니다. 저 방망이 같은 것이 무엇입니까?"

그는 나를 쳐다보더니 웃으면서 대답했다.

"힌두어로 '마트니'라고 합니다. 노약자를 위한 죽을 만들 때 쓰는 것인데 풍요의 상징입니다. 그런데 어느 나라 사람이십니까?"

"한국에서 왔습니다."

"관광입니까?"

"연구차 왔습니다. 저는 고고학자입니다."

"아, 그러면 힌두교 고고학을 연구하십니까?"

마트니

"글쎄요, 힌두교와 관련이 있는지 없는지는 모르지만 물고기 상징을 연구하고 있습니다."

우리는 선 채로 결혼식을 구경했다.

결국 나는 그 남자가 비말렌드라 프라닫 모한 미시라Vimalendra Pratad Mohan Mishira라는 긴 이름의 아요디아 왕손王孫임을 알게 되었다. 나는 다음 날 그에게 초대받아 그의 거처인 아요디아 왕궁, 라지사단Raj Sadan에서 차를 마시게 되었다.

인도는 지금은 입헌공화국이지만 과거부터 있어온 각 지역의 토호들이 상당한 경제력을 지닌 채 살게 하고 있었다. 미시라 씨 가문도 옛날에는 지방의 왕가였지만 현재의 인도 정부는 왕족을 인정하지 않는다. 그래도 미시라 가는 그 지방에서는 최대의 지주로 대학을 포함한 여러 학교의 후원자다. 그날 배석한 미시라 씨의 비서는 그 지방

대학의 학장이라고 했다.

내가 허황옥 이야기, 수로왕릉의 신어 이야기를 설명하고 신어상을 찾아 세계를 돌아다닌 이야기를 했더니 그는 매우 흥미로워했다. 우리는 마치 오랜만에 만난 옛날 친구들처럼 긴 시간 동안 김해와 아요디아의 역사와 문화에 대하여 이야기를 나누었다. 그는 일어서는 나에게 얇은 책을 한 권 주었다. 『아요디아의 역사History of Ayodhia』였다.

"한국에 한 번 오십시오. 제가 김해까지 안내하겠습니다."

그리고 우리는 헤어졌다. 막연하게 언젠가는 또 만난 날이 있겠지 하는 심정이었다.

세월이 흘렀다. 김해 시장인 송은복 씨와 협력하여 미시라 씨를 김해시에 초청하자고 의견이 모아졌다. 아요디아로 초청장을 보냈더니 곧바로 답장이 왔다. 방문 날짜를 조정하는 과정에서 호사다마인지 한국이 국가 부도 직전 상태를 당하여 국제통화기금에서 급전을 빌려야 하는 상황이 되었다.

국제사회에서 한국은 국가적인 수치를 당하게 된 것이다. 정부와 장관들은 서로 내 탓, 네 탓을 따지고 있을 때 국민들이 자발적으로 금 모으기 행사를 벌이는 등 구국운동이 일어났다. 나도 그 옛날 가난했던 유학 시절에도 없애지 않고 보관해오던 행운의 열쇠까지 쾌척해야 하는 국가 중대사가 발생한 것이다.

그런 판국에 태평스럽게 아유타국 왕손을 한국에 초대하는 계획은 일단 연기하지 않을 수 없었다. 국제적인 의전상 매우 미안했지만 미시라 씨에게 계획을 일단 보류한다고 편지를 해놓고도 마음은 오랫동안 찜찜했다. 개인적으로 시작한 신어 연구가 마무리되어갔고 또 아유타국 왕손을 만나 한국까지 초청할 뻔한 거사가 물 건너간 것이다. 무능한 정부 때문이었다.

1999년 4월, 나의 딱한 입장을 알게 된 김종필 총리가 문제를 해결했다. 총리 명의로 미시라 왕손 부처를 한국에 초대한 것이다. 원래 계획대로라면 김해 시장 초청일 텐데 한 해 지나서 오히려 격이 높은 초청이 이루어진 셈이다.

미시라 왕손의 한국 방문은 마침 김수로왕 탄생 제사인 춘향대제 春享大祭에 맞추어 이루어졌기 때문에 수백 명의 족장들이 모였다. 김 총리가 미시라 씨를 종친에게 소개하고 미시라 씨도 왕족답게 정중한 태도로 종친들과 인사를 나누었다. 김해 시청도 지난번에 초청을 연기한 데 대한 보답으로 의전을 갖추어 융숭하게 대접했다.

이어서 2001년에는 가락중앙종친회와 김해 실업인 일행이 아요디아를 방문하여 한국에서 제작해 간 허황옥 공주의 기념비석을 현지에

1999년 4월 김해 수로왕릉을 방문한 아유타국 왕손 미시라 씨 부부와 필자(가운데)

세우고 돌아왔다. 나는 마침 새로 생긴 국립대학 총장으로 일하고 있어서 눈코 뜰 새 없이 바빴다. 그래서 아요디아에 기념비 세우는 행사에 아쉽게도 참가하지 못했다. 아요디아 시는 비석 건립을 위한 공원 부지를 기꺼이 희사했다.

김수로왕비에 관한 나의 글들이 국내에 알려지자 서운향의 보주 허씨 사당을 찾는 한국인이 늘어났다. 중국을 답사하러 가는 각종 단체들 중에 나의 책을 읽고 서운향을 답사 코스에 포함하는 사람들이 생겨났다. 그러자 안악현 정부는 보주태후 고향이라는 도로표지판을 새로 만들어 사당 입구에 세워놓았다. 한자와 한글까지 친절하게 병

아요디아의 허황옥 유허비 : 2001년 가락중앙종친회와 김해 실업인 일행이 한국에서 제작하여 아요디아에 세웠다.

중국 사천성 안악현 서운향에서 설치한 한국 보주태후 허황옥 고향 표지판(위)과 보주태후 사당 현판(아래)

기해놓은 안내판을 어느 독자가 촬영해서 내게 보내주었다.

아요디아와 안악, 아유타국과 보주는 경쟁적으로 허씨족에 대하여 관심을 보이기 시작한 셈이다. 얼굴을 검게 타고난 이유 때문에 시작된 나의 쌍어문 연구는 수십 년 동안에 지역적으로 메소포타미아에서 일본까지 확대되었고, 인도와 중국은 어느 나라가 허황옥의 중심무대인가를 놓고 줄다리기를 하는 형세로 발전해갔다. 내 의견은 두 나라 모두 중심지다. 왜냐하면 아요디아는 허씨족의 뿌리이고 안악은 허황옥의 보금자리를 제공했기 때문이다. 그렇게 생각한다면 허씨족이 잠시 피난한 무한도 허황옥이 일년 간 머물던 자리를 제공한 인연이 있다.

2005년 가을 김해시가 주최한 국제문화 축제 때 인도의 민속 공연단과 함께 미시라 왕손 부처가 참석하여 나와 반가운 해후를 했다.
"아요디아에 한 번 안 오세요?"
부인이 나를 보자 인사차 포옹을 하며 내게 물었다.
"우리 부부가 한번 들르겠습니다."
이번에 미시라 씨가 내게 적어준 연락처에는 휴대폰 번호까지 있었다. 그 넓은 인도 땅에 어떻게 휴대폰 기지국을 세웠을까. 인도도 이제는 꿈틀거리는 것을 느끼게 되었다.
공연장의 개막공연은 수로왕과 아유타국 공주의 만남을 내용으로 한 뮤지컬이었다.
수로왕릉의 작은 쌍어문에서 시작된 신어사상 연구는 계속 발전하여 이제는 눈 덩어리처럼 커졌다.

李圭泰 코너 〈6695〉 許皇后의 故鄕碑

가락국 김수로왕의 왕비 허씨의 고향은 인도 남동부 아요디아시(市)다. 그곳에 세워진 허황후비에 후손들인 김해 김씨, 김해 허씨, 인천 이씨 일행이 해마다 참배하고 있다. '삼국유사'의 가락국기에 보면 서기 48년 김수로왕은 김해 앞바다에 표착한 아유타국의 여인 허황옥을 맞아 비(妃)로 삼았다는 것이 전부다. 지금은 찾아볼 수 없는 아유타국이 어디이며 그 먼 타국에서 어떤 사연과 경로로 김해 앞바다까지 흘러왔는지를 살핀다는 것은 역사에로의 대탐험이 아닐 수 없다. 고고학자인 김병모(金秉模) 교수가 30년을 추적, 허황후의 뿌리를 찾아내어 그곳에 허황후 고향비를 세우기에 이른 것이다.

인도의 옛 지도를 살펴 아유타국이 인도 남동쪽 아요디아로 남아 있음을 확인하고, 아요디아국이 1세기에 북방 월지족(月氏族)의 지배를 받으면서 지배층은 쫓겨나 중국 서남 고원지대를 거쳐 사천지방인 촉(蜀)나라에 정착한 것으로 보았다. 허황후의 능비에 '보주태후(普州太后) 허씨릉'이라 쓰인 데서 허황후가 보주(普州)란 곳과 연관이 있다고 보고 추적한 끝에 보주가 사천성 안악현(安岳縣)임을 알아낸 것이다. 그곳에서 서기 48년 전해에 반란을 일으켜 다시 강제 이주를 당해야 했는데 그 반란을 주모한 가성(家姓)이 허씨라는것도 후대 기록에서 확인했다.

얼굴이 까무잡잡한 인도 소녀인 허황옥은 오빠와 더불어 장강(長江)을 타고 삼협(三峽)을 거쳐 황해로 나와 김해 앞바다에 이른 보트 피플이었던 것이다. 이 허황후의 이동 지역을 꿰는 문화의 공통분모로 김 교수는 물고기 두 마리가 마주보고 있는 쌍어(雙魚)신앙을 들었다. 인도 아요디아의 사원이나 풍물에 쌍어가 흔한 것을 보았고 중국 보주에서도 확인했으며 김해 수로왕릉의 정문에도 이 천축문화인 쌍어가 새겨져 있다. 허황후의 오라버니인 장유화상(長遊和尙)이 세웠다는 은하사(銀河寺)에서도 두 쌍의 쌍어를 찾아볼 수 있다. 언어학자로부터 가락이라는 말이 인도 고대어에서 물고기를 뜻한다는 것도 알아내어 이 허황후의 궤적을 문화적으로도 입증한 셈이다. 이 같은 역사궤적을 확인하는 연구결과가 한국유전체학회에 보고됐다. 곧 허황후의 후손으로 추정되는 왕족 유골에서 북방계가 아닌 인도의 남방계 DNA를 추출하는 데 성공한 것이다. 역사 속으로의 궤적이나 유전질 탐험이 필요한 사항이 비일비재한데도 방치돼 있다는 것을 새삼 통감케 하는 장거가 아닐 수 없다.

kyoutaelee@chosun.com

허황옥의 고향을 다룬 〈조선일보〉 이규태 코너(2006년 1월 21일)

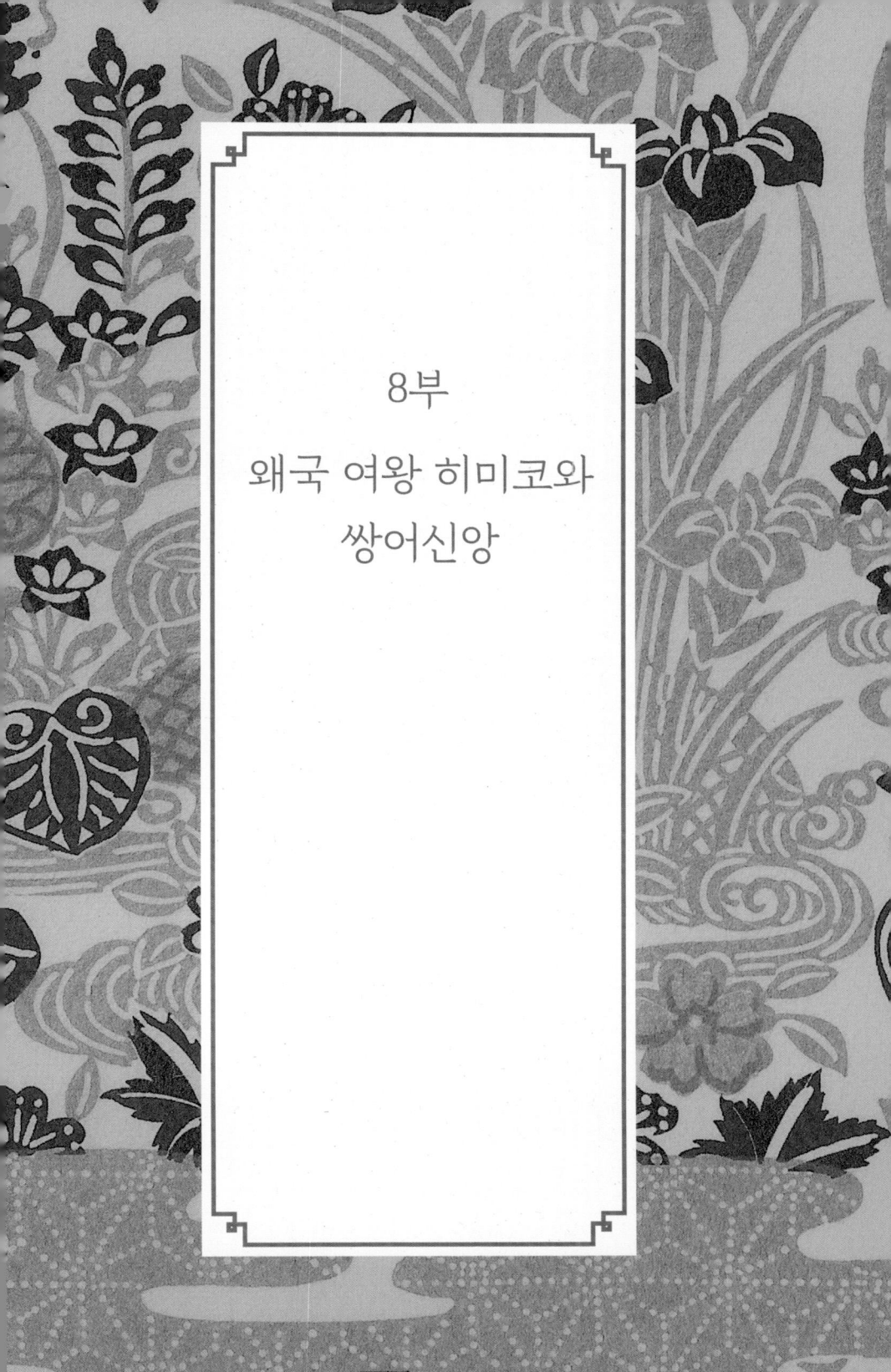

8부
왜국 여왕 히미코와 쌍어신앙

8부
왜국 여왕 히미코와 쌍어신앙

구마모토의 쌍어

잠시 과거로 돌아가자.

1993년 1월 4일, 일본 구마모토[熊本]에는 비가 내리고 있었다. 공항에는 교육위원회의 시마스[島津義昭] 씨가 마중 나와 있었다.

"어서 오십시오, 김 교수님. 구마모토는 처음이십니까?"

시마스 씨가 유창한 한국어로 나를 맞이했다.

"네, 타마나[玉名]까지는 후나야마[船山] 고분을 보느라고 몇 번 왔습니다만 구마모토 시내는 처음입니다."

시내로 들어가는 차창으로 구마모토 지방의 남국적南國的인 분위기가 물씬 풍겼다. 아침에 서울을 떠날 때는 내복까지 입었는데, 불과 한 시간가량의 비행 거리인 구마모토에는 때마침 내리는 봄비를 맞아 푸른 잔디와 꽃망울을 터뜨리려는 나무들이 가로를 장식하고 있었다. 제주도보다 더 따뜻한 것 같았다.

구마모토에서 내가 찾고자 하는 것은 쌍어문의 증거였다. 그동안 일본에서도 물고기 모양의 장식이 가끔 발견되었다. 아나자와[穴澤咊光]의 「금동어패고金銅魚佩考」라는 논문에도 지바千葉 · 사가佐賀 등지의 고분에서 금동제 쌍어가 발견된 사실이 열거되었다. 이들 고분은 5, 6세기의 전방후원분前方後圓墳이다.

그 무렵 백제와 일본은 상당히 활발하게 교류했다. 예를 들면 백제 무령왕武寧王은 개로왕蓋鹵王 때 일본으로 피난한 왕족의 후손으로 규슈 가카라 시마[各羅島]에서 출생 · 성장한 후 백제로 돌아와 왕이 되었다.* 이 정도로 밀접한 관계가 있었으므로 일본 고분에서 백제계 유물이 발견되는 그릇에 새겨진 쌍어문도 가야에서 일본에 전파된 신어사상이 무령왕이 귀국하면서 백제로 역수입되었을 가능성이 있다.

그런데 내가 찾고자 하는 쌍어문은 가락국 시대, 좀 더 자세히 말하면 허황옥 시대인 1, 2세기 때의 것이다. 꼭 그 시대의 유적이 아니더라도 현대까지 계속된 민속품으로 쌍어문이 일본에서 발견된다면 이건 정말 대단히 중요한 연구 자료가 된다. 그것은 바로 가락국 고대 왜倭 간의 정신세계의 교감이 현대까지 계속된 증거라고 해석해도 되기 때문이다.

1987년, 조선일보에서 '일본 속의 한민족사 탐방'을 계획했을 때 나는 나의 연구실 학생들을 데리고 그 탐방단에 참가하여 눈에 불을

---

* 『일본서기日本書紀』 461년 조 참조.

켜고 일본의 쌍어문을 찾으려고 했다. 그리고 그 후에도 매년 한민족사 탐방단에 강사로 초청되어 일본에 가게 되어 겨울 방학 때마다 나는 규수나 나라[奈良]에 있는 유적들을 하나씩 조사해왔다. 특히 한반도와 제일 가까운 규슈 지방은 일본 신화시대의 무대인 아소산阿蘇山과 일본의 고대 국가인 왜가 있던 땅이어서 가락국의 문화 흔적이 있을 가능성이 큰 곳이다. 그래서 규슈에서 쌍어문을 찾으려고 오랫동안 공을 들여왔다.

당시 왜倭국들은 서로 경쟁적으로 고구려·백제·신라·가야와 긴밀한 관계를 유지하려 했고, 중국과도 활발하게 교류하고 있었다. 그 소국들은 서로 다투다 마침내 야마다이고쿠[邪馬臺國](야마대국)*의 히미코[卑彌呼]라는 여왕의 통치하에 들어가게 된다. 왜국의 히미코가 등장한 기간은 서기 183년부터 247년까지로 고증되어 있다. 그때 히미코는 이미 나이가 많은 사람으로 기술되어 있다.

237년부터 297년까지 살았던 중국 서진西晉의 역사가 진수陳壽가 지은 『삼국지』에는 히미코에 대하여 다음과 같이 기록되어 있다.

여러 나라들이 서로 다투다가 한 여자를 세워서 왕으로 삼았다. 그 이름은 히미코인데, 귀도鬼道를 하여 백성들을 잘 다스린다. 나이가 많은데도 남편이 없고, 남동생이 있어서 나라를 다스리는 것을 돕는다.

김석형의 연구에 의하면 왜국들은 고구려계·백제계·신라계·가야계 사람들이 세운 분국分國이라고 한다. 특히 구마모토 지방의 타

* 일명 야마대국[邪馬臺國]이라고도 한다. 이 야마대국의 본거지는 오늘날 일본 내의 여러 곳을 옮겨 다녔다는 주장도 있지만, 학문적인 근거로는 구마모토현이 첫 번째 후보자다.

마나玉名에 있는 후나야마船山 고분은 한국계 유물이 다량 출토되어 유명한 곳이다. 여기서 발견된 금동관은 전라북도 입점리, 공주 수촌리, 전라남도 고흥에서 발굴된 백제계 금동관金銅冠과 똑같은 것이고, 금동신발은 백제 무령왕릉에서 발견된 것과 구별할 수 없을 정도로 똑같았다. 이것들과 함께 발견된 쇠칼[鐵劍]에는 수십 자의 명문銘文이 새겨져 있었다. 특히 'ㅇㅇ歯大王(ㅇㅇ로대왕)'이라는 글씨가 남아 있어서 혹시 백제 개로왕과 관계있는 유물이 아닌가 추측과 함께 한·일 양국의 역사학자와 고고학자들을 긴장시켰다. 이 물건들은 모두 일본의 국가 지정 문화재로 현재 도쿄국립박물관에 소장되어 있다. 최근 보존과학자들의 노력으로 그 칼등에 은상감銀象嵌이 되어 있는 물고기가 뚜렷이 나타나서 칼의 소유자였던 왕족이 물고기 신앙과 깊은 관계가 있었음을 뚜렷하게 보여주고 있다.

구마모토는 규슈 지방의 대표적 도시인 후쿠오카에서 남쪽으로 100킬로미터 떨어진 곳에 있다. 이 지방의 서쪽은 아름다운 유우메이 해안[有名海岸]에 야쓰시로[八代]라는 곳이 있다. 그곳의 전설 중에 거북과 관계있는 이야기가 전해 내려온다.

야쓰시로에는 묘견신妙見神을 모시는 묘견궁妙見宮이라는 오래된 신사가 있다. 묘견은 백제 성명왕聖明王의 아들로 일명 임성태자琳聖太子라고도 한다. 묘견이 서기 681년에 당唐나라에서 거북의 몸체에 뱀머리[龜蛇]를 한 배를 타고 야쓰시로 지방에 도착했다는 전설이다.

묘견 일행이 7세기 때 당나라에서 왔다지만 고대 일본인들은 '당唐'을 '가라加羅'라고 발음했으므로, 한반도의 가라加羅, 곧 가야伽倻를 당唐으로 잘못 기록한 경우가 많다. 따라서 당에서 사람들이 왔다는 기록은 가야에서 왔다고 해석할 수도 있다.

한국 고대사에도 거북과 관계있는 전설이 많다. 우선 주몽이 부여 땅에서 탈출하는 과정에서 큰 강물에 막혀 곤란을 겪고 있을 때 물속에서 물고기와 자라가 떠올라 다리를 놓아주어서 탈출에 성공, 고구려를 세우게 되었다는 이야기는 잘 알려져 있다.

거북의 전설

「가락국기」에는 가락국의 시조 수로왕의 탄생을 예고하는 「구지가龜旨歌」라는 노래가 있다. 노래의 내용은 다음과 같다.

거북아 거북아 머리를 내밀어라. 그렇지 않으면 구워 먹으리라.
龜何龜何 首其現也 若不現也 燔灼而喫也

고대 국가 시조의 출현과정에서 자라나 자라와 비슷한 동물인 거북이 등장하는 것과 일본 고대 국가 발상지 중 하나인 구마모토로 집단 이주해 온 사람들을 태우고 온 배가 거북이 모양이라는 것은 어쩐지 심상치 않아 보였다.

고대 일본의 통치자 중에도 물고기와 자라의 도움을 받았다는 전설을 지닌 사람이 있다. 『일본서기』에는 신공황후神功皇后가 신라를 정벌하려 할 때 바다 속에서 물고기와 자라가 떠올라 다리를 놓아주었다는 기사가 있다. 신공은 일본 전설 시대의 여왕으로, 201년부터 269년까지 활동한 것으로 추정되는 인물이다.

그렇다면 신공은 히미코와 동시대에 살았던 사람이다. 왜국시대의 일본에 히미코와 신공 두 통치자가 있었단 말인가. 아니면 수많은 왜국들 중 야마대국은 히미코가 다스렸고, 신공이 다스리던 다른 나라가 발전하여 일본의 맹주 세력이 되었단 말인가.

야마대국 고토故土에 있는 거북 전설과 신공의 신라정벌 때의 어별魚鼈 전설은 같은 문화의 맥락에서 이해되어야 하고, 이것은 가락국의 구지가와 고구려의 주몽 설화와도 연결되어 고대 한반도와 일본 열도의 주민들 간의 문화적 공통점을 보여주는 것이므로 주의 깊게 검토해야 한다. 이런 이유들로 나는 거북 전설이 얽혀 있는 야쓰시로의 묘견궁을 찾아가는 길이었다.

묘견궁에서 내가 찾고자 하는 것은 쌍어문이다. 만일 야쓰시로의 거북 전설이 고대 한·일 간의 주민 이동을 암시하는 것이라면 한국계 유적이나 유물이 야쓰시로의 중심 신궁인 묘견궁에 있을지 모르는 일이다. 또 가락국과 고대 일본 간에 문화적 관계가 있었다든지, 거북배를 타고 온 사람들이 당나라 사람들이 아니고 가락 또는 가야 사람들이라면 가락국의 상징인 쌍어문이 구마모토 어딘가에 남아 있을 것 같았다.

특히 그 거북배가 도착한 곳이 묘견궁이 있는 야쓰시로인만큼 여기서 쌍어문이 발견될 가능성은 그만큼 컸다. 야쓰시로에서 발견되는 물고기 그림이나 조각이 한 마리짜리 단어라면 신라와 관계가 있었던 것이고, 한 마리짜리가 아니고 쌍어라면 가락 또는 가야와의 관계로 해석해야 한다.

다음 날 아침, 나와 시마스 씨는 야쓰시로를 향해 떠났다. 야쓰시로는 구마모토 시에서 남쪽으로 31킬로미터 지점에 있었다.

우선 박물관에 들러 관장에게 인사를 하고 찾아온 취지를 설명했다. 관장은 연구관들을 불러서 나와 인사시킨 다음, 내가 들고 간 한국과 인도의 쌍어문 사진을 돌려가며 보았다. 그러나 결과는 신통치 않았다.

"매우 흥미 있는 문제입니다. 그러나 우리 박물관 직원들은 아무도 그런 그림을 본 적이 없는 듯합니다."

관장이 미안한 표정으로 내게 말했다.

"할 수 없죠."

실망스러웠지만 나는 의례적으로 대답하고 혹시나 하여 물었다.

"그럼 관장님. 이곳 야쓰시로『향토사鄕土史』나『풍속지風俗誌』같은 것은 없습니까?"

"있습니다. 우리 박물관에서 발행한 것은 아닙니다만,『야쓰시로 시사市史』가 있습니다."

잠시 후 직원이 가져온 책은 상하 두 권으로 된 두꺼운 양장본 자료였다. 나는 관장과 직원들에게 감사하다는 말과 함께 가지고 간 나의 책『한국인의 발자취』신판 한 권을 박물관 도서실에 기증하고 그곳을 떠났다.

묘견궁으로 가는 차 안에서 박물관에서 받은『야쓰시로 시사』를 들춰보았다. 거기에는 묘견신앙妙見神仰에 대한 내용이 있었다. 묘견신앙은 북두칠성으로 상징되는 천어중주天御中主를 모신다는 내용이었다. 눈이 번쩍 뜨이는 것 같았다. 다시 한 번 책을 들여다보았다.

천어중주, 이것은 왜왕의 존칭이다. 중국 역사책『당서唐書』「동이전」에는 다음과 같이 기록되어 있다.

일본은 옛날 왜노倭奴다. 그 왕의 성은 아매阿每 씨다. 첫 왕이 스스로 부르기를 천어중주라고 했다.

日本古倭奴也 其王姓阿每氏 自言初主號 天御中主

그렇다면 후나야마 고분에서 보이듯이 구마모토 땅, 곧 야마대국에 살던 사람들은 분명히 백제와 깊은 관계를 맺고 있었다. 또한 가야와 관계가 있을지도 모르는 전설을 간직한 묘견궁을 세웠는데, 묘견궁의 주신主神이 왜왕이면 문제가 매우 복잡하게 전개될 것 같았다.

잠시 후 우리는 차에서 내려 묘견궁으로 들어갔다. 묘견궁 건물은 수리 중이었지만 많은 참배객들을 위하여 궁사宮司가 의식을 집전하고 있었다. 나와 시마스 씨, 함께 온 야쓰시로 박물관 직원들은 조용히 묘견궁 건물 안팎을 살폈다. 혹시 쌍어문이 어디 숨어 있지 않나 해서 숨죽이며 찾아보았다. 건물 정면과 내부, 건물 주위를 샅샅이 살폈다.

그러나 아무 데서도 우리가 찾는 그림은 보이지 않았다. 경내에 있는 야쓰시로 신사의 건물도 자세히 살펴보았지만, 그곳에서도 쌍어문은 보이지 않았다. 우리가 쌍어가 아니더라도 좋으니 물고기 한 마리라도 눈에 띄면 좋겠다는 간절한 입장이 되었다.

우리는 궁사의 안내를 받아 접견실에서 차를 대접받았다. 다케하라[竹原]라는 이름의 궁사는 사십대 후반의 무표정한 남자였다. 내가 찾아온 목적을 설명했더니 고개를 저으며 말했다. "그런 그림은 물론 그런 모양의 조각도 없습니다. 과거에 있다는 이야기도 들은 적이 없습니다. 저의 전임 궁사께서 여기 오래 봉직하셨기 때문에 혹시 그분이 살아 계시다면 모를까, 저는 여기 온 지 얼마 되지 않아서 잘 모릅니다. 죄송합니다."

식당으로 갔다. 어느덧 점심시간이 지나서인지 손님이 하나도 없었다. 우리는 시장한 김에 아무거나 있는 대로 달라고 주문했다. 공기밥과 함께 일본식 찌개가 나오고 꽁치만 한 물고기를 회로 준비한 것이 나왔다.

"이게 무슨 물고입니까?"

"은어입니다. 이곳 구마가와[球磨川]는 은어가 많이 잡히는 곳입니다."

"한국에서는 섬진강 은어가 유명합니다. 날로 먹으면 수박 냄새가 나고 맛있는데, 기생충이 있을까봐 겁나서 못 먹지요."

"일본 은어에는 기생충이 없습니다. 많이 드십시오."

스마스 씨가 권했지만 나는 선뜻 집어 먹을 수가 없었다. 그것은 기생충 때문만은 아니었다. 그 이유는 딴 데 있었다.

나는 지금 쌍어문을 찾으려고 여기까지 왔는데, 여기서 물고기를 날로 먹는다면 물고기 신령님이 노하실 것 같은 생각이 들어서였다. 상징으로서의 쌍어문과 음식으로서의 은어회가 무슨 상관이 있겠는가. 하지만 어쩐지 부정 탈 것 같은 짓을 할 수가 없었다.

묘견궁에서 아무것도 찾아볼 수 없었기 때문에 야쓰시로에서 쌍어문을 찾겠다는 나의 기대는 무너져 내리고 있었다. 그래도 쌍어문을 찾으러 온 입장에서 나는 지킬 것은 지켜야 할 것 같았다. 사실 쌍어문 추적을 본격적으로 진행하면서부터 나는 좋아하던 낚시질도 그만두었다. 그리고 지금 생선회를 먹지 않는다고 쌍어문의 신령님이 나를 도와주지는 않겠지만 왠지 먹기가 두려웠다.

끝내 그 깨끗한 은어회를 한 점도 못 먹고 말았다. 전날 비가 와서 그날은 날씨가 찼다. 청주도 입에 당기지 않았다.

"이곳 야쓰시로의 자세한 지도를 구할 수 있을까요?"

점심을 끝내면서 시마스 씨에게 물었다.

"물론 구할 수 있을 겁니다. 교육위원회에서 구해도 되고, 서점에서도 자세한 지방 지도를 팔 겁니다."

나는 묘견궁에서 쌍어문을 찾지 못한 미련을 이 지방의 상세한 지도를 구하는 것으로 때우려는 듯 시내 서점으로 갔다. 서점에는 매우 자세한 지도가 있었다. 5천분의 1 지도였다. 실개천 하나, 집 한 채도 빠뜨리지 않고 표시해놓은 지도를 자동차 위에 펼쳐놓고 들여다보았다.

등고선을 따라 산들이 있고, 옛날에 바다였던 곳을 개간한 간척지도 보였다. 지도와 지도가 연결되는 부분에 마루야마[丸山]라는 게 보였다. 해변에 솟아 있는 낮은 봉우리였다. 그곳에서 신사神社의 도리이[鳥居] 표시(开)가 있었다.

"시마스 선생, 이것이 신사 표시죠?"

"잠깐만요. 네, 맞습니다. 아마 신사가 있던 자리인지도 모르죠. 구마모토에는 신사가 아주 많으니까요."

마루야마의 위치는 아까 우리가 찾아갔던 묘견궁에서 1킬로미터쯤 떨어진 곳이었다.

"이제 구마모토 시까지 돌아가는 일밖에 남지 않았으니 마루야마에나 한번 가볼까요? 혹시 옛날 신사 자리라도 있을지 모르니까요."

"좋습니다, 한번 가보지요."

후루후모도 이나리 신사 日本 古麓稻荷神社

　우리는 다시 묘견궁 앞을 지나서 지도가 가리키는 대로 마루야마를 향해 갔다. 묘견궁 앞을 지나면서 길이 비탈로 변하더니 가파른 언덕이 나타났다. 차도가 끊기는 곳에 주차장이 있었다. 주차장 바로 앞이 신사의 입구였다. 붉은색 칠을 한 문, 곧 도리이가 나타났다. 일본 신사의 도리이는 꼭 한국의 능 앞에 있는 홍살문[紅箭門] 같은 분위기다. 도리이의 가로지른 이마 대에 현판이 걸려 있었다.

　현판에 '후루후모도 이나리 신사[古麓稻荷神社]'라고 씌어 있었다. 색칠한 지 얼마 안 되는 것으로 붉은색 바탕에 먹으로 쓴 글씨가 선명했다. 도리이를 지나 몇 미터 더 올라가니 계단이 나왔다. 수십 층의 계단을 따라 올라가면서 수많은 도리이들이 도열하고 있었다. 마치 도리이의 터널을 지나가는 기분이었다. 그리고 신사 이름이 씌어있는 현판이 또 걸려 있었다. 계단 꼭대기에는 동물 두 마리가 입구 양쪽을 지키고 있었다.

　"이거 무슨 동물입니까? 사나워 보이는데."

　스마스 씨가 대답했다.

　"이나리 신사는 제물신을 모십니다. 상징으로 여우를 신으로 모시는 신사입니다. 일본에는 전국 곳곳에 이나리 신사가 있습니다."

　"한자로 쌀 '도稻' 자 하고 연꽃 '하荷' 자로 씌어 있는데, 여우신을 모신다니 이상하네요."

　"일본에서는 각종 동물들이 경배의 대상입니다. 그래서 일본에는 동물을 모시는 신사가 많이 있습니다."

　이야기를 들으면서 우리는 산꼭대기에 있는 신사의 본 건물 안으로 들어갔다. 건물 입구에서부터 작은 집 모양의 등燈이 여러 개 달려 있고, 건물 내부의 벽에도 짚으로 꽃바구니처럼 만들어 붙인 부적들이 달려 있었다.

나중에 오사카[大阪]의 서점에서 산 『이나리 신앙[稻荷信仰]』이라는 책에서 보니 이나리 신앙은 불교도 유교도 아닌 민간신앙이라고 했다. 건물 안은 15평쯤 되었는데 바닥은 깨끗한 다다미방이었고, 오른쪽 벽에 일본도 두 자루가 걸려 있는 것을 빼고 나면 특별한 신상神像은 없었다.

나와 시마스 씨는 조용한 방 안을 자세히 살펴보았다. 하지만 이렇다 할 특징은 없어 보였다. 우리는 밖으로 나와서 신발을 신고 돌로 깎은 여우 조각을 사진 찍었다. 오후 4시 정도의 햇살 아래서 좋은 사진이 나올 것 같아 여러 각도에서 찍었다.

그러고는 건물 뒤쪽으로 갔다. 신사 건물은 평면이 T자 모양인 두 건물이 붙은 것으로 산꼭대기의 좁은 공간에 있었기 때문에 건물 뒤로 돌아가는 길은 무척 좁았으며 주위는 벼랑이었다. 워낙 지세가 험해서 벼랑 위에는 목책이 세워져 있었다.

나는 오른쪽 길로 돌아갔고 시마스 씨는 왼쪽으로 돌아갔다. T자 건물의 뒷부분에 맞배 지붕이 보였다. 지붕 밑에는 동물이 그려져 있었다. 자세히 보니 활엽수 나뭇잎 사이로 푸른색 용이 나를 보고 으르렁거리고 있었다. 천연색으로 멋들어지게 부조浮彫한 것이었다. 우리나라의 삼국시대 고분에 걸려 있는 사신도 중 청룡 그림과 같은 것이었다.

혹시 이나리 신사에 도교적인 내용이 습합된 것은 아닌가 생각되어 사진을 한 장 찍어두려고 카메라를 겨누고 있는데 건물 반대쪽에서 시마스 씨의 목소리가 들렸다.

"김 선생!"

왜 부르나 하고 의아해하는데 시마스 씨가 다시 다급한 목소리로 나를 불렀다.

"김 선생, 이쪽으로 오십시오."

"잠깐만요, 사진 한 장만 찍고요."

나는 얼른 카메라를 조준하여 청룡의 사진을 찍었다. 찍다 보니 나뭇잎 그림자가 비쳐서 용이 얼룩져 보였다. 나는 다시 플래시가 달린 작은 카메라로 플래시를 터뜨리며 두어 장 더 찍었다.

"빨리 이쪽으로 오세요. 여기 있습니다."

시마스 씨의 목소리가 또 들려왔다.

"네, 가고 있습니다."

나는 카메라 가방을 들쳐 메고 건물 뒤를 살피며 바삐 돌아갔다. 시마스 씨가 지붕 밑을 손가락으로 가리키며 기쁜 표정으로 나를 쳐다보았다.

"보세요, 물고기가 있습니다."

자세히 보니 그늘진 '팔八' 자 모양의 지붕 밑에 물고기 두 마리가 45도 각도로 일어선 채 마주 보고 있었다. 물고기들이 파도 위로 뛰어오르는 모양이었다. 물방울이 튀었고, 물고기들은 힘차게 위로 솟구치고 있었다.

쌍어문이었다. 왼쪽은 붉은색, 오른쪽은 푸른색 고기였다. 적어赤魚와 청어靑魚가 대칭을 이루며 마주 뛰어오르는 모양이 양각으로 새겨져 있었다.

'그러면 그렇지'

구마모토의 쌍어
: 적어赤魚와 청어靑魚가 대칭을 이루며 마주 뛰어오르는 모양이 양각으로 새겨져 있다.

나는 속으로 쾌재를 불렀다.

'일본의 쌍어는 반드시 야마대국 자리에서 발견되어야 하는데 바로 여기 있었구나.'

나는 신음도 기쁨도 아닌 소리로 중얼거렸다.

"쌍어문이 틀림없지요?"

시마스 씨가 내 손을 잡으며 자기 일처럼 기뻐했다.

"틀림없고말고요. 인도와 파키스탄에 그려진 쌍어문과 똑같은 모티프입니다. 마주 보고 뛰어오르는 두 마리의 물고기 모양이."

나는 너무 기뻐서 시마스 씨의 손을 마주 잡고 마구 흔들었다.

"김 선생, 점심 때 은어를 안 잡수시길 잘했습니다. 어신魚神께서 김 선생의 지성을 알아주신 것 같습니다."

구마모토는 왜국의 본거지였다. 그 구마모토 지방 한 해변의 야쓰시로 시 마루야마 꼭대기에 위치한 이나리 신사는 재물신을 모시는 곳이다. 그 신사에 쌍어문이 용과 함께 새겨져 있는 것이다. 이게 무슨 조화인가.

야쓰시로는 거북 전설이 얽혀 있는 곳이다. 거북 전설은 어쩌면 한국 문화와도 관련이 있을지도 모르고, 이곳 사람들은 가라加羅 사람들을 당唐나라 사람으로 부르고 있다. 그런 곳에 쌍어문이 있다는 것은 쌍어문을 신앙의 내용으로 하던 어떤 사람들이 살고 있었다는 이야기다. 그 쌍어신앙은 어디서 온 것일까. 그것은 가락국, 곧 김해 지방에서 올 수 밖에 없는 것이다.

그렇다. 일본 규슈의 구마모토에는 가까운 가락국 사람들이 많이 옮겨 와 살았을 것이다. 그 사람들은 여기 와서 살면서도 고향에서 하던 대로 자기네들의 고유 신앙인 쌍어를 모시는 신전을 짓고 신앙 생활을 계속했을 것이다. 마치 아유타국을 떠나 중국으로 온 사람들이 쌍어문을 중국에서도 모시고 살았고, 다시 한국으로 옮겨 살게 되었을 때도 쌍어문을 한국 가락국에 그리게 되었듯이 말이다.

가락국 출신 이주민들이 무슨 이유로든지 배를 타고 규슈에 도착하여 정착한 곳이 구마모토라면, 구마모토에 살게 된 가락국 사람들은 고향인 김해가 건너다보이는 유우메이해안의 야쓰시로에 시전을 짓고 쌍어문을 모시는 신앙생활을 계속했을지도 모를 일이다.

쌍어는 나에게 그런 엄청난 역사적 사건을 자세히 이야기해주고 있었다.

히미코와 가락국

일본 규슈 지방에는 한국 계통의 지명이 많다. 그 규슈 지방에 한국과 가까운 항구도시 가라쓰[唐津]가 있다. 가라를 당唐으로 쓰는 게 이상하지만, 그렇게 된 데에는 반드시 이유가 있을 것이다. 한국의 충청도 해안에도 당진唐津이 있다. 신라시대 이래로 당나라와 교역하던 항구 이름이다. 그러니까 한국과 가장 가까운 일본의 가라쓰도 한국의 가라와 교역하던 항구에 붙여진 이름일 것이다.

가라쓰를 지금은 당진이라고 쓰지만 『일본지명대사전日本地名大辭典』에 보면 원래 이름은 한진韓津이었다고 명기되어 있다. 우리나라 고대 국가의 이름인 마한馬韓·진한辰韓·변한弁韓의 삼한에서 유래한 한민족의 한韓을 일본에서는 가라라고 부른 것이다.

왜 한을 가라라고 불렀을까? 일본에서 한국 땅과 가장 가까운 지역에 살던 사람들이 한국 땅을 가리켜 부르던 지명이 가라였을 것으로 생각된다. 왜냐하면 일본에서 가장 가까운 한국 땅은 부산 지역인데, 부산 지역의 옛날 이름이 바로 가라加羅이기 때문이다. 가라는 가락국이 여러 연맹국으로 확대된 연맹국의 한 이름이다. 그래서 가라쓰라는 지명이 일본 땅에 생겨나게 된 것이며, 일본에서 가라까지 배를 타고 떠나는 나루[津]를 가라쓰[唐津]라고 불렀을 것이다.

또 일본 규슈에서 한국과 가까운 쪽에 가당도加唐島라는 섬이 있었는데 일본어로는 '가카라시마'라고 읽는다. 한국과 관련이 있는 지명임에 틀림없다.

『일본서기』에 보면 백제 무령왕은 일본의 각라도各羅導라는 섬에서 태어난 것으로 되어 있다. 그래서 일본에서는 무령왕을 섬에서 난

왕이라 하여 시마오[島王]이라고 불렀으며, 백제에서는 사마왕斯魔王이라고 불렀다. 무령왕릉에서 발견된 지석誌石에도 분명히 사마왕이라고 씌어 있다. 어쨌든 한국에서 가까운 일본 해안에 한국을 지칭하는 '가라'라는 지명이 있다는 것은 매우 중요한 사실이다.

왜국의 왕 히미코가 역사책에 처음 등장한 것은 앞서도 말했듯이 진나라 때 진수가 지은 『삼국지』에서다. 진수는 서기 233년부터 297년까지 생존한 인물로 히미코가 활동한 기간인 183년부터 247년까지의 시기와 거의 일치하는 사람이다. 또 이 시기는 가락국의 수로왕의 뒤를 이어 거등왕巨登王이 등장하는 때(199년)다.

진수는 『삼국지』는 위魏·오吳·촉蜀, 세 나라의 역사를 기록한 것으로 「동이전」 '왜인倭人' 기사를 요약하면 다음과 같다.

왜인倭人은 대방帶方 동남쪽 큰 바다 속에 있다. 산과 섬을 의지하여 나라를 만들었는데 모두 100여 나라가 된다. 한漢나라(B. C. 202~A. D.200년) 때 조현朝見(신하가 왕에게 배알하는 것)하는 자가 있었고, 지금도 역관들이 다니는 나라가 30여 개국이나 된다.

왜에 가려면 해안을 따라 한국(마한馬韓)을 지나 조금 남쪽으로 가다 다시 조금 동쪽으로 가다가 그 북쪽 언덕인 구야狗耶에 이르면 한국과의 거리가 7천 리나 된다.

처음 바다를 한 번 더 건너 천 리 되는 곳에 있는 대마도에 도달한다. (……) 또 남쪽으로 바다를 건너 천 리를 가면 한해澣海라는 곳이 있는데, 거기에도 큰 나라가 하나 있다. (……) 또 바다를 하나 건너 천여 리를 가면 말로국末盧局이 있다.

남쪽으로 또 야마대국[邪馬臺國]이 있다. 이곳은 여왕이 도읍하고 있는 곳으로, 바다로 열흘을 가고 다시 육지로 한 달을 가야 도달한다. (……) 이 나라는 본래는 남자를 왕으로 삼아 왔는데 60~70년이 지난 후 나라가 어지러워져서 몇 해 동안 서로 공격하고 싸워왔기 때문에 할 수 없이 여자 하나를 세워 왕으로 삼고 이를 히미코[卑彌呼]라고 부른다.

이 여왕은 귀신을 섬겨 온 나라 백성들을 반하게 만들었다. 나이가 찼지만 남편을 맞지 않고 오직 남자 동생 하나가 있는데 그가 여왕을 도와 나라를 다스린다.

조금 많은 내용이지만 이를 인용하는 이유는 이 기사는 당시의 상황을 당대 역사가가 기록해놓은 것이어서 신빙성이 높고, 한국에 관한 기사와 함께 당시의 생활을 밀도 있게 연구할 수 있는 자료를 제공하기 때문이다. 여기서 해로로 며칠 걸린다, 육로로 며칠 걸린다 또는 몇천 리다 하는 내용은 현실과는 조금 차이가 있다. 아마도 당시의 운송 기술과 날씨에 따라 큰 차이가 있었을 것이고, 당시의 기준인 척尺이 지금보다 짧아서 거리는 조금 줄여서 이해해야 한다.

위 내용에서 우선적으로 기억해야 할 것은 왜국은 대방 동남쪽으로 수천 리 떨어진 곳에 있다. 그곳에 가려면 한국을 지나야 한다. 왜국은 바다에 있는 섬나라이고 여러 나라가 다투다가 히미코라는 한 여왕을 세웠다. 그 여왕이 다스리는 나라가 야마대국이다. 히미코가 귀도鬼道로 백성을 다스렸다는 점 등이다.

히미코는 왜국 중에서도 세력이 가장 강성했던 야마대국의 여왕으로 중국에도 여러 번 사신을 보낸 것으로 알려져 있다. 그런데 우리나라의 『삼국사기』에 왜왕 히미코가 174년(신라 아달라阿達羅 이사금尼師今 24) 신라에 사신을 보냈다는 기록이 있는 것을 보면 그 시대에 히미코가 존재했다는 사실은 확실하다. 가락국의 거등왕과 야마대국의 히미코는 같은 시대의 사람들이고, 또 이때는 역사가 진수가 생존했던 기간이다.

진수는 히미코의 존재를 알고 역사에 기록했다. 히미코가 위魏나라에 사신을 보냈을 때 그 사신들이 가락국을 통과하지 않고는 위나라에 갈 수 없었을 것이다. 그렇다면 히미코와 거등왕은 서로 상대방의 존재를 잘 알고 있는 사이였을 것이다. 바다를 가운데 두고 마주 보는 두 나라 왕들이 서로 상대국 왕이 누구인 줄 몰랐다는 것은 상상도 못할 일이다. 따라서 두 사람의 관계는 의외로 긴밀했을 수도 있다.

두 나라의 오누이들

두 사람의 관계를 좀 더 자세히 살펴보기 위해서는 우선 히미코가 다스린 야마대국에 관한 자료를 들춰보아야 할 것 같다.

진수보다 조금 뒤에 송나라 범엽范曄이 지은 『후한서』에도 왜에 관한 기사가 있다. 요약하면 다음과 같다.

왜국은 한韓나라 동남쪽 큰 바다 속에 있다. (……) 나라가 도합 30여 개나 된다. 제일 큰 왜왕은 야마대국이라는 나라의 왕이다. (……) 환제桓帝와 영제靈帝 통치기 사이(147년~188년)에 왜국은 크게 어지러워 저희들끼리 서로 공격하고 정벌해서 여러 해 동안 주장主將이 없었다. 이때 히미코라는 이름의 한 여자가 있었다. 나이가 많은데도 시집을 가지 않았다. 그 여자는 귀신을 섬겨 요술로 여러 사람을 현혹시킨다. 모두 이상한 사람이라고 해서 그를 추대하여 왕으로 세웠다. (……) 아무도 그를 보았다는 사람이 없다. 오직 한 사람이 그의 곁에서 모시고 있어 음식을 갖다 올리고 또 그의 말을 밖으로 전하기도 한다.

이 내용에서 볼 때 히미코는 베일에 가려져 있고 보통 사람들과는 대화를 하지 않는 인물로 묘사되었다. 히미코는 왜 사람들과 대화를 하지 않았을까? 신비스러운 인물이다. 모든 일을 남자 한 사람에게만 말을 전함으로써 처리했다. 다른 사람과는 말을 하지 않았다. 혹시 히미코는 왜인이 아니라 이방인이 아닐까? 그래서 왜국 말을 할 수가 없었던 것은 아닐까? 그래서 히미코는 왜국인과의 사이에 남자 통역인을 한 사람 둔 것이 아닐까? 히미코에 관한 책은 수십 권이나 있다. 내가 가지고 있는 히미코 관련 책만도 열 권이 넘는다. 모두 일본인들이 쓴 책들이다. 그중 하나가 『히미코는 일본말을 했나』다. 이렇게 생각을 해보니 자꾸 의심스러운 점이 생겨난다.

또 히미코를 보좌했다는 남자는 누구인가? 『삼국지』에는 히미코의 동생이라고 했다. 남매 중에 누이는 나라를 다스리는 왕이고 남자 동생은 그 밑에서 집행관, 곧 요즘 개념으로 총리쯤의 역할을 했다. 이들이 오누이라면 누구일까?

혹시!

수로왕의 아들 딸 중 역사에서 사라진 신녀神女공주와 선견仙見왕자가 있는데 이 남매가 바로 야마대국의 오누이가 아닐까? 히미코와 신녀는 같은 시대의 사람들이다. 가락국 수로왕의 아들과 딸인 오누이가 왜국으로 간 것은 아닐까? 또한 신녀의 이름과 히미코의 귀도鬼

道 정치에는 귀신이라는 공통점이 있다. 가락국의 오누이와 야마대국의 오누이가 동일 인물일 수 있다는 가능성은 얼마든지 있다.

히미코와 신어사상

그런데 야마대국의 중심지라고 생각되는 구마모토에서 가락국 신어사상의 상징인 쌍어문이 발견된 것이다. 야쓰시토의 후루후모도 이나리 신사에 새겨진 쌍어문은 어디서 온 것인가. 그것은 가락국일 수밖에 없다. 누가 가락국의 신어사상을 왜국에 가져왔단 말인가. 가락국 사람들이 신어사상을 야마대국으로 가져왔기 때문에 야마대국의 본거지인 구마모토의 이나리 신사에 쌍어가 새겨져 있었을 것이다. 그렇다면 그것을 누가 가져왔을까? 물고기가 인간을 보호한다는 믿음을 누가 야마대국에 가져왔을까?

그 사람들이 바로 신녀와 선견이 아닐까? 그래서 물고기 신神을 모시고 백성을 다스리느라고 신사에 쌍어문을 그려넣었는지도 모른다. 게다가 히미코가 귀도 정치를 했다는 것은 히미코의 무속적인 성격을 말하는 것으로 보인다. 가락국 왕비 허황옥의 성姓이 된 '허許'는 그 여인의 고향인 보주에서는 세습되는 직업 무사巫師라고 하지 않았는가. 그렇다면 히미코는 허씨족의 후손일 가능성도 있는 것이다.

또 한 가지 이상한 것은 그 시대에 히미코의 이름과 똑같은 나라 이름이 한국 땅에 있다는 점이다. 『삼국지』「동이전」의 한韓에 관한 기사 중에는 54개 나라의 이름이 있는데, 그중에 비미국卑彌國이라는 이름이 있다. '비미'는 일본어로 '히미[卑彌]'이고 한자로는 똑같은 글자다. 이것을 어떻게 해석해야 할까.

　한국 삼한시대의 여러 나라 중에 비미국이라는 나라가 있었고, 왜국의 통치자 이름 중 히미코가 있다는 건 무엇을 암시할까? 혹시 비미나 히미라는 말이 땅의 이름인가, 아니면 사람의 이름인가, 아니면 성스러운 존칭인가. 그것이 무엇이든 간에 같은 시대에 두 나라에 같은 이름이 있었다는 것은 두 나라 사이에 어떤 관계가 있었음을 강력하게 암시하는 것이 틀림없다. 비미나 히미는 국가의 통치 또는 통치자의 성격과 깊은 관계가 있는 것으로 보인다.

　고대 한반도와 일본열도의 공통적인 경제방식은 농업이다. 농업은 물, 곧 비[雨]와 깊은 관계가 있다. 그렇다면 히미코를 한국어로 읽으면 비미호인데 비는 비[雨]의 뜻으로 해석하면 어떨까 하는 생각이 든다. 히미코는 『당서唐書』에 의하면 성이 아매阿每씨로 되어 있는데 일본말로 아매는 비[雨]를 뜻한다.

　인도 마드라스(현재 첸나이)의 언어학연구소 소장인 마디와난 박사에 의하면 드라비다어의 일종인 타밀어로 비Vei는 비[雨]를 뜻한다고 한다. 또 이라크의 쌍어는 수신水神, 곧 물신을 보호하는 역할을 했으므로 히미코의 무속 기능 중에 기우祈雨 기능이 있었을 수 있다.

　혹시 비미국은 가락국에 예속된 소국小國인데 그 나라 통치자나 그 후손이 무슨 이유로든지 왜국으로 건너가 히미코가 된 것은 아닐까? 이런 추리는 충분히 가능하다.

　히미코가 다스린 야마대국의 소재지 후보로는 규슈 한복판인 구마모토가 가장 우선적으로 꼽히는데 그 구마모토 해변 지방인 야쓰시로에서 가락국의 상징인 쌍어문이 그려진 후루후모도 이나리 신사가 존재한다는 것은 무슨 뜻일까. 히미코의 출신을 강력하게 암시하는 것

히미코 초상 : 이 그림에서 히미코는 수십 조組의 쌍어문이 그려진 옷을 입고 있다.(아사히신문사 제작)

은 아닐까. 또 야스시로의 묘견신사는 천어중주 곧 히미코를 모시는 사당이다. 묘견신사의 말사末社가 후루후모도 신사다.

곧 히미코는 쌍어문을 상징으로 하는 가락국의 신어사상을 갖고 있는 인물로, 가락국에서 왜국으로 이민해 가서 왜국의 여러 나라들이 서로 다투느라고 혼란스러웠을 때 야마대국의 통치자가 된 인물이 아닐까 생각되는 것이다.

그러니까 히미코의 출생지는 가락국 또는 한韓이고, 이민 1세대이기 때문에 왜어倭語가 익숙지 않아 일반인과 대화를 하지 않고 중간에 사람을 넣어 사람들을 다스렸을 것으로 보인다. 특히 히미코의 귀도 통치방법은 쌍어신앙의 고향인 가락국에서 배웠을 수 있고, 또한 무사巫師 계급 출신인 허황옥이나 그 일행에게서 습득했을 가능성도 얼마든지 있다.

이 문제와 관련하여 중요한 그림이 하나 있는데 일본인이 그린 히미코의 초상화다. 현대 작가가 그린 그림이니까 물론 상상의 인물화다. 그런데 히미코의 얼굴을 실눈에 하얀 피부, 계란형의 북방 아시아 미인으로 묘사해놓았다. 그리고 화려한 모자를 씌우고 곡옥이 달린 목걸이를 걸었다. 이 초상화에서 내가 눈여겨본 부분은 그 여인이 입고 있는 옷에 쌍어문이 그려진 점이다. 한 개도 아닌 수십 조組의 쌍어문이 옷 전체를 덮고 있다. 이 그림을 그린 일본 화가는 분명히 고대 일본에 신어사상이 있었다는 것을 감지하고 그렇게 그렸을 것이고 그 사상의 중심에 히미코가 있다는 것을 웅변으로 보여주었다. 1억 2천만 일본인들 사이에 만인의 애인인 히미코는 신어사상을 믿고 있었던 무사巫師다.

신어사상의 여행

쌍어신앙은 멀리 메소포타미아 신석기 시대 사람들의 생각 속에서 탄생했다. 그리하여 기원전 12세기에 그 지방에서 아시리아 문화가 꽃피기 시작할 때 쌍어는 만물을 보호하는 신으로 숭배되었다. 그런 물증들이 인장印章으로 나타났다. 그 후 아시리아의 사제들은 인간과 인간의 생활을 보호한다는 의미로 물고기 모양의 사제복을 입고 의식을 집행했다.

아시리아 때 이미 시작된 신어사상은 바빌로니아시대에도 계속되어 왕권의 상징처럼 쌍어문이 유행한다. 그것이 바빌로니아의 지배를 받던 민족들의 이동으로 서쪽으로는 지중해로, 동쪽으로는 페르시아로 퍼져나가게 되었다.

로마의 탄압을 받던 초기 그리스도교도들의 마음속에 자리 잡은 신어사상은 물고기 아이콘으로 서로 기독교인임을 확인하는 장면이 영화에 여러 번 나온다. 그리고 지하교회인 카타콤에 오병이어를 그렸다. 예수가 떡 다섯 개와 물고기 두 마리로 오천 명을 먹이고 남았다는 요한복음의 내용이다. 오병이어는 떡 다섯 개가 가운데 있고 물고기 한 쌍이 양쪽에서 떡을 보호하는 그림이다.

그런 생각을 믿는 사람들이 지중해의 각 지방으로 퍼져 살게 되면서 신어사상은 기독교도, 이슬람교도를 막론하고 기층인구들이 신봉하는 민간신앙이 되었다. 그래서 시리아, 레바논, 이집트, 튀니지에서 쌍어문 조각들을 어렵지 않게 만날 수 있고 시장에서 쌍어를 주제로 한 스카프나 열쇠고리 같은 관광기념품들을 얼마든지 구할 수 있다. 곧 신어사상은 그 전 지역 주민들의 민간신앙이다.

한편, 메소포타미아에서 생겨난 신어사상은 흑해를 근거지로 일어난 기마민족인 스키타이를 통해 중앙아시아 전역과 알타이 산악지대의 유목민들에게 퍼졌다.

이런 과정에서 신어사상은 각 지역의 토착 신앙의 내용들과 섞여서 인도 대륙에 흡수되었고, 그것이 힌두교와 불교에 스며들게 된 것 같다. 따라서 메소포타미아와 인도 지역에 살았던 수많은 민족들에게 이 사유 세계가 퍼지게 되었다. 신어사상은 엄격한 의미에서 힌두교도 불교도 아닌 토착 원시신앙처럼 주민들의 가슴에 살아 있게 된 듯하다. 그래서 현대 파키스탄, 인도, 방글라데시의 지식인들이 비힌두교, 비불교적인 믿음의 상징인 쌍어문의 의미를 나에게 설명해줄 수 없었을 것이다.

그래서 기원전 8세기부터 3세기 사이에 중앙아시아를 장악한 스키타이족들은 타고 다니던 말의 이마[馬面]에 쌍어문을 부적으로 달고 다녔고, 말안장도 쌍어문으로 장식했다. 그 전통은 오늘날 파키스탄 간다라 지방에 굴러다니는 자동차에 그려진 쌍어문으로 연결되어 있다. 그런 쌍어신앙이 인도인의 이민으로 중국의 운남, 사천 지방의 주민들에게도 퍼져나갔고 북쪽으로는 라마교를 통해 몽골의 초원 민족들에게도 전달되었다.

이렇게 되어 사천 지방에서 한국으로 이동한 허황옥 일행에 의하

방글라데시의 다카 국립박물관 입구 바닥에 그려진 쌍어 무늬

레바논의 쌍어 무늬

파키스탄 간다라 지방을 운행하는 버스 지붕 위의 짐받이에 양각된 쌍어

스키타이의 쌍어 말안장 : 스키타이족은 타고 다니던 말의 이마에 쌍어문을 부적으로 달고 다녔고, 말안장도 쌍어문으로 장식했다.

8부 왜국 여왕 히미코와 쌍어신앙

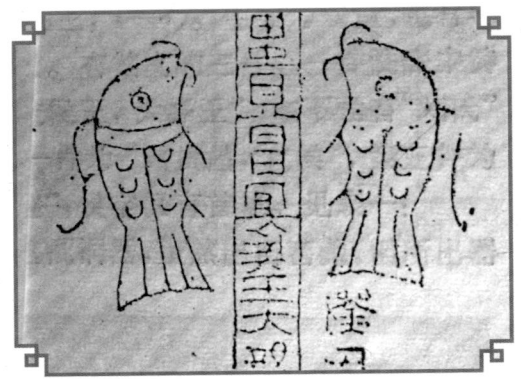

중국 운남성에서 발견된 한나라 때 제기祭器에 새겨진 쌍어 무늬

여 쌍어신앙은 가락국에 퍼졌고, 그것은 다시 가락국 출신들의 일본 이민으로 일본에까지 퍼지게 된 것 같다. 이때 가락국에서 규슈로 이민 온 사람들 중에 가락국의 쌍어신앙을 야마대국에 퍼뜨린 사람이 있었던 모양이다. 어쩌면 쌍어신앙은 지배 집단의 통치 기술과 관련이 있어 보이며, 그런 통치 기술이 중국인의 눈에도 귀도 정치로 보였을 것이다. 그렇기 때문에 귀도 정치鬼道政治로 야마대국을 다스렸다는 히미코는 가락국의 허씨족 출신일 가능성이 높은 것이다.

스리랑카와 일본

나의 피부색 때문에 시작된 쌍어문 추적이 이런 정도로 정리되었을 때 캐나다의 타밀학회Society for Tamil Studies 회원인 김정남 씨가 내게 이메일을 보내왔다. 생면부지의 김정남 씨는 인도와 한국 간의 문화적 관계를 쓴 나의 글을 읽었다면서 새로운 자료를 보여주었다. 오늘날 인도의 첸나이(마드라스) 지방과 스리랑카의 살고 있는 타밀어를 하는 사람들의 역사를 한일의 역사와 비교했다.

스리랑카의 타밀 명칭이 한일韓日과 일치*

스리랑카의 타밀 명칭들은 김부식金富軾의 『삼국사기三國史記』와 중국의 『삼국지』, 일본 역사서 등에 나오는 것들과 그대로 빼어 박았음을 다음의 이야기가 경악할 정도로 전해준다. 일본의 명칭들과 비교 참고를 위해 한자를 병기했다.

"비자야 왕이 인도에서 거북 모양의 배, 곧 '가라파Karapa[河童]'를 타고 스리랑카 섬으로 향하던 중 제일 먼저 목격한 섬은 '츠시마[對馬]'섬이다. 곧 스리랑카 섬의 서부 해안에 도착해 그곳을 '하카다[博多]'만(일본 규슈 섬 북쪽 후쿠오카의 해안지역)이라고 불렀다. 비자야 왕이 추종자들의 추대로 스리랑카 왕국의 초대 왕이 된 뒤 인도 남부의 타밀공주 야소다라를 왕비로 맞아들이고 자신의 추종자들 가운데 국무총리를 '비미호卑彌呼'라고 칭했다.

최초의 비미호 이름은 '묘견妙見' 또는 '마헤간'이고 그 동생의 이름은 '선견仙見'또는 '신견'인데 비미호 묘견은 선견의 조언을 받아 국정을 운영했다.

비미호 묘견은 하카다 부근에 비자야 왕의 궁전을 지어 당시 타밀어로 '사마테[邪馬台]', '사마타이' 또는 '야마타이'라고 명명했다. 이는 '평화peace'를 뜻한다.

비자야 왕이 왕위에 등극하기 전부터 이미 추종자들은 하카다에서 동쪽으로 '세토[瀨戶]' 강(일본에선 '세토[內海]')을 따라 상류로 거슬러 올라가면서

---

* 김정남, 『뉴스메이커』 692호, 2006년 9월 11일자 참조.

스리랑카 내륙에 '임나任那'와 '미마나彌摩那'라는 쌍둥이 마을들을 개척했다. 비자야 왕 통치기와 그 이후에 스리랑카인들은 고원지대를 만나 '기비[吉備] 고원'이라 칭했고 '무코노[務右](고베의 옛 이름)', '나니와[難彼](오사카의 옛 이름), '가와치[河內]', '사카이[堺]' 등 새로운 마을들을 구축했다.

이들 부근에 새 왕궁을 짓고 사마테나 야마타이에서 약간 변형하여 당시 타밀어로 '사마토', 또는 '야마토'라고 이름 붙였다. 그 의미는 '큰 평화Great Peace'이므로 한자로 표기하면 '대화大和'이며 야마토 궁전을 담당하는 책임자를 '오키미[大君]'(천황의 옛 이름), 야마토 궁전에 있는 도시의 책임자를 '미카도[御門]'(천황의 또 다른 옛 이름)라고 불렀다. 오키미와 미카도 아래에 고위관리로 '우치[氏]'와 '가바네[姓]' 등을 차례로 두었다.

야마토 궁 부근에서 더 나아가 '나라[奈良]', '나고야(본래 '나가오야'의 줄인 말, 명고옥名古屋)' 등 새로운 도시들을 차례로 건설한다.

스리랑카와 일본, 두 나라의 주요 명칭들이 기절초풍할 정도로 너무나 똑같다. 비자야 왕과 그 추종자들이 스리랑카 섬을 정복해나가듯이 수로왕과 9간干 세력 등 가야인들이 현해탄을 건너 일본 섬을 통치하면서 비자야 왕 시절의 명칭들을 차례로 붙여나가는 장면이 떠오르지 않는가? 가야인들이 한반도를 인도로, 일본 섬을 스리랑카 섬으로 감정 이입시키는 대위법을 적용한 것이다. 비자야 왕의 정복 이야기를 금과옥조로 삼은 결과다.

더구나 비자야 왕 대신에 수로왕의 딸 묘견공주로 대체하면 바로 이종기(1929~1995년) 선생님의 주장과 완전히 일치한다. 이종기 선생님께서는 수로왕의 딸 묘견공주 일행이 거북 모양의 배인 가라파를 타고 규슈 섬에 도착해 사마태 왕국을 건설하고 동생 선견왕자의 조언을 받아 국정을 운영했다고 강조했다.

비자야 왕 아래 최초의 국무총리 명치 '비미호'가 일본 왕국 '사마테'의 초대 여왕 이름 '비미호'로, 비자야 왕의 궁전 이름 '사마테'와 '야마토'가 각각 '사마태邪馬台'와 '대화大和'라는 일본 왕국의 이름들로 바뀌었을 뿐 전체적인 큰 틀은 거의 완벽히 일치한다.

특히 '사마테'를 우리말 발음에 따라 음차音借하여 한자로 '邪馬台사마태'로 표기했는데 이는 비미호 여왕이 가야계임을 반증한다. 또 일본어에서 '大대'가 '야마'로, '和화'가 '토'로 발음되는 경우가 '야마토[大和]'가 유일한데, 이는 비자야 왕 이야기에 나오는 단어를 훈차訓借하여 한자어로 만들었기 때문이다.

조금 긴 이야기를 인용했다. 원래의 전거典據를 말하지 않아서 신빙성의 문제는 앞으로 더 검증해야겠지만 일단 주목해야 한다. 복잡한 것 같지만 타밀어를 말하는 종족들의 역사와 당시의 인명, 지명들이 고대 한국과 왜의 인명, 지명과 같기 때문이다.

인도와 한국 사이는 멀다. 그래도 바다로 연결되어 있다. 인도와 동아시아의 역사와 관련하여 선사시대에 한국에 소개된 벼농사 기술에 관련되는 핵심 어휘들이 고대 인도어인 드라비다어에서 유래한 것이 아주 많다고 앞서 말했다. 그러니까 역사시대에 들어와서야 인도와 한국의 관계는 더욱 긴밀해졌을 가능성도 없지 않다. 점입가경이다.

페르시아의 가라 어와 고케레나 목

1999년 10월, 파리발 서울행 비행기는 밤늦게 출발했다. 나는 그때 국제박물관협의회ICOM의 각국 대표자 모임에 참석하고 돌아가는 길이었다. 열 시간 이상 날아가는 비행기 안에서 읽을 책으로 서울에서 사가지고 간 『페르시아 신화』를 펼쳤다. 여러 날 계속된 회의를 마친 피곤한 몸으로 비행기에서 책을 읽는다고 해도 몇 페이지 못 넘기고 잠이 들 거라고 미리 예상하고 있었다. 그러나 그 책은 서문부터 내 눈길을 끌었다.

이란, 곧 고대 페르시아 사람들의 신년축제 때 사람들이 금붕어를 산다는 이야기로 책이 시작되기 때문이었다. 금붕어는 고대 이란의 신화에서 사람의 질병을 고치는 약을 생산하는 커다란 나무의 뿌리를 보호하는 두 마리의 물고기에서 유래했다는 이야기였다. 물고기가 인류를 모든 질병에서 구해준다는 믿음이다.

일본에서는 '고이노보리' 민속축제 때 종이로 물고기를 만들어 장대에 매다는데, 가족이 모두 건강하게 해달라는 의미다. 곧 물고기는 건강과 깊은 관계가 있다고 믿는다. 이런 예가 있기 때문에 이란 사람들의 마음속에 있는 물고기가 인간의 질병을 고치는 약을 생산하는 나무를 보호한다고 믿는 생각과는 일맥상통하는 것이다. 이란과 일본이 옛날에 문화 접촉이 있었다는 이야기는 생소하게 느껴졌지만 흥미 있는 내용임에는 틀림없었다. 졸음이 달아나버렸다.

계속해서 읽어나갔다.

인류의 만병을 고치는 영약이 있었다. 그 약은 거대한 '고케레나'라고 부르는 나무의 열매였다. 고케레나는 바다 속에서 자라는 나무다. 인류를 파멸하려는 악신이 나무의 뿌리를 파버리려고 두꺼비를 보냈지만 실패했다. 알고 보니 나무뿌리를 지키는 '두 마리의 영험한 물고기'가 있었기 때문이다. 그 물고기의 이름이 가라Kara다.

여기서 가라는 한 쌍이므로 가락국이나 아요디아의 신어들과 똑같은 유형이다. 페르시아의 가라는 신통력이 있어 인류가 멸망하지 않고 번창하게 된 것이다. 마치 아요디아의 '마찌' 설화에서 물고기가 물에 빠진 사람을 구해주어 인류가 멸망하지 않았다는 것과 유사한 내용이었다. 이 내용을 접하니 한국, 일본, 인도, 이란, 메소포타미아가 물고기를 들고 한꺼번에 등장하는 무대가 펼쳐지는 듯했다. 내 좁은 머리로는 더 이상 짜 맞추기가 힘들 정도로 퍼즐 게임의 본 그림은 엄청나게 컸었다는 느낌이 들었다.

이 내용에서 내가 더욱 놀란 대목은 페르시아식 물고기 명칭인 '가라'는 가락국의 별칭인 '가라加羅'와 발음이 똑같다는 점이다. 페르시아에서는 인류를 살리는 영약을 보호하는 물고기의 명칭이 한국 역사에서는 나라의 이름이 되었단 말인가.

그렇다. 고구마 줄기 하나를 찾아 잡아당기면 고구마가 줄지어 나오는 이치와 같았다. 페르시아 신화는 내가 신어의 의미를 찾아 헤맨 수십 년에 걸친 기나긴 여로의 종착역을 알려주는 표시판이 되었다. 오랜 세월을 두고 고민하던 문제의 해답이 보이기 시작했다. 신어는 인류평화의 상징이었다.

신어는 가락국의 국명이 되고

쌍어문은 인도 코살국의 아이콘이 되었다가 아요디아 주민의 이동으로 중국 남부 지방으로 퍼져나갔고 그 끝이 한반도 고대사의 한 주인공인 허황옥에게 연결되었다. 이제는 내가 왜 검은 피부를 갖고 이 세상에 태어나게 되었는지 확실하게 밝혀졌다. 메소포타미아의 고대인들의 사유 세계 속에 들어 있던 신어사상이 오랜 세월에 걸친 인구의 이동과 접촉으로 한국까지 퍼지게 되었음을 알아낸 것이다.

개인적으로 평생의 숙제를 풀다가 의외의 내용까지 밝혀내게 되었다. 피부를 검게 타고난 이유를 알아보려는 소년 시절부터의 단순한 호기심이 결과적으로 세계 사상사에서 밝혀지지 않았던 쌍어신앙의 확산 현상까지 찾아내게 된 것이다. 정말 의외의 결과였다.

나는 기뻤다. 너무 가슴이 벅차 읽고 있던 『페르시아 신화』를 떨어뜨렸다. 내 옆자리의 승객은 졸고 있었다. 나는 흥분되어 앉아 있을 수가 없었다. 자리에서 일어나 점보 비행기의 2층에 마련된 미니 바 Bar로 가서 시원한 음료수 한 잔을 따라 마셨다. 기쁨과 경악으로 쿵쿵 뛰는 가슴이 진정되기를 기다렸다.

인문학 연구는 고리타분한 것인지도 모른다. 옛날 책 속에서 뜻을 모르던 글자의 의미 하나를 찾았다고 해도 역사가 바뀌는 것도 아니고 역사 교과서를 새로 쓰게 되는 것 또한 아니다. 그러나 연구자들은 작은 사실 하나만 확인해도 그것은 큰 기쁨이다. 어떤 연구가 종결되었다고 해도 대단한 성과가 아닐 수도 있고 세상이 떠들썩할 정도로 중요한 연구 또한 아니다. 그러나 적어도 나에게만은 검은 피부를 타고난 이유를 알고 싶은 세기를 넘는 오랜 연구가 끝난 것이다.

이 연구 성과를 더욱 확대 해석한다면 나와 같은 성씨를 갖고 살아가는 수백만 명의 김해 김씨, 김해 허씨, 인천 이씨들과 부계 또는 모계로 유전인자를 받아 나처럼 인도인 같은 검은 얼굴로 살고 있는 수백만 명의 인구가 공통적으로 갖고 있던 의문이 해결된 셈이다. 가락국의 수로왕릉의 대문에 새겨진 쌍어문이 많은 사람들의 의문을 해결해준 열쇠가 된 것이다.

그런 연유로 신어상은 가락국과 가락국이 발전한 가라, 가야의 국가 상징인 국장國章이 되었다.

처음부터 『페르시아 신화』를 읽었다면 연구는 빠르고 쉽게 진행되었을 텐데 아무도 가르쳐주는 사람이 없었고 동반 연구자조차 한 사람 없는 상황에서 아주 작은 문제를 혼자서 해결하느라고 나는 힘들여 먼 길을 걸어온 셈이다. 그래도 나는 기뻤다. 신어 연구가 인류공통의 행복을 약속하는 것도 아니고 이 연구의 결과로 노벨상을 주지 않아도 좋다.

나의 고독한 신어 탐구 여행은 끝났다. 새파란 청년이었던 나는 어느새 반백의 노인이 되고 말았다. 지나간 세월들이 한 편의 다큐멘터리 영화의 필름처럼 빠른 속도로 내 망막을 스치며 지나갔다. 수로왕릉, 아요디아, 간다라, 보주, 페르시아, 페르가몬, 예루살렘, 튀니지…….

짧은 꿈을 꾼 듯한데 기나긴 세월이 흐르고 말았다.

예루살렘의 오병이어에 나타난 쌍어 무늬

그때쯤 비행기는 알타이 산맥의 상공을 통과하고 있었다. 비행기는 뿌연 새벽하늘을 낮은 고도로 날아갔다. 눈 아래로 여러 겹의 산맥들이 동서로 펴져 있었다. 산들은 모두 높지 않은데도 이미 흰 눈으로 덮여 있었다. 골짜기 사이마다 무수한 실개천이 보였다. 오래된 흑백사진을 보는 것 같았다. 저 실개천들이 모여 강을 이루어 북해로 흘러 들어간다. 그 강이 예니세이 강이다. 알타이 지역은 산 속에서 살고 있는 모든 유목민들의 정신적 고향이다. 그 옛날 영험한 산신령들의 고향이며 그 산신령들을 모시고 종족의 번영과 단결을 도모하던 위대한 지도자 '칸Khan'들의 고향이다. 그들의 마음속을 신어사상이 지배하고 있었다. 그래서 그들은 물고기를 먹지 않았다.

그 신성한 물고기의 이름이 '가라Kara' 다.

아침 햇살이 퍼지면서 주름살 같이 빼곡한 산과 계곡들을 비추었다. 다양한 민간신앙을 간직하고 각종의 언어들을 사용하는 유목민들의 고향이 촘촘히 박혀 있는 알타이 산맥을 지나가는데 한 시간이상이 걸렸다. 장엄한 광경이었다.

페르시아의 문지기

쌍어신앙을 신봉하던 사람들이 바빌로니아 시대부터 있었다. 또 파키스탄과 인도에서는 현대인들의 생활 장식으로 쌍어신앙이 계속되는 현상이 현지를 답사한 결과 확인되었다. 바빌로니아, 곧 이라크 땅과 인도 대륙 사이에는 오늘날 이란이라는 나라가 자리 잡고 있다. 게다가 페르시아 신화에 고케레나 나무를 지키는 두 마리의 물고기인

가라 어Kara Fish가 존재하는 것을 알게 되었으니 오늘날 이란에 고고학 증거로 쌍어가 남아 있을 가능성은 충분히 있었다.

이란의 넓은 사막지대나 고원지대에서 분명히 쌍어문이 물증으로 남아 있으리라고 충분히 짐작되어왔다. 그러나 실굴증거로는 이란의 유적에서 발견된 쌍어의 사진이 국제 학계에 소개된 것이 있는지 없는지 나는 직접 보지 못한 채로 세월이 많이 흘러갔다. 그래서 이란에 직접 가서 찾아보고 싶은 생각이 있었다.

오랜 기다림 끝에 이란 답사가 이루어졌다. 배기동 박사가 이란에서 구석기 유적을 발굴하는 과정에서 그의 안내로 한국의 동호인들이 이란의 고대 유적을 답사하게 되었다. 순수한 고적답사대가 형성된 것이다. 구성원은 박물관 문화재 계통의 사람들이 절반가량이었고 그 밖에도 신문기자, 의사, 법률가, 전자공학과 교수, 여행사 사장, 외식산업가까지 40명이었다. 연령층은 나 빼고는 대부분 삼십대에서 사십대까지이고 남자 중학생도 한 명 있어서 각양각색의 구성이었다. 우리는 직업이 다르고 나이도 차이가 많은 사람들의 단체였지만 대부분은 한양대학교 교수와 졸업생이 중심이었고 그 밖에 가까운 지인관계 사람들이었다.

2008년 2월 4일, 우리를 태운 이란 에어 비행기는 인천공항을 떠나 아홉 시간을 날아가 현지시간 밤 11시에 테헤란에 도착했다. 다음 날 이란에서 문화재계의 대표자인 타바타바이 씨를 호텔에 초청하여 이란 역사와 문화에 관한 강의를 듣고 이어서 현지 언론인들과 기자회견을 했다. 그 자리에서 나는 준비해 간 세계의 쌍어 그림들을 영상으로 보이면서 이란의 유물이나 유적 중 이와 비슷한 쌍어 조각이 있는지 공개적으로 질문했다. 그러나 이 문제에 대하여 아무도 관심 있는 사람이 없었다. 국립박물관에서도 쌍어는 찾을 수 없었다.

웬일일까? 불길한 예감이 들었다. 또 인도나 파키스탄처럼 그 나라에 쌍어 상징이 민속으로 사랑받고 있는데도 보통의 지식인들에게는 무관심의 대상이 되어 있는 게 아닌가 하는 걱정이었다.

불안한 마음으로 다음 날 오후 국내선 비행기로 900여 킬로미터를 남쪽으로 날아가서 역사 도시 쉬라즈Shiraz에 도착했다. 쉬라즈는 고대 페르시아 때 중심지다. 여기서부터 사막 분위기가 물씬했다. 쌀쌀하고 건조한 날씨에 모래바람이 우리를 기다리고 있었다. 목이 따갑고 기침이 심해졌다. 도시 북쪽에서 동남쪽으로 흐르는 자그로스 산맥 남쪽 자락에 쉬라즈에서 북쪽으로 50킬로미터 떨어진 곳에 페르시아 시대의 수도인 고대 도시 페르세폴리스Persepolis가 있었다. 동물 조각들이 새겨진 수백 개의 열주들이 장엄하게 서 있었다. 과연 페르시아 제국의 위엄을 유감없이 보여주는 역사의 현장이었다.

바빌로니아 제국을 제압하고 지중해의 아테네, 스파르타 등 신생 도시국가들을 압도하던 나라의 수도다웠다. 알렉산더와의 전투에서 패할 때까지 당시 지구상에서 최대의 제국을 건설한 페르시아의 중심지였다. 너무 넓어서 한두 시간에 보기에는 무리였다. 그래도 현장에 와서 직접 분위기를 느껴보는 것과 책으로만 보는 것은 하늘과 땅의 차이였다.

페르시아 전투로 유명한 다리우스 1세Darius Ⅰ(기원전 522~486년), 크세르크세스Xerxes, 다리우스 2세 등 세계사의 주인공들이 살았던 궁전과 신전, 그들의 무덤들이 병풍처럼 새긴 암벽을 뚫어 만든 동굴에 남아 있었다. 영웅들의 업적들이 무덤 외벽에 부조로 새겨져 영광스러운 역사를 후세 사람들에게 설명하고 있었다.

페르시아 제국

    지금의 이란이 이슬람 정신으로 단단히 무장하고 세계 최강국인 미국과 정신적인 대결을 하고 있는 이유를 여기 와서 보니 이해할만 하다. 여자들은 외출할 때 머리를 가리는 '히잡'을 써야 하고 엉덩이를 가리는 치마를 입어야 한다. 외국인의 눈으로 보면 불편해 보이지만 이런 형상은 이란인들에게는 전통을 지키려는 자존심이기도 하다. 찬란했던 역사를 가진 민족은 자존심이 강하기 마련이다. 그 역사적 자존심이 살아 있는 한 그 민족은 쉽게 주저앉지 않는다. 20세기 초반에 세계 최빈국이었던 한국이 반세기 만에 선진국 대열에 합류하게 된 배경에도 수천 년을 이어온 왕조사에 대한 한국 사람들의 자긍심이 있었다.*

    여기가 페르시아의 수도였을 때인 기원전 490년 페르시아와 아테

---

* 새뮤얼 헌팅턴, 『문명이 중요하다 The Culture Matters』 참조.

네가 싸운 유명한 마라톤 전투가 있었다. 인류 최초의 세계대전이었고 그 전투의 승리를 알리러 전장에서 아테네까지 42.195킬로미터를 뛰어간 병사가 있었다는 이야기도 생각났다. 헤로도투스의 기록에는 아테네 연합군은 불과 수백 명만이 전사했는데 페르시아군은 6,400여 명이 전사했다고 전한다. 역사는 승리한 사람들의 자랑만이 남는 법이다. 아테네 측의 기록만이 후세에 전해졌고, 그 이전의 페르시아 측의 연전연승 기록은 상대적으로 적게 남아 있다. 지금도 무수히 발견되는 페르시아의 쐐기문자(설형문자楔形文字) 기록들이 앞으로 어떻게 해독될지 두고 보아야 한다.

나는 입구에 마련된 기념품 가게에서 책을 골랐다. 영문으로 된 것은 드물고 이란어와 영문이 병기된 책들이 대부분이었다. 나는 이란 문자를 읽을 줄 모르지만 닥치는 대로 집었다. 사진을 중심으로 보면서 꼭 필요한 부분은 전문가에게 읽어달라고 할 심산이었다.

나의 이번 페르시아 문명지 답사는 페르시아 때 남겨진 쌍어문의 실체를 확인하려는 것이었다. 앞서 소개한 대로 페르시아 신화에 인간을 질병에서 구원하는 영약靈藥인 과일을 생산하는 나무, 곧 고케레나 목木이 있다. 고케레나 나무는 물속에서 자라고, 그 뿌리를 악신惡神에게서 보호하는 물고기 한 쌍이 있는데 이들이 가라 어魚다.

페르세폴리스에서 북쪽으로 자동차로 달려 한 시간쯤 걸리는 곳에 파사르가드Pasargadae라는 유적지가 있다. 페르시아 아키메니드 왕조를 연 사람은 시루스Cyrus 대왕이라고 부르는 코로쉬Korosh 왕(다리우스 1세의 아버지)이다. 그는 기원전 559년부터 529년까지 왕위에 있으면서 메디아를 정복하여 메디아의 왕이라는 칭호까지 갖고 있는 인물이다. 당시의 수도가 파사르가드인데 페르세폴리스 이전의 첫 수도다. 지금은 사막화하여 황량한 사바나 지대로 남아 있다. 자고로스 산맥의 동남을 흐르는 강물에 의지했던 도시의 폐허에는 코로쉬 왕의 돌무덤이 지상에 완전하게 남아 있어서 여기를 지나는 이들의 발걸음을 붙잡는다.

지상에 6단으로 쌓은 직육면체 피라미드 모양의 코로쉬 왕 무덤을 보니 중국 길림성 집안에 있는 고구려의 장군총將軍塚이 연상되었다. 비록 코로쉬 왕의 시대인 기원전 500년대와 장군총將軍塚을 세운 서기 400년대와는 900년이라는 시간 차이가 있어도 인간의 사후 우주관을 함축하고 있는 무덤의 형태가 이렇게 비슷한 것은 절대로 우연이 아닐 것이라는 생각이 굳어졌다.

여기서 나는 드디어 커다란 쌍어를 만났다. 석조 궁전의 출입구가 남아 있었고 출입구의 양쪽 벽면 내부에 사람의 발[足]이 부조 기법浮彫技法으로 새겨져 있었다. 건장한 남자의 장딴지 뒤로 물고기의 꼬리부분이 드리워져 있었다. 사람의 상체가 있었을 부분은 허물어지고 없었다. 남은 부분만 가지고 보아도 사람이 물고기 껍질 모양의 옷을 입고 있던 조각이다. 이런 조각은 아시리아 시대의 원통형 인장에서도 보였고, 터키의 페르가몬에서 발견된 바빌로니아의 센나케리브 왕의 궁전 수조水槽 조각에서도 이미 확인되어서, 없어진 부분은 보지 않고도 어피복魚皮腹을 입은 사제임을 알아볼 수 있었다. 똑같은 조각이 반대편 벽에도 남아 있었다.

2,500년 전에 세워진 후 숱한 풍상을 겪으며 황량한 사막 한복판에 쓸쓸히 남겨진 궁전의 잔해 틈 속에서 몸통은 없어진 채 꼬리만 남아 있는 물고기는 그렇게 나를 기다리고 있었다. 내가 40년 넘게 찾아다니는 두 마리의 물고기는 옛날 페르시아의 영광을 웅변으로 설명하고

파사르가드의 쌍어 조각
(『Persepolis Achaemenian Souvenir』, 2007)

있는 코르쉬 왕의 무덤 앞에서 모래 바람을 이겨내며 나를 기다리고 있었다. 누가 이들의 충직성을 의심할 수 있을까. 남자는 자기를 알아주는 사람을 위하여 목숨을 바치고, 여자는 자기를 사랑하는 사람을 위하여 절개를 지킨다고 한다.

쌍어는 자신들이 중요하다고 생각하는 사람이나 사물을 보호하는 존재들이다. 그래서 그들은 물속에서나 사막에서나 굳건하게 자기 임무를 수행하고 있다. 더구나 쌍어들의 성스러운 임무가 무엇인지 오랜 세월이 흐르면서 잊혀졌다. 아마도 지구상에서 나 말고는 쌍어를 찾아 헤매는 사람이 없는 듯한데, 쌍어가 한번 모시던 주인을 지키며 그 자리에 수천 년을 서 있는 현장을 만난 것이다.

참으로 감동적인 순간이었다. 등에 소름이 돋는 듯한 엑스터시의 순간이었다. 나는 눈을 감았다. 여기서 쌍어 조각품을 만나게 된 기쁨을 어떤 신에게 감사드려야 할지 알 수 없었다. 오랜 세월 동안 쌍어 신앙을 추적하다가 나의 신앙은 차라리 쌍어신앙이 되고 말았는지도 모른다.

잠시 후 나는 끼고 있던 장갑을 벗고 맨손으로 사제의 다리와 물고기 껍질을 쓰다듬어보았다. 사제의 다리에 뚜렷하게 새겨진 핏줄에는 아직도 더운 피가 흐르는 듯했고 반짝이는 물고기 비늘들의 꿈틀거리는 듯한 느낌이 손바닥에 전해졌다.

1991년에 동베를린의 페르가몬 박물관에서 만난 바빌로니아 쌍어를 대하는 기쁨과 같았다. 아니 그때보다 기쁨이 더욱 컸다. 왜냐하면 페르가몬의 쌍어 조각은 이미 원위치에서 옮겨져 복원된 것이었고 여기 파사르가드의 쌍어는 폐허일지언정 옛 페르시아의 현장을 그대로 지키고 있기 때문이었다.

정신을 차리고 카메라를 꺼냈다. 석양에 비친 그림자 때문에 한쪽은 잘 보였으나 반대쪽은 그림자가 드리워져서 좋은 사진을 기대하기 어려웠다. 할 수 없이 한쪽만이라도 역광에 맞추어 여러 장 찍었다. 겨울바람에 손이 시렸다. 해가 저물어갔다. 그래도 나는 그 자리를 선뜻 떠나지 못했다. 오랜 기다림 끝에 어렵게 이루어진 나와 쌍어의 눈물겨운 해후를 한 시간도 안 되어 끝내기가 못내 아쉬웠기 때문이다.

9부

보석의 길

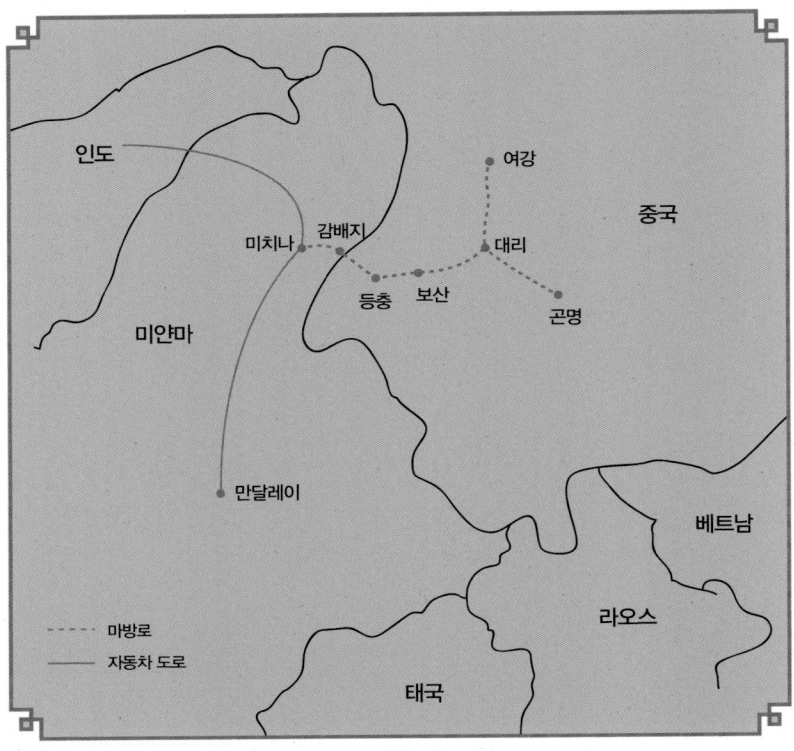

보석의 길

9부
보석의 길

인도-미얀마-운남의 비밀통로

2007년 초여름 설완식이라는 삼십대의 젊은이가 내 사무실을 찾아왔다. 그는 『김수로왕비 허황옥』을 보충하여 증보판을 내보자고 제안했다. 1994년에 출간한 그 책의 초판은 7쇄까지 나갈 정도로 독자들의 반응이 뜨거웠다.

독자 중에는 가끔씩 이메일이나 전화로 그 책의 신판이 있느냐고 물어오는 경우가 있어서 신판 작업에 대해 생각 중이었고 인터넷 사이트에 돌아다니는 재야 연구자들의 허황옥에 관한 소설적 추측들이 나의 원작과는 동떨어진 내용들이 많아서 새 책을 공급해야 할 것 같은 도덕적 의무감도 있었다. 그래서 새로운 편집을 해보자고 구두로 약속을 했다.

　그러면서도 나는 자신이 없었다. 새 책으로 편집한다면 새로운 내용을 추가해야 하는데 그렇게 하기가 난감했다. 왜냐하면 나는 그 책의 약점을 잘 알고 있기 때문이다. 곧 허황옥 일행이 한반도 남쪽에 도착했을 때 배를 타고 왔다는 것은 「가락국기」에 적혀 있다. 그런데 보통의 연구자들이 2천 년 전에 인도에서 한반도까지의 먼 거리를 어떻게 항해할 수 있었겠느냐, 그건 불가능하다. 그러니까 「가락국기」는 믿을 수 없다고 생각하는 것이 중론처럼 되어 있었다.

　그런데 그녀의 시호인 보주태후普州太后에서 보주가 중국 사천성 안악현으로 밝혀졌고, 보주에는 허씨 성을 가진 사람들이 많이 살고 있다. 게다가 서운향에 있는 허씨 사당과 그 주변에는 쌍어문이 많이 발견되어 인도의 아요디아와 문화적 관계가 깊었음을 보여준다. 그래서 인도와 한국 사이의 중국이라는 내륙에 거점이 있었다는 것이 밝혀졌다. 아유타국 출신들이 이동할 때 중국까지는 육로를 이용했을 가능성이 활짝 열린 것이다.

　따라서 새로운 내용을 추가하려면 아요디아를 떠난 인도인들이 과연 어떤 경로로 보주 땅에 도착했는지 밝혀내야 했다. 이 문제는 정말로 증명하기 어렵고 증명하려면 아요디아에서 보주까지 통할 수 있는 육로를 찾아보아야 한다. 필요하다면 내가 직접 답사를 감행해야 한다. 어떤 루트를 찾아갈지 알아보기 위해서 나는 지도를 놓고 면밀하게 검토해보았다. 마침 운남민족대학의 인류학자인 하요화 교수가 한국을 방문 중이었다. 하 교수는 중국 서남부에 살고 있는 소수민족 전공자다. 하 교수가 내 연구실에 와서 차를 마시는 중에 나의 허황옥 연구 내용을 듣더니 인도-미얀마(옛 버마)-운남으로 통하는 고대 상업 통로를 설명해주었다. 특히 운남의 보산保山에서 미얀마의 미치나[密支那]로 통하는 소수민족들 간의 통로가 있음을 알려주었다. 하 교수는 내 연구실에 걸려 있는 대형 중국전도中國全圖에서 보산과 미치나의 위치를 짚어가며 옛날 마방馬幇들이 넘어 다니던 길을 알려주었다. 그 이야기를 듣고 나는 정신이 번쩍 들었다. 마방은 자동차가 없던 시절에 말이나 당나귀에 짐을 싣고 먼 거리를 이동하며 장사하는 사람들을 말한다. 사막이나 초원지대의 대상隊商 같은 것이다. 특히 길이 좁고 가파른 지역에서 마방은 마을과 마을을 잇는 신경 조직과 같아서 생필품의 공급뿐만 아니라 차나 소금 같은 고부가 상품이 교역되는 육상 통로를 다니는 장사꾼들이다.

'아, 그래? 그런 곳에 국경을 넘나들던 산길이 있다고? 내가 직접 보지 않고는 믿을 수가 있나. 그런데 과연 현지까지 직접 가볼 수는 있을까? 지도상으로는 높은 산악지대로 보이는데.'

이런 생각이 들었지만 나는 이제 나이도 많고 기력도 쇠진해가는 노인이다. 정글에 가까운 산지를 헤집고 옛길을 더듬어본다는 생각은 젊은 사람들에게는 탐험가의 낭만 같은 것을 느끼게 할지 몰라도 나에게는 노망에 가까운 만용이다. 길이 험한 것도 큰 이유 중 하나지만 위도로 보아서는 열대에 가까운 지역인데 모기와 독충을 어떻게 피한단 말인가. 몇 년 전에 한국의 방송국 기자가 태국에서 취재하다가 말라리아모기에 물려 희생되었다는 이야기도 떠오르고 더운 지방 사람들의 독한 음식을 또 먹어야 한다는 생각을 하니 끔찍했다. 그래서 나는 자신이 없었다.

일단 지도상으로만 교역 통로가 있음을 알아두고 후일 다시 생각해보자고 마음을 달랬다.

하 교수 일행이 중국으로 돌아가고 나서 얼마 뒤에 중국에서 이메일이 왔다.

보산에서 미얀마 국경까지 가는 도로가 많이 개선되었다는 정보가 있습니다. 많은 부분이 포장된 길이고 험한 길들은 얼마 되지 않으니 조심하면 다녀올 수 있을 것 같습니다. 제가 안내하겠습니다.

'대부분 포장되었다고? 어휴, 2004년에 대리大理와 여강麗江까지 갔을 때도 포장도로가 있다고 하여 자동차로 가다가 일곱 시간이나 고생한 적이 있지 않았나. 그 결과는 산길이 험하다는 것만은 확인했을 뿐 낡은 도로에서 덜컹이는 자동차를 여러 시간 타고 난 뒤에 디스크가 도져서 몇 달 동안 고생한 사실을 벌써 잊었나. 나는 못 간다.'

그래서 나는 답장을 하지 않았다.

마방로馬幇路를 찾아

인도 출신의 어느 집단이 중국 쪽으로 이동했다면 상식적으로 대승불교가 동방으로 퍼진 루트인 천산남로天山南路를 떠올리게 된다. 오늘날의 파키스탄 북쪽 간다라 지방에서 카라코람 산맥을 넘어 중국의 천산산맥 남쪽의 타클라마칸 사막에 있는 수많은 오아시스 도시들을 지나 돈황에 이르는 불교의 길을 연상하지 않을 수 없기 때문이다. 이 길을 오간 사람으로는 당나라의 『불국기佛國記』를 남긴 법현法顯 스님과 『서유기西遊記』의 주인공인 현장玄奘 스님이 있고, 신라의 혜초혜超 스님도 이 길을 따라 인도에서 돈황에 도착하여 『왕오천축국전往五天竺國傳』을 남겼기 때문이다. 그러나 이 통로는 너무 험난하고 우회로다. 앞서도 말했지만 아요디아 출신들의 이동로에는 그들의 신앙 상징인 쌍어가 남아 있다. 그런데 중국의 쌍어 흔적은 양쯔 강 이남에서 발견되는 현상이 뚜렷하기 때문에 타클라마칸 사막을 경유하는 이주 루트는 일단 고려 대상이 되지 못한다. 그렇다면 인도와 중국 서남 지방이 연결되는 남방 통로가 제일 가능성이 있어 보였다. 만약 그 통로에 걸린 어느 산골에 있는 사찰이나 사당에서 쌍어문을 발견한다면 아요디아 출신 인도인들이 남긴 흔적일 것이고, 발견하지 못한다면 새로운 책을 포기해야 할 것이다.

어느 조용한 오후에 연구실에 혼자 앉아서 여기까지 생각을 하고 있자니 나는 불현듯 중국-미얀마의 통로를 직접 답사해보고 싶은 마음이 생겼다. 거기에 꼭 가보고 싶은 충동이 솟아올랐다. 가보고 싶기는 한데 너무나 멀고 험한 지역이다. 산악도로를 자동차로 가다가 사고라도 나면 큰일이고 급격한 환경 변화를 이 늙은 몸이 적응할 수 있을지도 의문이었다.

나는 마음만 젊었지 육체는 노인이라는 걸 잊고 사는 사람이다. 그런 여행 계획은 이십대나 삼십대의 혈기 방장한 청년들이나 생각해볼 수 있는 일이다.

사실 나는 이미 망령 난 노인이 되었는지도 모른다. 나를 잘 모르는 사람이 나의 계획을 들었다면 지극히 비정상적인 사람이라고 생각할 수도 있을 것이다. 정년퇴직한 교수가 조용히 책이나 읽고 산책이나 하면서 살아갈 일이지 새로운 연구를 한답시고 수천 킬로미터 떨어진 외국에 가겠다고 하면 그게 바로 비정상이다. 그것도 높은 산맥으로 가로막힌 오지까지 가보겠다는 계획은 내가 생각해도 미친 짓 같았다. 그렇지만 다른 한편으로는 위험하지만 보람 있는 여행이 될지도 모른다는 기대도 작용했다. 이게 나의 고질적인 약점이다.

'그래, 다시 짐을 싸자. 이번이 내 인생에서 험난한 지역을 탐사하는 마지막 여행이다. 조심해야지. 가다가 험하면 거기서 돌아오면 그만이지 가보지도 않고 상상만 한다는 것은 책상머리 고고학자들이나 하는 짓이다. 그래, 나는 평생을 현지를 확인하는 사람으로 살아오지 않았나? 인생의 마지막 불꽃을 태우자. 성공하면 귀중한 연구를 남기는 것이고 불행한 일을 당하면 장렬하게 산화할지도 모른다.'

이번 길은 짧지 않은 여정이다. 미얀마와 중국 사이 국경의 고산지대부터 사천성 중경의 무더위를 뚫고 양쯔 강의 여객선을 타고 삼협 三峽까지 이동하는 수천 킬로미터의 대장정이다. 이번에 내가 가는 길은 그 옛날 인도 출신 허씨족들이 여러 대에 걸쳐 서서히 이동한 방향일 것이다. 그 기나긴 여로를 내가 다시 한 번 탐방하면서 2천 년전의 허씨족들과 마음속의 대화를 시도하고 싶었다.

한번 여행으로 모두 지나가보기는 힘든 거리지만 일단 시도해보자. 이렇게 결심하고 짐을 챙겼다.

말라리아모기약, 고산지대를 대비하여 털 스웨터, 운남 사천 지방음식의 맵고 독한 향신료에 대비하여 지사제, 소화제, 진통제, 비타민 등을 챙겼다. 그밖에도 일상 여행에 꼭 필요한 스위스 나이프(가위, 칼, 스크루, 줄칼만 있는 소형), 색안경, 사파리 모자, 메모장 두 개, 필기도구, 지도, 동양연표, 나침반, 고도계, 카메라(소형 1개, 전문가용 1개, 망원 렌즈), 배터리 여유분, 핸드폰과 충전기, USB 메모리(현지 강의내용과 디지털 카메라로 찍은 사진 저장용), 확대경, 야간 등산용 랜턴, 피부 상처용 밴드, 소독약, 명함, 비상식량으로 육포와 인삼차 봉지, 여행용 전기냄비, 내복 상하 다섯 벌, 운동복(산책과 잠옷 겸용), 양말 다섯 켤레 등을 준비했다.

이 많은 준비물을 메모장에 적어보니 두 페이지나 되었다. 여기서 더 줄일 수는 없다. 경험 많은 여행자일수록 짐을 가볍게 싼다고 하지만 무게를 줄일 수는 있어도 품목을 생략할 수는 없다고 자부하면서도 근심이 앞선다. 늙은이가 무거운 가방을 들고 비행기와 자동차, 때로는 배를 오르내릴 생각을 해보다가 가방을 풀고 내복을 몇 벌 빼고 다시 싸서 무게를 달아본다. 그러기를 대여섯 번이나 반복했다. 아무리 가볍게 해도 역시 15킬로그램이었다. 내가 즐기는 여행용 배낭에 넣고 짊어지고 가기에는 어림도 없었다. 할 수 없이 바퀴 달린 가방에다 넣으니 가방 무게가 더해졌다.

'어휴, 무거워.'

구룡산九隆山을 넘어

2007년 6월, 비가 내리는 인천을 떠나 북경을 경유하여 오후 3시쯤 운남 땅이 내려다보였다. 푸른 숲이 울창한 산악지대로 경작지가 거의 보이지 않는다. 강물은 붉은 황토색이어서 청색과 황토색이 무척 대조적이었다. 비행기가 고도를 낮추면서 산비탈에 만든 계단식 논들이 눈에 보였다. 경사가 급한 비탈을 깎아 만든 논들이 끝없이 산허리를 타고 내려다보인다. 마치 파란색 종이를 구겼다가 펴놓은 듯 산비탈에 잔주름이 잡힌 모양이다.

설완식 씨와 둘이서 비행장에 내리니 하요화 교수와 귀주대학의 최해양 교수가 우리를 맞이했다. 저녁 식사를 하며 우리 네 사람은 이번 탐사여행의 일정을 의논했다. 우선 다음 날 운남민족대학 총장을 예방하고 인류학 전공자들과 한국어를 배우는 학생들에게 강연을 하기로 했다. 그다음 항공편으로 보산保山으로 가서 현지인의 안내를 받아보자고 계획을 세웠다. 보산에 도착하여 보산시장을 예방하였는데 시장이 하교수의 제자여서 융숭한 대접을 받았다. 뿐만 아니라 보산시가 새로 출간한 지방지地方誌 한권을 얻어서 가방에 넣었다. 나중에 시간 있을 때 찬찬히 읽어보아야 할 중요한 책이었다. 보산에서 미얀마 쪽으로 가려면 등충騰沖이라는 마을을 지나가야 하는데 비행기 편이 없다. 따라서 험한 산길을 자동차 편으로 넘어가야 한다. 가는 데까지 가보면서 쌍어문의 흔적이나 인도와 관련이 있는 민속이나 구전口傳 같은 것이 남아 있는지 살펴보기로 계획을 세웠다.

서울을 떠나기 전에는 힘든 여정이라서 망설여지더니 정작 운남에 도착하여 전문가들과 머리를 맞대고 세부 계획을 짜고 있노라니 근심은 말끔히 사라지고 없던 힘이 불끈 솟아오르는 것을 느꼈다.

운이 좋다면 현지인들만이 알고 있는 중국-인도 간의 관계를 설명해줄 의외의 정보가 있을지도 모른다는 기대감이 나를 편안하게 했다.

2004년 겨울에도 나는 중국 운남대학 인류학과의 초청으로 곤명에 간 적이 있다. 곤명 시내의 박물관을 구경하고 나서 대리와 여강을 답사하여 차마고도茶馬古道를 보게 되었다. 왜 차마고도라고 부르느냐 하면 운남과 사천에서 생산하는 차를 티베트에서 기르는 말과 물물교환하는 상업로이기 때문이다.

그 깎아지른 듯한 산비탈에 겨우 길을 내고 그 꾸불꾸불한 길로 말이나 당나귀에 물건을 실어 날랐다. 한국의 대관령을 넘던 옛날 길이 구불구불하기로 유명했지만 파키스탄에서 중국으로 통하는 카라코람 하이웨이에 비하면 아무것도 아니다. 그런데 차마고도는 그보다 험한 길이었다. 차마 눈뜨고 보기 힘든 아슬아슬한 벼랑길이다. 그래도 옛날부터 상인들은 위험을 무릅쓰고 꼭 필요한 생필품인 차와 소금이 이 길을 따라 공급되었다.

그때 운남대학 인류학과 대학원 학생들에게 강연을 할 기회가 있었다. 내용은 성스러운 물고기가 인간을 보호한다는 신어사상의 전파

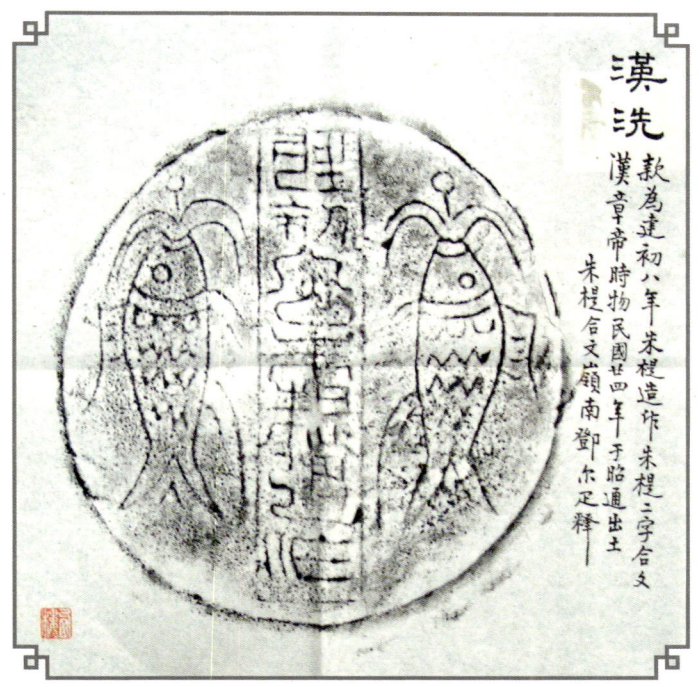

운남성에서 발견된 한나라 때 제기 바닥의 쌍어무늬(운남대학 박물관 소장)

를 통한 중국과 한국의 관계였다. 학생들은 중국 학계에서는 연구하는 사람이 없는 허씨족들의 한반도 이민 사건을 호기심 가득한 표정으로 들었다.

강연이 끝나고 차를 마시는 동안 대학 박물관 큐레이터가 탁본을 몇 장 보여주었다. 청동제 그릇 바닥에 그려진 쌍어문을 탁본한 것들이었다. 그릇들은 모두 운남성에서 발견된 것이고 용도는 제기祭器였다. 운남성에서는 한대漢代의 벽돌에 쌍어문이 새겨진 것이 오래전부터 중국 고고학 잡지에 소개되어 놀랄 일은 아니었다. 곧 운남 지방에도 한나라 때부터 신어사상이 유행한 증거였다.

다음 날 오전에 운남민족대학 박물관을 보는 것으로 다시 기초 정보를 수집하기 시작했다. 운남 지방의 여러 소수 민족들의 생활용품이 모두 진열되어 있어서 나는 긴장하기 시작했다. 왜냐하면 지구상의 여러 민족들은 자기가 살고 있는 지역 환경에 맞는 경제방식대로 살아간다. 경제방식은 그들의 풍속과 신앙의 모태가 된다. 그래서 환경이 바뀌지 않는 한 풍속과 신앙도 쉽게 변하지 않는다. 운남은 고도가 높은 산악 지방이다. 강우량도 많다. 따라서 농업이 발달했다. 농경인은 정착생활이 기본이다. 그래서 동네마다 동제洞祭가 있고 동제 때 사용되는 민속의상과 고유한 전통악기가 있다.

현대 원시사회Modern Primitive Society를 잘 관찰하면 고대인의 풍속과 생활기술을 유추해볼 수 있는 자료가 있다. 그래서 나는 운남의 소수민족들의 생활도구와 의상, 고상주거高床住居라는 살림집의 구조를 살펴보았다. 우선 한국 청동기시대에 많이 사용된 돌낫인 반달 칼이 여기서는 최근까지 사용되고 있음을 보게 되었다. 반달 칼은 반달[半月] 모양인데 주로 곡식을 수확할 때 쓰던 돌칼이다. 운남에 반달 칼이 있다는 것은 중요한 정보다. 반달 칼은 한반도에서 고인돌이 유행하던 시절인 청동기 후기에 많이 사용한 농기구다. 반월형 석도라고도 부르는데 칼등에 구멍이 두 개 나 있어서 여기 끈을 꿰어 손에 묶고 곡식을 거두어들이는 낫 같은 도구다. 여기서는 길게 설명할 수 없지만 남아시아에서 시작된 벼농사 기술이 어떤 경로로 한반도에 도착했는지 암시하는 중요한 자료다.

또 한 가지 정보는 백족白族의 머리띠에 새겨진 쌍어문이다. 화려한 면직 모자의 이마에 닿는 부분이 은판인데 거기에 쌍어가 조각되어 있다. 그러면 그렇지. 허씨족이 한국에 퍼뜨린 신어사상의 증거인 쌍어문이 운남에 살고 있는 백족에게는 현대까지 계속되는 전통임을 확인되는 순간이었다.

점심은 운남대학 인류학과 교수들과 함께 했다. 한국에 다녀간 방철方鐵 교수, 윤소정尹紹亭 교수, 김소평金少苹 교수가 점심을 내며 2년 만의 해후를 즐거워했다.

오후에는 운남민족대학에서 두 시간가량 강연을 했다. 한국어를 배우는 학생들과 교수들이 참가했다. 한자로 준비해 간 허황옥 관련 프리젠테이션을 보이면서 인도 출신 소수민족이 중국 보주에서 정착했다가 한국의 가락국으로 이민 간 이야기를 소개했다. 2천 년 전에 중국 땅에서 살던 한 여인이 한국에 가서 왕비가 되었다는 내 이야기를 중국인들은 매우 흥미 있는 표정으로 들어주었다. 나는 중국 학생들에게 신신 당부했다.

"이 문제는 한국의 김해 김씨나 김해 허씨들만의 문제가 아닙니다.

고대 인도와 중국이 불교가 중국에 소개되기 훨씬 전부터 깊은 관계를 맺고 있었다는 사실을 밝히는 역사적 사업입니다. 그것도 한나라 정부가 파견한 군대가 개척한 서역 통로인 감숙성-신강위구르자치구를 통하는 실크로드가 아닌 남방 통로를 새롭게 찾아내는 일입니다. 인도와 중국 간의 통로는 타림 분지를 경유하는 실크로드 하나뿐이었을 것이라는 고정관념을 뛰어넘는 의식의 일대 전환점이 될지도 모르는 사실을 확인하는 중요한 연구가 될 것입니다. 중국 측에서도 이 문제를 천착하는 전문가가 나타나기를 간절히 바랍니다. 젊은 학생들 여러분, 우리 함께 연구합시다."

저녁을 대접받는 자리에서 운남민족대학의 당서기인 풍건곤馮建昆 교수가 메뉴를 소개했다. 상어 지느러미부터 시작된 산해진미가 나왔다. 비둘기 고기, 썩힌 두부, 닭고기와 함께 재충材虫(나무 속에 사는 곤충의 애벌레), 죽충竹虫(대나무 속 곤충의 애벌레), 봉蜂(왕벌), 메뚜기 요리가 동원되었다.

산해진미임에는 틀림없지만 한국 사람들에게는 몬도가네 수준의 끔찍한 재료들이었다.

"김 교수님이 고대 중국과 인도 간의 남방 루트를 연구하고 계신데 대한 보답으로 남방산 재료로 만든 진귀한 음식을 주문했습니다. 많이 드십시오."

중국인들에게 먹지 못할 음식재료는 없다. 사막 지방에서는 전갈도 먹을 수 있고, 광동성 같은 남쪽에서는 물방개 같은 곤충도 요리재료가 된다. 그날 저녁 나는 식탁에 올라온 진귀한 요리들을 경험 삼아 한 젓가락씩 모두 맛보았다. 재료상의 특이한 향취는 없으나 기름에 튀긴 솜씨와 향신료의 맛이 남쪽나라 정서를 느끼게 하는 데 부족함이 없었다.

보석의 고향-등충騰沖

곤명에서 보산까지 자동차로 가려면 서북쪽으로 250킬로미터 떨어진 대리까지 갔다가 서남쪽으로 방향을 틀어 산맥을 넘어 150킬로미터를 가야 한다. 나는 전에 대리, 여강까지는 자동차로 가보았으므로 지형이 얼마나 험한 곳인지 잘 알고 있다. 이번에는 시간을 단축하기 위하여 보산까지 비행기로 날아갔다.

보산 비행장에 내린 우리 일행을 태우고 지프차는 서쪽을 향하여 시내를 빠져나갔다. 험난하기로 유명한 보산까지 70킬로미터를 넘어가며 하 교수의 설명이 계속되었다.

"미얀마와의 국경도시인 등충騰沖은 옛날부터 지방의 소수민족들이 살고 있는 별천지입니다. 지금은 보산시에 속해 있습니다만 과거에는 자치지역이었습니다. 이곳을 통하여 중국의 비단이나 차가 미얀마와 인도로 수출되었고 그 대신 보석, 사향, 목화, 자개[貝] 등 일차 상품이 수입되었습니다. 그중 보석 관련 업종이 발달하여 등충의 보석 가공 기술은 세계적으로 유명해졌습니다. 그래서 농업보다는 상업이 발달했습니다. 게다가 화산지대라서 여기저기서 온천이 개발되어 중국인 부자들의 별장이 생겨났습니다.

현대사에서는 등충의 온천 휴양지가 미얀마를 통해 침입한 일본군에게 점령되었을 때 한국인 전쟁 위안부가 여기까지 와서 고생한 증거가 있기도 하고 장개석 군을 도와주려는 미국의 무기가 미얀마를 통하여 등충으로 오느라고 고생한 적도 있습니다."

하 교수의 설명을 들으면서 등충이 미얀마의 보석을 수입하던 곳이라는 대목에서 내 귀가 번쩍했다. 왜냐하면 허황옥이 가락국에 와서 풀어놓은 선물 보따리에 주옥珠玉과 경구瓊玖가 있었다는 대목이 생각났기 때문이다. 주옥이야 보통이 구슬류이겠지만 '경'은 붉은색 보석, 곧 루비인 듯하고 '구'는 흑색黑色 보석이기 때문이다.

"혹시 이곳에서 수입 가공하는 보석 중에 루비가 있습니까?"

"그건 내일 보석가게에 가서 확인해보겠습니다."

그날 밤부터 나는 불면증과 식욕부진에 시달렸다. 웬일인지 자정이 넘도록 졸리지 않았다. 내가 원하던 쌍어문이 박물관에 있는 백족의 머리띠에 새겨진 것을 발견하여 흥분했는지 혹시 등충이 보석 중심지임을 알게 되어 허황옥 일족이 이곳을 오가면서 무역을 하던 사람들인지도 모른다는 생각 때문인지 잠이 오지 않았다.

나는 이 세상 어느 곳에 가서도 잠이 오지 않은 적이 별로 없는데 등충에서의 현상은 유별났다. 나중에 알고 보니 약한 고산병高山病증세였다. 다행히도 모기는 없었다. 고산지대라서 그런 모양이었다. 사람도 고산병으로 힘든데 미물인 모기가 견딜 수 없을 것이다.

다음 날은 일요일이라서 조금 늦게 일어났다. 입맛이 돌지 않아서 쌀죽 한 그릇으로 아침을 때우고 일을 시작했다. 우선 호텔 앞에 줄지어 열려 있는 보석상에 들렀다. 엄지손가락만 한 초록색 마노瑪瑙석 목걸이 하나가 중국 돈 1만 2천 위안이란다. 한국 돈으로 150만원은 된다. 붉은색 루비 가격은 더 비싸서 목걸이 한 개에 1만 8천 위안짜리도 있었다. 여행자 주제에는 생각도 말아야 할 가격이다. 루비는 보석의 왕으로 세계 루비 산지는 미얀마 북부의 몽슈, 베트남과 중국 국경, 태국, 스리랑카, 파키스탄의 카슈미르 지방, 네팔, 아프가니스탄 등이다. 이중 최고의 붉은 색을 내는 루비는 미얀마 산이다.*

'아, 그래. 이 지역이 루비의 고향이었구나. 그래서 허황옥의 결혼 예물에 붉은 보석인 경瓊이 있었구나.'

애뇌이족의 사일여신沙壹女神

우리는 미얀마 쪽 국경을 향해 떠났다. 보산시 등충현 선전부의 마가신(馬家臣) 부장의 차가 앞서가고 우리 지프차가 뒤에 따라가는데 산이 하도 높아서 구름 속을 뚫고 올라갔다. 길은 경사가 심한 산비탈을 깎아 간신히 만든 산악도로다. 3년 전 대리와 여강을 자동차로 갔을 때 절벽을 깎아 만든 산길로 가느라고 아찔했던 기억이 떠올랐다. 등충 지방과 미얀마 사이에는 9개의 산맥이 남북으로 흐른다.

소위 구륭九隆이다. 일명 구룡산九龍山 또는 애뇌산哀牢山이라고도 한다. 그중 최고의 험준함을 자랑하는 산이 지금의 지명으로 고려공산高黎貢山이다.

이 지방 전설에 의하면 이 지역 토착인은 애뇌이哀牢夷라는 민족이다. 그들의 조상은 사일沙壹이라는 여신이다.

사일이 호수에서 물속에 잠긴 나무[沈木]와 감응하며 아들을 열 명 낳았다. 그 후 그 나무가 용으로 변하여 솟아오르자 아홉 아들은 모두

* 원광대학교 조기선 교수에 의함.

놀라서 멀리 도망쳤으나 유독 막내아들만은 용을 무서워하지 않고 오히려 용을 깔고 앉았다. 용이 막내아들을 뒤에서 핥아주면서 보호했다. 여신이 조어鳥語(새소리 또는 조이족鳥夷族의 방언)로 말하기를 '등[背]을 아홉 개로 만들어라' 했더니 아홉 개의 산이 솟아올랐다. 그리하여 막내아들의 이름을 구륭九隆이라고 불렀다. 막내아들은 고향에 남고 아홉 아들이 흩어져 살고 있는 땅이 구륭산九隆山이다. 그들의 후손이 애뇌이가 되었다. 이 구룡 땅이 동한東漢 명제明帝(서기 57~75년) 때 한나라에 복속되어 애뇌현과 박남현博南縣이 되었다. 현재 운남성 보산현과 영평永平현이다.

숫자 10에 감추어진 문화코드

나는 이 전설에서 '사일' 여신에게 아들이 열 명이 있었다는 내용이 신기했다. 여신이 물속의 나무, 또는 물속에서 자라는 나무와 감응하여 아들을 낳았으니 그들은 나무의 후손이다. 여신에게 아들을 낳게 할 수 있는 초자연적 힘이 있는 나무가 있었다는 이야기다. 곧 애뇌이족의 나무 토템Totem이다.

물속에 살고 있는 영험한 나무는 페르시아 신화에서 물소에 뿌리 박고 자라는 '고케레나' 나무를 생각나게 한다. 고케레나의 열매들은 인간에게 만병통치약이 되어 인류가 질병에서 벗어나 번창했다. 그 나무의 뿌리를 물속에서 보호하는 영험한 물고기 두 마리가 있다. 그 이름은 '가라 어Kara Fish'다.

또 사일 여신이 낳은 아들의 수가 열 명이라는 것도 허황옥이 아들을 열 명 낳았다는 내용과 똑같다. 인도 라마 왕의 선조인 마누도 아들을 열 명 두었는데 그중 맏아들인 '익스바쿠'가 왕을 이었다가 후대에 라마 왕으로 계승되었다는 이야기도 생각났다. 아주 우연하게도 가락국의 수로가 탄생했을 때 그 지역에는 이미 아홉 명의 추장(구간 九干)이 있었다. 수로는 아홉 명의 기존 세력을 제압하고 그 지역의 통치자가 된다. 마치 운남에서 사일의 막내아들이 아홉 명의 형들을 제치고 왕이 된다는 내용과 매우 유사하다. 9+1 곧 10이라는 숫자는 인도-운남-한국으로 통하는 문화코드임에 틀림없다.

힌두교에서 물고기가 사람을 재앙에서 구했다는 이야기는 보주의 「신정神井」에 남아 있는 내용인 '물고기가 기근에서 사람을 구했다는 이야기'와도 유사하다. 용으로 대표되는 물고기가 여신의 영특한 아들에게 굴복한다는 내용은 힌두교에서 불교로 진화하는 과정의 한 현상이다. 쌍어문은 라마 왕의 탄생지인 아요디아의 힌두교 사원대문에 무수하게 새겨져 있고, 방글라데시의 다카 국립박물관에도 그려져 있고, 운남에서 발견된 한나라시대의 제기와 벽돌에도 새겨져 있다. 보주에는 동한 때의 석굴 무덤과 바위 위에 조각으로 남아 있고, 가락국에는 수로왕의 납릉 정문을 비롯하여 가락국 영토였던 한국의 영남 지방 사찰에 무수하게 남아 있다.

그 쌍어문의 비밀을 추적하느라 나는 세기를 넘겨가며 지구상의 여러 나라를 답사했고 결국에는 등충까지 오지 않았나.

물고기, 아들 열 명, 이런 내용들이 페르시아, 인도, 운남, 사천, 가락국에 걸쳐 공통적으로 신화나 전설에 나타나는 것은 무슨 이유일까. 아마도 고대 인간 집단이 이동한 사실이 전설로, 물증으로 나타나기 때문일 것이다. 증거는 충분했는데 나 같은 후대의 학자들이 명철

하지 못하여 고대인이 남긴 암호를 해독하지 못했을 뿐이다.

한 가지 문제를 오랫동안 생각하고 있으려니까 복잡한 퍼즐게임의 파편들이 천천히 어우러지면서 안개 속에 감추어진 고대사의 한 거대한 그림으로 응고해가는 모습이 뿌옇게 보이기 시작한다. 이것은 대단히 중요한 고대 사상의 흐름인데 왜 이렇게 연구하는 사람이 없는지 모를 일이다. 그러나 이제 연구는 종결되어간다. 고대인의 이동 루트를 따라 신어사상의 흔적이 곳곳에 남아 있는 것이 분명해지고 있다.

인도 아쇼카 왕의 아들이 운남으로 (운남 토착여인과 결혼)

운남과 인도의 관계가 어떻게 시작되었는지 설명하는 결정적인 사료가 또 하나 있다. 『원사元史』다.

남조南詔는 본래 6조六詔 중 하나다. 그중 몽사蒙舍(종족)가 제일 남쪽에 있다. 그래서 남조라고 한다. 남조가 나머지 다섯 조를 통일했다. 그래서 당나라 개원開元 26년인 서기 729년에 당나라가 몽귀의蒙歸義라는 토착 수장을 운남 왕으로 책봉했다. 후에 몽귀의가 나라 이름을 대몽大蒙이라고 자칭하고 지금의 운남성 대리현大理縣을 수도로 삼았다. 대몽이 남조국으로 개칭했다가 후에 대례大禮가 되었다가 오대五代시대인 진晉나라 때 단씨段氏가 통치하면서 대리국大理國으로 이름이 바뀐다.

여기서 중요한 내용은 이 지역의 실력자가 몽씨에서 시작된다는 것이다. 몽씨는 앞서 소개한 애뇌이족의 후예들이다.

그런데 이 몽씨족의 한 여인이 인도 아쇼카 왕의 셋째 아들인 표차지의 부인이 된다. 그들의 아들이 지몽차이고 지몽차의 아홉 아들이 구룡九龍씨가 된다. 곧 토착인과 인도에서 온 외래인의 사회결합 현장이다.

서축국(서천축西天竺, 지금의 인도) 마가다국[摩羯多國]의 아육왕阿育王(아쇼카 왕)의 셋째 아들인 표차지[漂苴低]가 궐몽휴[欠蒙虧]를 취하여 처로 삼아, 지몽차[低蒙苴]를 낳고, 지몽차가 아홉 아들을 낳았다. 이름하여 구룡씨九龍氏다.*

이게 무슨 이야기인가? 이게 남조국 역사의 시작이란 말인가. 구룡씨는 등충 지방 토착인이고 그 후손이 몽씨인데 몽씨들의 조상 여인이 인도 아쇼카 왕의 아들과 결혼했다는 이야기다. 아쇼카는 대략 기원전 264~226년에 재위한 인도의 통치자다. 열렬한 불교 신봉자로 불교를 중앙아시아와 남아시아에 포교한 인물이다. 그때 자신의 아들을 중국 서남부에 보냈다는 기록은 충격적인 내용이다. 중국 불교사에서 불교가 중국에 도입된 시기는 동한 명제 때인 서기 70년이 정설이다. 그런데 기원전 3세기 때 이미 불교국인 마가다국에서 중국 쪽으로 왕자가 왔다면 학계의 새로운 정보다. 오래전에 인도 러크나우 대학의 퓨리 교수에게서 들은 이야기로는 아쇼카가 아들들을 전 세계로 보내서 불교를 전파했는데 왕자 한 명은 중국의 돈황까지 갔다고 했다.

* 『민국등충현지고民國騰沖縣志稿』, 2007 참조.

중국 학자들이 이 문제를 다루지 않는 것은 중국 곧 진秦나라가 중국을 통일하기 전에는 운남 지방이 중국 영역이 아니었기 때문일 것이다.

운남 지방의 현대 토착인으로는 율속족傈僳族, 이족彝族, 태족傣族, 백족白族이 있는데 그중 율속족이 가장 오래되고 최대 인구를 구성한다. 율속족은 강변의 비탈을 개간하여 농사를 짓는 농경인인데 이들의 기원은 밝혀지지 않았다. 이번에 구입한 책에 고고학적 증거로 이 지방에서 선사시대의 반달 칼이 발견되었다는 보고가 있을 뿐이다. 이는 옛날부터 농경민족이 이곳에 살았다는 증거다.*

마 부장의 지프차는 서쪽으로 계속 달려 산을 몇 개 넘어갔다. 우리 차도 그 뒤를 줄곧 따라갔다. 우리는 두 시간 후에 후교猴橋라는 마을에 도착했다. 지도에는 이 지역이 고영古永이라고 써 있었다. 후교는 요즘 이름이고 고영은 옛날 이름이다. 아직도 시외버스에는 등충–고영이라고 달고 다닌다. 여기가 율속족 자치향이다.

산속 동네치고는 제법 넓은 평지의 논에서 벼가 잘 자라고 있었다. 도로를 포장하느라 일꾼들이 웃통을 벗은 채 땀을 흘리고 있었다. 후교진猴橋鎭 서기書記와 인민대표자회의 간부들이 우리를 맞이했다. 차를 마시면서 나는 아요디아 출신 허씨족의 중국 이민과 정착과정에 대하여 설명했다. 우리가 온 목적을 외국인 학자의 입으로 직접 설명해야 될 것 같았기 때문이다. 간단히 설명해도 통역하는 시간이 걸려 30분 이상을 소모했다. 후교진 사람들도 대략 알아들은 듯한 표정이었다. 등충에서 함께 온 마 부장의 존재는 여기서 큰 도움이 되었다. 중앙집권체제하의 현縣 정부 소속 선전부장은 인구 2만 7천 명 밖에

* 왕항걸王恒杰, 『율속족傈僳族』 참조.

안 되는 마을 수준의 후교진에서는 무시할 수 없는 존재였을 것이다. 현지인들이 마 부장과 껄껄 웃으며 우리를 식당으로 안내했다. 일이 잘 되어가는 분위기가 감지되었다. 우리의 목적은 운남과 미얀마의 국경지방의 지형이 얼마나 험한지, 사람이 걸어서 넘을 수 있는 지형인지 아닌지 직접 보는 것이다. 여기까지 와서 국경을 보지 못하고 간다면 허무한 일이다. 등반가가 정상을 정복하지 못하고 베이스캠프까지만 갔다가 돌아오는 격이다. 그래서 그때까지 나는 긴장하고 있었던 것이 사실이었다. 혹시 국경까지는 갈 수가 없다고 할까봐 걱정스러웠다. 한국에서 중국 서남 지방 국경까지는 아주 먼 거리 아닌가 직선거리 거의 5,000킬로미터나 떨어진 여기까지 왔으니까 국경은 꼭 보고 가야 하는 게 이번 탐사여행의 목적이다.

점심 후에 우리는 국경을 향해 떠났다. 후교진의 삼십대 청년이 앞차에 올라탔다. 장문산張文山이라는 사람으로 후교진 인민대표자회의 의장이라고 했다.

마을을 빠져나가자 금세 가파른 언덕이 나타났다. 그 언덕길을 덜컹거리며 지프차 두 대는 힘차게 올라갔다. 갈 길이 멀어서인지 비포장 구간에서도 속도를 늦추지 않았다. 나는 사진을 찍을 일이 있어 앞자리에 앉았는데도 덜컹거릴 때마다 머리가 천정에 부딪혔다. 뒤에 앉았던 하 교수와 최 교수는 '아이쿠' 소리를 연발했다.

산맥을 하나 넘어서 고갯길을 내려갈 때 보이는 풍경은 초록색 종이에 가늘게 그려진 회색 줄이 S자 모양으로 끝없이 계속되었다. 초록색 부분은 산비탈이고 회색 줄은 우리가 내려갈 차도였다. 경치로서는 훌륭한 곳이지만 실제 그 길을 내려가는 입장에서는 아찔한 비

중국과 미얀마의 국경지대에서 보이는 중국쪽 비탈길 : 옛날에는 중요한 마방로였다.

탈길이었다. 고산지대라서 나무가 울창하지 않아 산의 경사도와 계곡에 흐르는 물줄기가 자세하게 보였다.

올라가는 시간이 길었듯이 내려가는 길도 오래 걸렸다. 산 아래 커다란 강이 흐르고 있었다. 강폭이 넓은데도 물살이 거셌다. 지도를 보니 영강盈江이었다. 남쪽으로 흘러 미얀마로 들어가 만달레이라는 도시로 연결되는 물길이다. 여기가 국경지대 최후의 관문이다.

다리를 건너가기 전에 검문소가 있었다. 후교의 장씨가 내려서 해결했다. 여기서부터는 민간인 출입통제 구역인 듯했다. 그런데도 강 건너 산비탈에 화전민들의 집들이 띄엄띄엄 보이고 좁은 산길을 짐을 잔뜩 실은 화물차들이 지나가고 있었다. 우리는 계속해서 산을 올라갔다. 휴교를 떠난 지 세 시간 후 우리는 산마루에 도착했다. 구름에 휩싸인 언덕 위 좁은 평지에서 우리는 차에서 잠시 내렸다.

손등에 찬 고도계를 보니 해발 2,200미터였다. 짐을 잔뜩 실은 화물차들이 반대쪽에서 낑낑거리며 올라왔다. 비가 온 끝이라 흙길 도로가 망가진 곳이 많고 자동차 크기에 비해 무거운 짐을 실었기 때문에 차 한 대가 올라오면 다른 차가 그 차가 다 올라올 때까지 기다려야 했기 때문이다. 불과 100미터쯤 올라오는 차를 기다리느라고 우리 차들은 10분 이상 기다렸다. 안개비 속이라 옷이 조금씩 젖어들었다. 짐차가 또 한 대 올라오고 있어서 우리는 참을성 있게 기다려야만 했다. 비에 젖은 진흙탕 길을 내려가기는 올라오는 일보다 더욱 위험했다. 자칫 미끄러진다면 자동차는 벼랑으로 떨어진다. 골짜기의 깊이는 수백 미터다. 아슬아슬한 순간들이 계속되었다. 나는 눈을 감고 있는 수밖에 없었다.

마방로

언덕 아래 미얀마쪽 마을 이름은 감배지甘拜地로 조그만 시골 동네였다. 더 내려가면 미치나[密支那]라는 미얀마 북부의 최대 도시와 연결된다. 여기까지가 우리 일행이 갈 수 있는 마지막 동네라고 했다. 장문산 씨의 설명에 의하면 감배지는 등충과의 교역으로 먹고사는 마을이라고 했다. 일종의 자유 관광 단지 같은 곳이었다. 크고 작은 가게에 중국어로 초시超市(슈퍼마켓)라는 간판이 붙어 있고 빈관賓館(여관), 반점飯店(식당)도 있었다. 국경답게 은행도 있고 도박장도 있는데 제복 입은 여자들이 딜러 역할을 하는 정식 도박장이었다. 이렇게 작은 국경마을에 도박장이 있다는 것은 좀 의외였다. 건물에 미얀마의 국기들이 걸려 있지 않았다면 제3국에 와 있다는 느낌이 들지 않았을 것이다.

나는 화전민들이나 살고 있는 산골 마을에서 제복 입은 카지노 딜러들, 은행, 빈관 등 어울리지 않는 장면들을 보면서 꿈속의 세계를 그리는 화가 마르크 샤갈M. Chagall의 그림들이 떠올랐다.*

내가 서 있던 곳에서 언덕 밑으로는 고속도로 공사가 마무리되어 가는 것이 보였다. 등밀공로騰密公路, 곧 등충과 미치나를 연결하는 고속도로였다. 중국과 미얀마를 연결하는 고속도로의 공사현장을 목격하는 역사적 순간에 내가 서 있었다.

"우리가 지금 서 있는 곳이 옛날 마방로馬帮路입니다. 지금은 넓혀서 자동차들이 다니고 있습니다만 과거에는 장사꾼들이 말이나 당나

---

* Marc Chagall 1887-1985 러시아 태생 유태계 화가, 프랑스에서 활동 환상, 동화적 내용을 화려한 색채로 표현.

귀에 짐을 싣고 겨우 넘어 다니던 좁은 길입니다. 소위 오척로五尺路*입니다. 길이 좁아서 동물이나 사람이 한번 실족하면 저 아래 계곡으로 떨어져 목숨을 잃게 됩니다. 그러나 마방꾼들은 비싼 상품들을 이렇게 위험한 길들을 통하여 먼 곳에 가서 팔았습니다. 한 번 길을 떠나면 길게는 몇 달 지나야 돌아옵니다."

장씨가 설명했다.

마방들은 산골 마을에서 나는 귀한 약초, 버섯, 녹용 같은 희귀품들을 농촌으로 가지고 가서 팔고 낮은 지대에서 생산되는 곡식이나 차를 고산지대에 사는 사람들에게 고가로 공급한다. 그들의 이동로는 산비탈 길과 천길 깊은 계곡을 건너다니는 위험천만한 길이다. 한 번에 마방꾼 10여 명과 말 수십 마리가 좁은 길을 따라 한 줄로 이동한다. 그런 전통은 수천 년 전부터 시작되었다. 그동안 비탈에서 미끄러지거나 깊은 계곡에 떨어져 희생된 인마는 부지기수다. 그러니까 마방들은 타고난 인류학자들인 것이다.

등충에서 감배지까지는 85킬로미터이고 감배지에서 미치나까지는 60킬로미터밖에 안 된다. 미치나에서 아요디아까지는 옛날부터 중요한 도로가 있었다. 그러니까 등밀고속도로가 완성되면 등충에서 미치나까지는 자동차로 두 시간이면 갈 수 있고 옛날에도 걸어서 사흘 길밖에 안 되는 아주 가까운 거리다. 등충공로는 중국 측에서 공사비를 냈다고 한다. 하긴 파키스탄-중국 간의 고속도로인 카라코람 하이웨이도 중국 비용으로 건설된 이야기는 유명하다. 이처럼 중국은 국경을 마주하는 인접국에 사회 간섭자본을 투자해주는 정책으로 선린주의善隣主義를 실행하고 있는데 보기 좋은 모습이다.

* 산비탈을 깎아 만든 좁은 길로 폭이 5척(1미터 남짓)이다.

이 지역 토착 소수민족은 중국어로 경파족景頗族이다. 애뇌이의 한 분파로, 미얀마어로는 '거친' 족이라고 부른다. 경파족인 운남 소수민족 연구소장인 조학선趙學先 교수가 나에게 한 말이 기억난다.

"후교와 감배지 지역은 모두 우리 경파족의 주거지역이었습니다. 그래서 두 지역의 주민들은 친척도 많고 사돈도 많습니다. 그런데 어느 날 국경선이 새로 정해졌다는 소문이 떠돌았습니다. 언덕 하나 사이로 주민들의 국적이 달라진 것입니다. 우리 경파족은 근원이 화전민에서 시작했습니다. 그러니까 농민이지요. 농민들은 자기 소유의 농토를 떠나지 않는 법입니다. 그래서 두 지역을 가르는 국경선이 새로 생겨났다고 해도 선뜻 어느 한쪽으로 이주할 수가 없었습니다. 땅덩어리를 메고 갈 수는 없는 일 아닙니까."

땅 덩어리를 메고 갈 수는 없었다는 말이 재미있게 들렸다. 그러나 그 말 뒤에는 소수민족의 아픔이 짙게 깔려 있었다. 그는 형제간의 국적이 달라지고 사돈간을 국경이 가로막는 일이 생긴 것이다. 친정에 가보기가 어려워진 부인을 둔 남편의 심정이 어떻겠느냐고 말했다.

13세기 때 마르코 폴로는 쿠빌라이 황제의 명령으로 운남까지 다녀갔다. 그의 『동방견문록』에 써 있는 여러 가지 내용을 가늠해보아도 곤명과 대리까지는 간 것이 확실하다. 그런데 그는 미엔(지금의 미얀마)까지 간 모양인데 어떤 경로로 갔는지는 구체적으로 기술되어 있지 않다. 아마도 곤명이나 대리에서 미엔에 다녀온 사람들에게서 얻은 정보를 기술하지 않았나 생각된다.

중국과 미얀마의 국경을 나누는 언덕 위에 경계비 두 개가 서 있었다. 하나는 돌로 만든 것인데 한쪽에는 한자로 '중국中國 1985'라고 새겨 있고 뒷면은 미얀마 글씨로 써 있다. 읽을 줄은 모르지만 미얀마

중국 운남성과 미얀마의 국경에서 필자

라는 뜻일 것이다. 또 하나는 금속판에 우의비友誼碑라고 써 있다.

그러면 1985년 이전에는 두 나라 간에 국경이 정해지지 않았다는 말인가. 그랬을지도 모른다. 워낙 첩첩산중이니까 사람이 넘어 다니지 못했을 것 같기도 했다. 1996년 중국 서북쪽에 있는 신강新疆 지방의 북쪽 끝 러시아와의 국경지대에 갔을 때 국경에 알타이 산의 최고봉 이름을 우의봉이라고 붙여놓은 것을 본 적이 있다. 국경은 대결의 장소가 아니라 우의를 나누는 곳이라는 중국식 철학이다.

우리는 중국과 미얀마를 연결하는 마방로의 정상에 서 있었던 것이다. 여기가 고려공산의 주봉主峰인 첨고산尖高山이다. 내 발이 딛고 서 있는 이 자리는 지금은 중국과 미얀마의 국경 통로지만 그 옛날 아요디아(아유타국)와 한나라를 연결하는 최단 거리의 꼭짓점이다. 아유타국 사람들의 이민이 정치적인 이유였는지, 상업적인 목적이었는지 간에 그들의 여로는 이 길을 통과할 수밖에 없었다는 확신이 섰다. 산이 가파르고 길이 좁았을 터이니 짐이 무거울 수가 없었을 것이다. 몇 마리의 말이나 당나귀 등에 짐을 싣고 저 아래서 올라오는 화물차들처럼 숨을 몰아쉬며 이 고개를 넘었을 것이다.

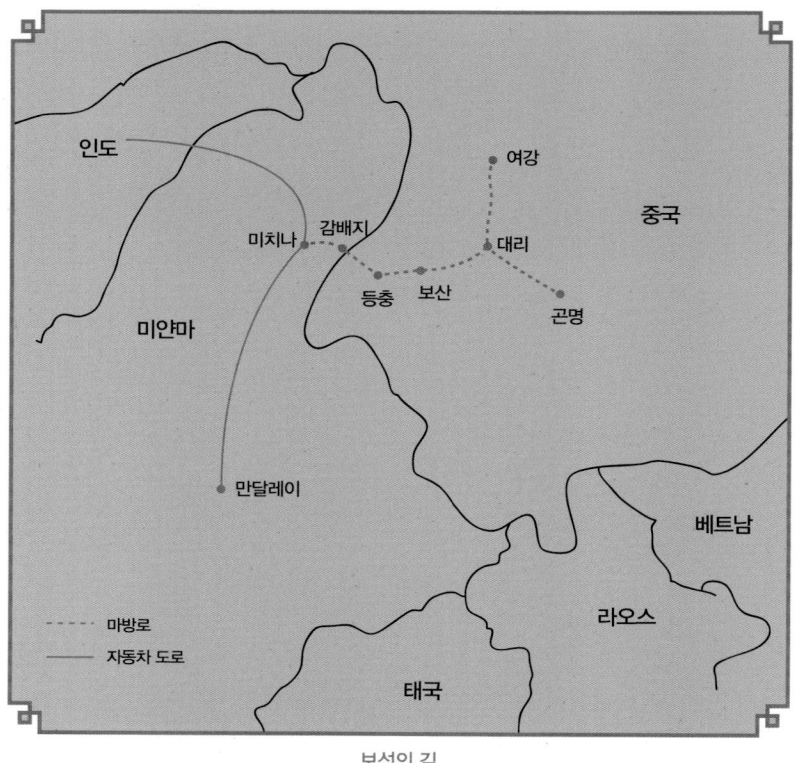

보석의 길

경계비가 있는 언덕 위에는 옛날 마방로의 흔적이 뚜렷이 남아 있었다. 글자 그대로 오척로五尺路였다. 언덕 밑으로는 등밀공로의 마지막 작업인 터널공사가 한창이었다. 저 터널이 뚫리는 날 나는 2천년 전 사람들처럼 아요디아에서 미치나, 등충, 대리를 통과하여 보주까지 달려갈 수 있을 것이라고 상상해보았다. 가슴이 뭉클했다.

등충 방향으로 내려오는 길에 영화 촬영 팀과 마주쳤다. 옛날 옷을 입은 남자들이 열댓 마리의 말들을 몰고 언덕을 올라가는 장면이었다. 바로 그들이 마방꾼들이었다. 역사 속의 마방은 책갈피 속에 묻혀 있다가 다시 살아나 힘차게 꿈틀거리고 있었다.

인도 출신 허씨족이 중국 쪽으로 이동한 길은 역시 이 길이었다는 확신이 생겼다.

국경 마을의 인도인의 흔적

등충에 도착한 것은 어두운 다음이었다. 늦은 저녁을 먹었다. 식당 건물도 옛날 마방꾼의 집이었다고 한다. 마방장꾼으로 돈을 많이 벌어서 이 집을 지었다고 한다. 입구에 액자가 걸려 있었다.

여귀如歸.

먼 장삿길을 다니는 마방꾼들에게 집으로 돌아온 것 같은 편안한 쉼터를 제공하겠다는 뜻일 것이다. 자신의 경험을 살려 손님들의 객고를 풀어주려는 배려였음이 분명하다. 그러나 그 주인은 이 집에서 오래 살지 못했다고 한다. 마과두馬鍋頭(마방꾼의 우두머리)로 오랜 세월 동안에 쌓인 피로가 누적되었기 때문이라고 했다.

그렇다.

이 이야기는 나에게 주는 경고 같은 것이었다. 나는 지난 40년 동안 쌍어문을 추적하느라 전 세계를 찾아 헤맸다. 그 기나긴 여정의 끝이 등충과 미치나 간의 마방로 현장조사다. 그 기나긴 세월이 흐른 지금에는 기력도 쇠진했고, 정신도 희미해지는 나 자신을 발견하는 때가 한두 번이 아니다. 어쩌면 나도 이번 여행처럼 고산지대를 넘어 다니고 나서 또 양쯔 강으로 가서 며칠 동안 배를 타고 흔들리며 내려가야 한다. 그렇게 여러 날 동안 몸을 혹사하고 나서 귀국하면 이 집 주인처럼 과로와 여독으로 쓰러질지도 모를 일이다. 그런 생각이 들자 어쩐지 불길해졌다.

'모르겠다. 우선 오늘 음식이나 잘 먹어두자.'

이렇게 생각하며 마 부장이 주문한 지방요리를 여러 접시 즐겼다. 호박과 버섯에 거위 고기를 섞은 요리, 야채와 쌀국수를 섞은 요리 등이 내 입을 즐겁게 했다. 그동안 절제하던 술도 50도짜리로 몇 잔 마셨다. 술기운에 불안했던 생각이 사라지고 매운 음식도 별로 맵게 느껴지지 않았다. 그래도 역시 고산지대라서 여러 번 잠이 깼다.

다음 날, 숙면하지 못한 상태로 답사는 계속되었다. 등충의 화순향和順鄕이라는 민속마을에는 내가 기대했던 대로 쌍어문이 도처에 남아 있었다. 원룡각元龍閣의 대문에는 그림으로, 내봉사來鳳寺 입구와 조사전祖師殿에는 조각품으로 물고기들이 나를 기다리고 있었다.

피로가 확 가시는 느낌이었다.

그렇다. 인도인들이 지나간 곳에는 흔적이 남는다. 그 흔적은 쌍어문이다.

등충 내봉사의 쌍어 중 한쪽 쇠[鐵]를 구부려 만들었다.

모든 인도인들이 쌍어문을 남기는 것이 아니다. 신어사상을 신봉하는 인도인들만이 쌍어문을 남긴다. 그 사람들은 아요디아 출신이다.

쌍어는 여행자들에게는 안전을 지켜주는 수호신이고 상인들에게는 재물신財物神이다. 운남대학 박물관에 소장된 한나라 동기銅器에 그려진 쌍어들은 가운데 부귀富貴라는 글씨 또는 당시 화폐인 오수전五銖錢을 보호하고 있다. 모두 재물과 관계가 깊은 것이다.

그래서 일본 야쓰시로(八代)의 후루후모도 이나리 신사에 쌍어가 새겨져 있는 것이다. 일본의 이나리 신은 재물신이 아니던가. 그래서 쌍어를 국장國章으로 하던 가락국은 고급의 철을 대방帶方과 왜倭에 수출하여 부국이 되었다. 재물신인 쌍어의 덕일 것이다.

미얀마와 운남의 국경 지방에서 쌍어가 발견되지 않으면 어떡하나 하던 근심이 완전히 사라졌다. 오래된 근심이 말끔하게 사라졌는데도 그날 밤 자정이 넘도록 잠이 오지 않았다. 뜬눈으로 새벽을 기다리다가 잠시 졸았더니 뿌연 새벽이었다. 일어나 산책을 하다가 등충 시내에 있는 시민광장에서 구릿빛의 커다란 조상彫像과 마주쳤다. 가까이 가보니 넓은 치마를 입은 여인이 앉아 있는 모습이었다. 치마 주름들은 가파른 산들과 계곡들이었다. 여러 개의 산봉우리 위에 사람이 앉아 있는 형국이었다. 계곡에 나 있는 비탈길을 따라 사람과 짐을 실은 말들이 올라가는 모습도 보였다. 코끼리도 여러 마리 보였다. 해뜨기 전이지만 휴대용 카메라로 사진을 찍고 나서 설명서를 보니 고려공산

등충시내의 시민광장에 있는 고려공산친모의 조상彫像
: 조상이 입고 있는 넓은 치마의 주름들은 가파른 산들과 계곡들이며, 계곡의 비탈길을 따라 사람과 짐을 실은 말들이 올라가는 모습이 조각되어 있다.

친모高黎貢山親母였다. 이 여인이 바로 이 지역 구륭산의 주인인 구륭족을 낳은 여신인 사일沙壹일 것이다. 지역 전설의 내용으로 보아 사일과 마가다국 왕자인 표차지와 결혼하는 첸멍쾌는 동일 인물일 수도 있다.

누구라도 좋다. 전설을 전설로만 놓아두지 않고 이렇게 형상화하여 보여주는 것이 좋다. 구륭산의 여신이 도와주어서 나도 이번 조사를 끝내고 무사히 귀국하게 되기를 기원했다. 나는 열쇠고리에 부적처럼 매달고 다니는 쌍어를 주머니 속에서 꽉 쥐었다. 어쩐지 불안해서 쌍어신에게 의지하지 않을 수 없었다.

양쯔 강의 밤배

2007년 7월 4일, 나는 사천성 중경重慶의 부둣가에서 무한武漢으로 가는 배를 기다리고 있었다. 운남의 산악 지방에서 현지조사를 무사히 마친 것은 아마도 애뇌이족 사일 여신의 음덕 때문일 것이라고 생각하며 보산을 떠나왔다. 등충에서는 고산병 증세로 며칠 고생했지만 양쯔 강의 저지대로 내려오니 비록 날씨는 뜨겁고 모기는 많았지만 깊은 잠을 잘 수 있어서 다행이었다. 또 사천성의 그 매운 천채川菜를 먹으면서도 머리는 훨씬 맑아지는 것을 느끼며 밤배가 떠나는 10시까지는 박물관과 식당에서 시간을 보냈다.

나는 양쯔 강을 따라 무한, 곧 옛날 강하계江夏界까지 떠내려 가보려는 것이다. 서기 47년 사천성 일대인 남군에서 반란을 일으켰다가 실패한 허씨족들이 고향인 보주를 떠나 강제 이주당한 지역이 강하라고 『후한서』가 말하고 있기 때문이다. 사천성 안악현 보주에서 제일 가까운 항구는 중경이다. 강하는 무창武昌과 한구漢口 지역을 합한 무한 지방이다. 보주에서 강하로 가는 지름길은 뱃길이다. 사천에서 무한까지의 육로는 무산巫山 같은 험준한 산들을 수없이 넘어야 하기 때문이다.

나는 호화유람선을 탈 수가 없었다. 일부러 예약하지 않았다. 유람선은 가다가 쉬는 곳이 너무 많아서 5일이나 걸린다. 그래서 시간도 줄이고 경비도 절약하기 위하여 쉽게 구할 수 있는 여객선 표를 끊었다. 나의 양쯔 강 여행은 순전히 옛날 허씨족들의 입장으로 돌아가 무한까지 흘러가는 강물에 몸을 맡겨보는 것이다. 그 옛날 보주를 떠난 허씨족들이 한나라 정부군에 쫓겨 피난 갈 때 느꼈을 실향의 슬픔을 느껴보는 것이 이번 여행의 목적이기 때문이다. 유람선에 앉아 시원한 맥주나 즐기면서는 과거인의 감정으로 나 자신이 이입될 수 없을 것 같아서였다. 영국의 역사철학자 콜링우드(R. G. Collingwood, 1889~1943년)는 "역사연구자는 스스로 과거인이 되어보아야 한다"고 말했다.

'그래 나도 과거인이 되어보자.'

이렇게 생각하며 힘을 내어 무거운 짐을 끌고 배에 올랐다. 장주호長舟號라는 정기 여객선 2등실 방은 너무 좁았다. 찜통더위를 견디기에는 선실이 아주 좁았다. 나, 최 교수, 설완식 씨까지 세 명은 4인실을 쓰기로 했다. 모르는 사람과 함께 며칠씩 좁은 방에서 지내기는 여러 가지로 불편할 것 같아서였다. 방에 2층 침대가 두 개 있었다. 남는 침대에는 짐을 올려놓기도 넉넉하지 않았다. 선실이 너무 비좁아서 사람 세 명이 앉아 있기도 불편했다. 환기용 창문을 열어도 바람이 전혀 들어오지 않았다.

　우리 배가 정박 중인 제5마두馬頭(부두)에서 중경의 젊은 여인들이 반라인 채로 물속에 들어가 더위를 식히고 있었다. 마주 서서 입을 맞추는 한 쌍의 젊은이들도 보였다. 더위도 식히고 사랑도 즐길 수 있는 일석이조의 물속 사랑을 하는 것을 보며 우리는 출항하기를 기다렸다.

　선실에서 배가 떠나기를 기다리는 한 시간 동안 땀이 줄줄 흘러내렸다. 작은 배에 200명을 태우려니 방이 작아질 수밖에 없었을 것이다. 이런 줄도 모르고 나는 순진하게 여객선 2등실 표를 끊었으니 자업자득이다. 몇 년 전에 만화가 고우영高羽榮 씨가 쓴 양쯔 강에서 배를 탄 이야기를 읽은 적이 있다. 고씨는 여객선의 표를 구하지 못해 호텔과 마두까지 여러 번 왕복한 고생담을 실감나게 썼는데 나는 그걸 읽으면서도 '설마' 했었다. 그는 표를 구하는 데는 힘이 많이 들었지만 일단 배에 올라가서는 고생을 하지 않은 것 같았다. 우리는 조선족인 최해양 교수의 중경에 사는 친구가 사두어서 배표를 쉽게 구입할 수 있었지만 배의 수준을 잘못 선택한 것이다. 최 교수도 그의 친구도 양쯔 강의 여객선을 타보지는 못한 것이다.

　'부우웅.'

　힘찬 뱃고동 소리와 함께 드디어 배가 움직이기 시작하자 강바람이 좁은 창문을 통해 들어왔다. 2천 년 전에 보트피플이 된 허황옥 일행처럼 나도 좁은 선실에 갇혀 이제부터 2박 3일의 여행을 견뎌내야 한다. 영화 〈뿌리〉에 나오는 노예선보다는 나았지만 부산에서 규슈의 하카다로 다니는 페리에 비하며 참기 힘든 수준이었다.

　나는 군대생활 중이나 유학 기간 동안 고독하고 힘들 때면 눈을 감고 명상에 잠기는 훈련을 해왔다.

'지금의 고통은 한시적이다. 절대로 죽음까지 가지는 않는다. 기나긴 터널을 지나면 반드시 맑은 공기를 마실 수 있는 세상이 나타난다.'

눈을 감고 즐거웠던 순간을 떠올리면서 고통스러운 시간을 참는 버릇이 있다. 이를테면 중학생 때 야구 시합에 나가서 매우 중요한 순간에 안타를 뽑아낸 장면이라든지, 대학생 때 여학생과 밤배를 타고 한려수도를 여행하던 달콤한 시간을 생각한다.

양쯔 강의 선실에서 명상훈련을 다시 해야 할 것 같은 예감이 드는 것은 선실 한 귀퉁이에 붙어 있는 콧구멍만 한 화장실 때문이었다. 세면대와 변기가 시늉만 낸 수준이었고 위생 상태는 말이 아니었다. 그래도 물은 나왔다.

'그래도 참자. 2천 년 전 나의 할머니 허황옥은 이런 화장실조차 없는 목선을 타고 이 강물 위를 여러 날 흘러갔을 테니 나도 이 정도의 불편과 고통은 며칠 참아야 한다.'

이렇게 다짐하면서 시간을 보냈다.

당나라 시인 두보杜甫는 고달픈 삶에서 벗어나보려는 몸부림으로 양쯔 강에 쪽배를 띄우곤 했다. 21세기의 이 늙은 퇴직교수는 조상 할머니의 피난길을 더듬어 가느라고 지금 양쯔 강 여객선 쪽방에 갇혀 있다. 할머니는 그 해에 열다섯의 꽃다운 나이였지만 나는 환갑이 훨씬 지난 노객老客이다.

양쯔 강 위에서의 첫 날 밤이 지나갔다. 다음 날 우리는 4층 갑판에서 차를 마시고 있었다. 후미 갑판에 찻집이 있었다. 좁은 선실 안에서 하루 종일 앉아 있을 수가 없어서 우리는 찻집으로 올라왔다. 바람

소리도 조용하고 입장료를 40위안이나 받기 때문에 손님이 없어서 조용했다.

옆에서 사진을 찍고 있던 여자 중학생이 나를 쳐다보며 배시시 웃는다. 한국말을 하는 우리가 외국인인 줄 알게 되어 내게 말을 걸어왔다. 부끄러움에 얼굴이 발개져서 영어로 말을 걸어왔다.

"where are you from?(어디서 오셨습니까)?"

"한궈 런(한국인입니다.)"

"한국 어디 사세요?"

내가 중국어로 대답하는데도 이 중국 처녀는 자꾸 영어로 말을 걸었다.

아마도 이 여학생이 외국인과 영어가 하고 싶은 모양이라고 생각하며 영어로 대화를 나누었다. 꼭 내가 그 나이 때 미국인 선교사들과 영어로 대화하고 싶어 하던 기분이라고 생각하며 대답했다.

"서울에서 삽니다"

"무슨 일을 하세요?"

"대학교수입니다."

"어머, 대학교수세요? 무슨 과목을 가르치세요?"

"고고학, 인류학 등입니다."

이 중국 여학생은 외국인이면 모두 영어를 할 수 있다고 생각하는가 보다. 가무잡잡한 모습이 몇 년 전 사천성 서운향에서 찍어 온 소녀의 모습과 비슷했다. 그 모습은 내가 늘 마음속에 그리는 허황옥의 모습인지도 모른다. 그때쯤 장주호는 소설『삼국지』의 주인공인 장비의 사당(장비 묘張飛廟)이 있는 동네로 다가가고 있었다. 운양云陽이라는 마을이었다.

"학생은 이름이 뭐예요?"

"인쨩[尹江]입니다. 운양중학云陽中學 졸업반입니다."

"그럼 취직할 겁니까, 아니면 대학에 갑니까?"

"저는 금년에 난주대학蘭州大學 신문전파계新聞傳播系에 합격했습니다. 곧 대학 기숙사로 갑니다."

난주대학은 감숙성에 있다. 감숙성은 여기 사천성에서는 북쪽으로 1천 킬로미터 이상 떨어진 곳이다.

"아, 그래요? 축하합니다. 나도 작년에 난주에 갔었습니다. 감숙성 일대의 옛날 흉노족 후손들을 만나보려구요. 장액長掖이라는 지역까지 갔는데 9월 중이라서 모래바람이 심하게 불었습니다. 호흡이 곤란할 지경이었습니다. 난주에 돌아오니 황하의 물 때문인지 공기가 좋았습니다."

운양은 양쯔 강 남안에 중류에 붙어 있는 작은 도시다. 이곳은 옛날 유비의 촉나라 땅이다. 양쯔 강계에는 상류 지방에 촉나라, 하류 지방에 오나라가 있었다. 그 사람들의 후손들은 황하 유역에 있던 위나라의 북방인들을 좋아하지 않는다. 수백 년 동안 대결해온 관계 때문이다.

그러나 현대 중국에서는 양쯔 강계 출신 시골 중학생이 황하계 상류에 있는 감숙성의 수도에 있는 난주대학에 합격했다는 것은 큰 경사다. 점잖은 남방 농경사회 출신이 거친 북방 유목민 사회로 뛰어드는 것이다. 그래도 이 여학생은 난주로 가야 한다.

중국에서는 농촌 출신이 도시에 와서 살려면 정부의 허가를 받아야 한다. 허가를 얻는 방법 중 하나가 도시에 있는 대학에 합격하는 일이다. 대학을 졸업하면 성적에 따라 직장을 배정받는다. 배정받는 직장이 있는 도시에 가서 살게 되면 그때부터 자신은 물론 그 가족도 도시인이 된다. 중국의 한족漢族은 오랫동안 아이를 하나밖에 못 기르게 되어 있기 때문에 아들이건 딸이건 간에 부모는 가세가 기울더라도 교육을 시킨다. 교육을 통한 신분상승이 가장 쉬운 방법이기 때문이다.

2006년 가을 난주에서 무위武威까지 가는 기차에서 만난 한족 아주머니가 하던 말이 생각난다. 자기 부부는 무위에서 살고 있지만 중학교 다니는 딸 하나만큼은 꼭 대학에 보내서 도시인을 만들고 싶다는 것이었다. 중국인들이 농민에서 도회인이 되고 싶어 하는 절실한 염원이 그 이야기에서 우러나왔다.

"그래, 난주대학에 가서 꼭 성공하세요."

나는 운양 마두에서 내리는 인짱 학생과 악수를 하고 헤어졌다. 나는 인짱 학생이 그 작은 손으로 험한 세상을 무사히 헤쳐 나가기를 마음속으로 기원했다.

우리 배는 다음 날 하루 종일 흘러내려갔다. 강 위에 다리가 걸쳐 있는 곳들을 여러 번 지나갔다. 다리는 모두 현수교였다. 그래서 교각이 없었다. 수운水運을 고려하여 교각이 없는 구조를 채택한 것 같았다. 다리가 있는 곳은 크거나 작거나 도시가 있는 곳이다. 배는 두 시간에 한 번씩 마두에 닿았다. 그때마다 사람들이 내리고 새로 올라탄다. 비엔단[扁㧾]이라고 부르는 목도꾼들이 나무 작대기 양 끝에 달린 끈에 무거운 짐을 매달고 배에 오른다. 그들이 내는 '쉿쉿' 소리가 2층에 있는 우리 선실에도 들린다. 배가 정지하기만 하면 양쯔 강의 뜨거운 습기가 나를 괴롭혔다.

하류에서 상류로 올라가는 배들도 자주 지나쳐 갔다. 여객선도 있었고 유람선도 보였다. 자동차를 수십 대 싣고 가는 바지선도 있었고 컨테이너를 수십 개 올려놓고 가는 대형 화물선도 있었다. 눈앞으로 지나가는 화물선에 실린 컨테이너에 함부르크Hamburg라고 써 있다. 독일의 함부르크와 중국 내륙의 도시인 중경이 물길로 연결되고 있다는 증거다.

뜨거운 포옹

2층 후미에 있는 간이식당에서 저녁을 먹었다. 장강어長江魚 찜이 35위안, 야채 덮밥이 25위안, 45도짜리 지강주枝江酒 한 병이 30위안이었고, 이것으로 세 명이 허기를 면했다. 나는 장강어를 맛보고 싶었지만 참았다. 쌍어신께서 노하실까봐 차마 물고기를 먹는 부정한 짓은 할 수가 없었다.

허황옥 일행이 양쯔 강을 따라서 흘러내려갔다면 식사는 어떻게 해결했을까? 그때 피난민들이 타는 배에 식당이 있었을 리 만무하다. 나는 장주호의 식당이 초라하다고 불평하면 안 되었다. 사실 모든 중국 음식은 모양보다는 맛이 좋다. 뚝배기보다는 장맛이라는 말은 중국 음식을 두고 한 말인지도 모른다.

양쯔 강 위에서 두 번째 밤.

밤새도록 흘러갔다. 동력선이지만 하도 속력이 늦어서 유속에 따라 저절로 흘러가는 속도같이 느껴졌다. 밤늦도록 침침한 전등 불 아래서 운남에서 있었던 일들을 메모하느라고 시간을 보내다 잠시 눈을 붙였다.

장주호는 두 시간에 한 번씩 마두에 배를 멈추었다. 그때마다 선실에 있는 사람은 땀을 줄줄 흘려야 했다.

아, 옛날 허씨족이 이 물길을 따라 내려갈 때는 지금처럼 한여름이 아니었기를 바란다. 지붕도 없었을 배 위에 뜨거운 태양이 내려 쪼였다면 노약자는 살아남지 못했을 것이 분명했다.

어둑해져서 강변에 구경거리가 안 보일 때쯤 잠이 들었다가 새벽 3시에 눈을 떴다. 등충에서보다는 잠이 잘 오는 편이었다. 온몸이 땀으로 젖어 있었다. 자고 있는 동료들이 깰까봐 나는 조용히 어두운 갑판으로 나갔다. 선수船首에 있는 작은 갑판에서 젊은 남녀 10여 명이 어둠 속 난간에 기대어 소곤거리고 있었다. 가끔 왼쪽으로 지나가는 배들의 불빛 속으로 비치는 우리 배의 갑판에 서 있는 젊은이들의 실루엣이 아름답다. 영화〈타이타닉〉에서 두 연인이 선수에 올라가 두 팔을 벌려 바람을 맞으며 사랑을 구가하던 모습이 연상되었다. 몇 시간 후 빙산에 부딪히는 비극이 다가오는 줄도 모르고…….

잠시 후 강변에서 가끔씩 반짝이던 불빛이 모두 사라지면서 주위가 캄캄해졌다. 점점 강폭이 좁아지더니 커다란 산이 우리 배의 앞을 가로막는 것 같았다. 우리 배가 밝은 전조등을 밝히자 좁은 협곡이 보였다. 수직으로 솟은 절벽들이 우리 배와 부딪칠 것처럼 다가오고 있었다. 타이타닉 호에 다가오던 빙산처럼 거대한 절벽들이었다. 선실로 돌아와 지도를 보니 무산협巫山峽이었다. 양쯔 강에서 강폭이 제일 좁은 곳이다. 강의 양 옆은 거의 수직으로 솟은 절벽들이다. 물살이 빨라졌다. 배도 출렁이기 시작했다.

지도에는 여기서 강의 북쪽으로 신녀봉神女峰이 있는데 밤중이라 아쉽게도 볼 수는 없었다. 여기는 무산이니까 무교巫敎와 깊은 관계가 있을 것 같다. 허황옥의 '허許'는 무사巫師라는 뜻이고 존경받는 세습직이라고 『후한서』에 기록되어 있다. 허황옥 일족이 살던 곳에 무사들의 마을이 있었음을 암시할지도 모른다. 곧 허씨족들이 살았던 곳에 무교사당巫敎社當이 서게 되고 사당의 정문이나 사용하던 제기에 쌍어문이 새겨진 것으로 보인다. 그래서 인도 출신 이민자들이 중국으로 이동해 살던 지역마다 쌍어문이 남게 되었나보다. 이곳 무산이나 신녀봉 주변에도 자세히 찾아보면 쌍어문의 흔적이 있을 것 같다.

무산은 중국 4대 미녀 중 한 사람인 왕소군王昭君의 고향이다. 지금의 행정구역으로는 호북성湖北省 의창시宜昌市 흥산현興山縣 자귀촌姊歸村이고 당시로는 남군南郡이었다. 소군은 기원전 52년경에 태어나 빼어난 미모로 궁녀가 되었다. 궁녀가 되었지만 황제(원제元帝)의 눈에 뜨이지 못했다. 황제가 궁녀 수백 명을 개별적으로 눈여겨볼 수는 없었다. 당시 한나라를 무력으로 위협하던 흉노왕 호한야[呼韓邪] 선우[單于]가 한나라 왕실의 공주를 왕비로 달라고 요구했다. 한나라로서는 굴욕적인 일이지만 막강한 흉노 세력 앞에서 나라의 평화를 지키기 위해서는 굴욕을 감내할 수밖에 없었다. 그렇다고 한나라 왕실의 후손을 오랑캐에게 시집보낼 수도 없는 일이었다. 딱한 입장에 처한 원제는 할 수 없이 궁녀 한 사람을 골라 공주로 속여서 보내기로 마음먹고 궁녀들의 초상화첩을 가져오게 하여 예쁘지 않은 궁녀를 골랐다. 그런 과정에서 선택된 사람이 바로 왕소군이다.

다음 날 공주 복장을 하고 원제 앞에 인사하러 온 궁녀의 모습을 보고 원제는 깜짝 놀랐다. 못난이인 줄 알았던 궁녀는 의외로 절세미인이 아닌가. 오랑캐에게 주기는 너무나 아까운 미인이었다. 무엇인가 잘못되었음을 눈치 챈 원제가 왕소군에게 물었다.

"지금이라도 네가 흉노에게 가기 싫다고 말하면 다른 사람을 골라 보내리라."

그러나 소군의 대답은 원제가 원하는 것과는 반대였다. 소군은 나라의 평화를 위하여 흉노왕을 따라서 북쪽 나라로 떠나갔다. 소군이 떠난 뒤 궁녀들의 초상화를 그리던 궁중 화원畫員인 모연수毛延壽는 죽음을 면치 못했다고 한다. 뇌물을 많이 주는 궁녀는 실물보다 예쁘게 그렸을 것이고 자존심 강한 소군 같은 미녀는 뇌물을 바치지 않았으므로 예쁘게 그려주었을 리가 없었다. 어느 사회에서든 조그만 이권에 눈이 어두운 사람이 끼어 있는 법이 아닌가.

소군이 흉노 땅에 도착하여 받은 칭호는 영호녕胡 알씨閼氏 곧 흉노를 편안하게 하는 왕의 정부인正夫人이 되었고 호한야 선우와의 사이에서 아들 하나를 두었다. 그가 후일에 우일축왕右日逐王이 되었다. 결혼하고 2년 만에 남편이 죽었다. 흉노의 풍속대로 소군은 전처의 장남인 복주로復株累 선우[單于]와 결혼하여 또 두 딸을 낳았다. 유교적인 가치관으로서는 이해하기 힘든 일이지만 유목민의 풍속은 그래도 괜찮다.

왕소군의 무덤은 지금 내몽고 호화호특呼和浩特에 있다. 그 앞에 왕소군이 남편을 따라 시집가는 모습의 동상이 있고 기념박물관에는 그때 가져간 결혼 예물의 목록이 자세하게 적혀 있다.

비단[緋帛] 2천 8백 필匹, 솜[絮] 1천 6백 근斤, 그 밖에 다량의 황금黃金 미옥美玉 등이다. 현대의 화물차로 계산해도 수십 대 분량이 넘었을 것이다.

그녀의 극적인 일생은 후대 시인들의 애절한 노래로 남았다. 당나라 시인 이백李白(701~762년)은 이렇게 노래했다.

昭君排玉鞍 소군이 말안장을 밀치며
上馬啼紅頰 말 위에서 울부짖으니 아름다운 뺨이 눈물로 얼룩지네.

今日漢宮女 오늘은 한나라의 궁인이지만
明朝胡地妾 내일 아침이면 오랑캐의 첩.

이백의 왕소군에 대한 느낌은 사실史實과는 다르다. 같은 시대의 두보杜甫(712~770년)도 왕소군을 기리는 글을 남겼다. 소군은 자기의 지대로 흉노의 부인이 되었다.

若道巫山女粗醜 무산의 여인들이 못생겼다고 말하지 마시오.
何得此有昭君村 그렇다면 어찌 이곳에 왕소군의 고향이 있겠소.

추운 북쪽 땅으로 시집간 왕소군의 마음을 헤아린 또 다른 두보의 시는 그 유명한 문장으로 남았다.

胡地無花草 오랑캐 땅에는 화초가 없어
春來不似春 봄이 와도 봄 같지가 않네.

그 밖에도 왕소군의 애국적인 이야기는 세월이 지날수록 미화되어 여러 가지 소설로, 연극으로 이어져 내려오고 있다.

그 사건보다 백 년쯤 뒤에 보주 땅에서 태어난 허황옥도 서기 47년 한나라 남군과의 정치적 충돌 때문에 고향을 떠나 강하로 이민가게 되지 않았던가. 이곳 출신 미인들은 고향을 떠나 미지의 세계로 시집가는 역사적 운명을 타고났나 보다.

허황옥의 고향인 사천 지방과 그녀가 시집가서 평생을 산 한국의 김해 지방의 날씨가 비슷하다. 오로지 다른 점은 사천은 산간의 내륙지방이고 김해는 툭 터진 바다를 내다보는 전망이 좋은 땅이다. 따라서 허황옥은 사계절 모두 고향과 비슷한 정취를 느꼈을터이니 왕소군처럼 이국에서 고향에 대한 사무치는 향수鄕愁는 없었을 것이라고 나 혼자 상상해본다.

내가 탄 배는 계속해서 양쯔 강을 따라 강하 쪽으로 흘러 내려갔다.

점차 날이 밝아오자 강폭도 약간 넓어졌지만 여전히 협곡이다. 우리 배는 새벽 5시에 파동항巴東港에서 두 사람을 하선시키고 계속 항해하더니 아침 10시에 의창宜昌에 도착했다.

여기서 우리는 내렸다. 중경에서부터 서른여섯 시간을 2박 3일에 걸쳐 흘러왔다. 무한까지 내려가는 배도 있었지만 의창에 막은 삼협댐 공사 때문에 갑문閘門이 좁아 많은 배들이 기다리고 있어서 여러 시간을 지체해야 한다. 중경에서 여기까지만 내려와 봐도 허씨족의 피난 항해가 어땠는지 충분히 짐작되었다.

배에서 내리니 너무 오랫동안 배 위에서 흔들려서인지 약간 어지러웠다. 땅도 배처럼 흔들리는 듯한 착각이 일어났다.

의창의 더위는 중경 더위보다 더했다. 의창 마두에서 택시를 타고 시내로 들어갔다.

의창시에 새로 생긴 삼협대학三峽大學 인류학과의 황백권 교수를 예방하고 그 학과의 교수들이 대접하는 점심을 먹었다. 그 대학에서 승용차를 빌릴 수 있었다. 차를 운전해주던 삼협대학 소속 여자 기사가 세 시간 후에 나를 호북성湖北省 무한시武漢市에 데려다주었다.

동정호洞庭湖의 뜨거운 습기가 무한시 전체를 뒤덮고 있었다. 여객선에서 이틀 밤이나 흔들리고 또 자동차에서 세 시간을 흔들리며 나는 잠이 들었다. 더위와 싸우느라 나도 지쳤다. 여기가 허황옥이 지나간 땅이 아니라면 나는 아마도 쓰러졌을지도 모른다. 1991년 처음 보주를 찾으러 안악현에 갔을 때 탈수증으로 쓰러졌던 기억이 떠올랐다. 그때까지는 허씨들이 살고 있는 마을을 아직 발견하지 못했었다. 천신만고 끝에 찾아간 보주에서 아무 단서도 얻지 못할 것 같은 불길한 생각이 들었었다. 그래서 불안한 마음이었다.

그러나 지금은 다르다. 무한은 허씨 족이 이주해 살던 마지막 거점인 강하계(江夏界)다. 그 현장을 확인하려는 마지막 순간이 다가오고 있었다. 거의 반세기에 걸친 나의 연구도 대장정大長征의 막을 내리고 있었다. 마지막 힘을 내야 할 때였다.

허황옥은 여기서 일 년 동안 살았다. 강하로 온 것이 서기 47년이고 이듬해에 가락국으로 이주했다. 허황옥 일족은 인도-운남-사천-무한에 이르는 기나긴 여로를 거쳐 잠시 숨을 고르고 다시 마지막 대항해大航海를 떠났다.

무한 시내로 들어가는 길에 강하대로江夏大路라고 크게 써 있었다.

'그러면 그렇지.'

허황옥 일족의 이주지였던 강하는 『후한서』에만 남아 있는 것이 아니었다. 오히려 현대의 지명으로 당당하게 살아남아 있었다. 아주 뚜렷한 글씨로 나를 환영하고 있었다.

　차창을 내렸다. 뜨거운 바람이 차 안으로 밀려들어왔다. 눈을 감고 심호흡을 했다. 그 옛날 허황옥이 마지막 짐을 꾸리던 숨 쉬던 7월의 뜨거운 공기였다.

　그녀는 오늘처럼 뜨거운 날씨에 이삿짐을 꾸렸을 것이다. 한번 떠나가면 돌아올 수 없는 먼 혼인길인 줄 알았을 것이다. 제일 중요한 것은 결혼 예물이다. 금수능라錦繡綾羅, 의상필단衣裳疋緞, 금은주옥金銀珠玉, 경구瓊玖, 복완기복玩器 등을 챙겼다. 선조들이 아유타국에서 가지고 온 귀중품에다 당시 한나라에서 새로 구할 수 있는 사치품들인 한사잡물漢肆雜物을 배에 실었다. 배에는 아유타국 사람들이 타고 있다는 증거로 붉은 돛[緋帆]을 올렸다. 돛 위에 안전 항해를 위하여 쌍어문을 커다랗게 그렸을 것이다. 그리고 가락국을 향하여 아주 먼 항해를 시작했다. 양쯔 강을 따라 바다로 나갔다. 뜨거운 여름의 황해黃海 바다도 시집가는 신부에게는 시원하게 느껴졌을 것이다. 가락국에서 수로왕이 신부를 기다리고 있었기 때문이다. 허황옥의 돛단배는 바다에 나가자 풍랑을 만났다. 배는 남해[蒸棗]와 동해[磻桃]까지 휩쓸리다가 한때 회항하기도 했지만 끝내 황해를 횡단하여 가락국에 도착했다. 서기 48년 7월 27일이었다.

　잠시 후 눈을 뜨고 앞을 바라보았다.

　내가 탄 자동차는 강하구江夏區라고 쓴 표지판을 따라 천천히 위엄 있게 들어가고 있었다. 강하는 내가 그토록 그리던 님의 체취가 남아 있는 곳이다. 뜨거운 바람이 내 몸을 감쌌다. 그 바람은 2천 년 만에 발자취를 더듬어 찾아온 혈육을 반기는 환희의 포옹 같았다. 더운

입김이 내 얼굴에 쏟아지는 듯했다. 정신이 몽롱해졌다. 웬일인지 가슴이 꽉 막혀 아무 말도 할 수가 없었다. 1961년에 시작된 나의 기나긴 연구여행도 46년 만에 끝났다.

나는 오랜 세월을 쌓어라는 먹이 하나만을 찾아 끝없는 바다를 헤엄쳐 돌아다니다 지쳐서 고향으로 돌아온 연어처럼 편안해지는 느낌이었다. 이제는 차가운 바다 속의 격랑이 전혀 없는 고향집처럼 아늑한 곳에 돌아온 셈이다. 고향에 흐르는 물은 어머니의 뱃속처럼 따뜻하고 편안해졌다. 아, 나는 할머니의 흔적이 도처에 스며있는 땅에 도착한 셈이다. 슬픔인지 기쁨인지 알 수 없는 뜨거운 눈물이 흘렀다.

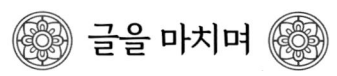

글을 마치며

쌍어신을 믿고 살았던 사람들은 지역적으로 지중해에서부터 한반도까지 넓은 지역에 살았다. 대강 기원전 7세기부터 쌍어를 신앙의 상징으로 형상화하여 살기 시작했다. 그 사람들은 아시리아, 바빌로니아, 페르시아, 스키타이, 간다라, 마가다, 운남, 사천, 가락국, 야마다이 등지에 걸치는 광범한 내륙 지방을 오가면서 교역했다.

쌍어는 사원의 대문에서 군왕이나 신을 지켰고, 신령스러운 나무를 보호하기 위해서 사막이나, 때로는 물속에서 버터 서 있기도 했다. 끝이 보이지 않는 초원을 달리는 말의 이마나 안장에도 쌍어는 수호신으로 매달려 있었고, 굴러다니는 자동차나 인력거에도 수호신으로 장식되었다. 중국에서는 여행자들의 숙소나 식당, 돈[錢]을 지키는 존재로 대접받았다.

한국에서는 왕릉의 대문과 부처님으로 모시는 수미단에 장식되었고, 왜국에서는 여왕의 옷을 장식하는 무늬로, 후세에는 재물신으로 모시는 이나리 신사[稻荷神社]를 지키는 수호신으로 뚜렷하게 새겨져 있다. 한국 민속에도 오래 남아서 가게나 식당의 입구 안쪽에 매달린 북어 두 마리로 끈질긴 전통을 이어가고 있다.

국적과 언어가 다르고 피부색과 풍속이 다른 지구상의 여러 민족들이 공통으로 믿고 있던 쌍어신앙은 경전經典이 남아 있지 않아서 민속신앙으로 취급되어왔다. 경전이 없기 때문에 학문적으로 연구하기가 힘들었다. 유대인들에게는 오병이어五餠二魚로 남아 있고, 네팔 사람들에게는 부처님의 심장을 보호하는 물고기로 종교적 가치를 발휘하고 있다. 그뿐만이 아니라 로마의 박해 시절 그리스도교들 사이의 암호인 $IX\theta Y\Sigma$는 그리스어로 '그리스도는 나의 주님'이라는 말의 약자다. 그 단어들의 머릿글자를 조합한 말이 물고기라는 뜻이다. 유대인들이 바빌로니아에서 노예생활을 하던 기간 중에 습득한 쌍어신앙이 전승과정에서 지역화된 암호다.

이렇듯 고대 오리엔트에서부터 한국까지, 지중해의 아프리카 국가에서부터 태평양 연안의 고대 국가에 이르기까지 드넓은 지역에 살던 여러 종족 사회에서 공통적으로 나타난 쌍어 상징의 공통적인 명칭이 있었을까 아니면 각 지역마다 이름이 따로 있었을까. 한 가지 분명한 사실은 그 모든 지역 주민들의 공통적 심리는 쌍어가 사람을 보호한다는 믿음이다. 또 이들이 이동하면서 옮겨진 물품은 모두 희귀품들이었다. 그중에 차茶, 비단, 소금, 유리, 보석이 있었다. 보석 중에 대표적인 것이 미얀마산 루비[瓊]다.

내가 비록 이 연구에 평생을 바쳤지만 아직도 미진한 부분이 남아 있어 아쉽기 그지없다. 풀지 못한 숙제들은 후학들의 몫으로 남긴다.

이 책에 등장하는 인명은 모두 실명이다. 혹시 본의 아니게 누가 되었다면 널리 양해를 구한다.